西方哲学史

A HISTORY OF WESTERN PHILOSOPHY

[英] 伯特兰·罗素 著

Bertrand Russell

丁伟 译

北方联合出版传媒(集团)股份有限公司

万卷出版公司

*

哲学是社会政治生活的一部分，
哲学家的学说不是个人孤立思考的结果。

...

Bertrand Russell

本书推荐

伯特兰·罗素的《西方哲学史》是一本珍贵的书。我不知道人们究竟应该更多地钦佩这位伟大思想家的令人愉悦的清新和独创性呢，还是应该更多地钦佩他善于同遥远的时代和古老的心智发生共鸣的敏感性。我认为，在我们如此枯燥乏味而又残酷的这一代，能出现这么一个聪明、正直、勇敢而同时又幽默的人，实乃幸运。这是一部超越派别和意见冲突的、最适宜于教学的著作。

——美国犹太裔物理学家

阿尔伯特·爱因斯坦

罗素对蒙昧主义和暴政，特别是教会和独裁者在这方面的行径，比其他任何人都深恶痛绝。和其他书相比，罗素的这本《西方哲学史》凸显了在人类历史上，允许理性自由发挥其作用的时间是多么少，其时长是多么短暂，其间隔又是多么遥远；同时，本书也强调了当理性得以从桎梏中解放出来时，其成效是多么明显，其工作是多么有益。罗素个人的学术成就如此卓越，以至未来的思想史学家在探讨罗素时，也一定会像罗素那样，将自己的思想和个性严谨地运用到历史研究和哲学思辨中，正如罗素对他的那些最为杰出的前辈们的效仿。罗素为何对这些哲学家表达了种种不同的态度，《西方哲学史》这本书为我们提供了丰富的论据，就这一点而言，即便是不了解哲学的普通读者，也能从本书中得见真理之光，并在智识方面获得持久的刺激体验，这便是阅读本书的价值和乐趣所在了。

——英国哲学家

以赛亚·柏林

罗素肖像

  伯特兰·亚瑟·威廉·罗素（1872—1970），第三代罗素伯爵，英国哲学家、数学家和逻辑学家，致力于哲学的大众化、普及化。曾在三一学院、剑桥大学担任哲学教授，他写了许多著作，其中包括经典著作《西方哲学史》。罗素在数学哲学上采取弗雷格的逻辑主义立场，认为数学可以化约到逻辑，哲学可以像逻辑一样形式系统化，主张逻辑原子论。1920 年 7 月，罗素申请了一年假期，前往中国和日本讲学，对中国学术界有相当影响。1950 年，罗素获得诺贝尔文学奖，表彰其为"西欧思想界维护言论自由最勇敢的斗士，卓越的活力、勇气、智慧与感受性，代表了诺贝尔奖的原意和精神"。

《雅典学院》

　　希腊哲学既是西方哲学的古典形态，也是其原生形态，那是一个天才成群而来的时代。如拉斐尔的这幅名画《雅典学院》中，居于画作最中间的是柏拉图和亚里士多德。老师柏拉图走在左边，一手指天，阐述着崇高的理念如同天体般永恒不变；学生亚里士多德走在右边，掌心向地，表达自己对此生和现世的关注。这是西方哲学的一幅群英图，此后西方再没有哪一个时代，其哲学的创造性能与之相比。

阿亚索菲亚大清真寺马赛克壁画

  如今土耳其的伊斯坦布尔，在古代作为东罗马帝国的首都长达十一个世纪之久，而如今已改名为阿亚索菲亚大清真寺的圣索菲亚大教堂，其中仍保留的马赛克壁画，见证了晚期罗马帝国对基督教的尊崇。在圣母与圣子的两旁，分别是手捧君士坦丁堡的君士坦丁一世和手捧圣索菲亚大教堂的查士丁尼一世。从这一时期开始，基督教将在随后的一千多年中统治整个西方的精神世界。

圣奥古斯丁

  奥古斯丁是天主教早期教父哲学的代表人物，在教会中享有"恩宠博士"的美誉。他最著名的传世之作有两本，一是作为其自传的《忏悔录》，另一本就是参考新柏拉图主义写就的《上帝之城》，后者为日后天主教的教会政治提供了理论基础。

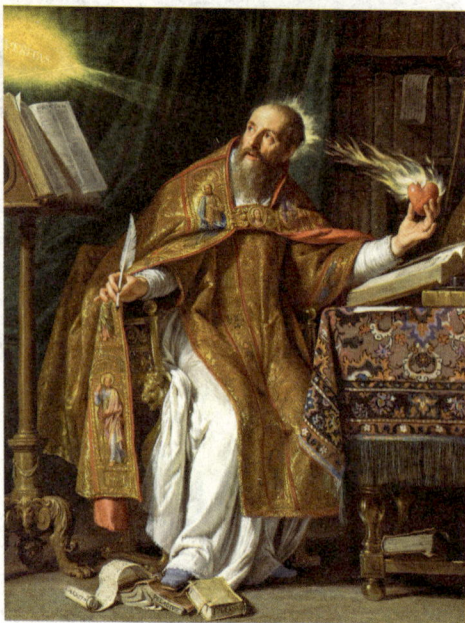

圣托马斯·阿奎那

　　另一位对基督教神学产生深远影响的，是有"天使博士""全能博士"等美誉的托马斯·阿奎那。和奥古斯丁不同，阿奎那神学体系的基础是亚里士多德主义。阿奎那的神学著作是天主教会的思想基础，所有的天主教学院和大学都必须教授阿奎那的理论。

马基雅维利

中世纪晚期教皇与教会的腐败堕落，让世俗君主痛苦不已。一些有力量的统治者于是发起反抗，而给出指导方针的就是马基雅维利，他为此写就了著名的《君主论》。马基雅维利的《君主论》通过众多例子解释了君主如何得以成功地取得统治并保持权力。为了做到这一点，君主必须学聪明些，不能因为宗教道德或世俗伦理束手束脚，甚至在某些情况下可以为达目的不择手段。

马丁·路德张贴《九十五条论纲》

1517年10月31日，马丁·路德将自己对教会发放赎罪券的不满与驳斥，用拉丁语写成一篇论文，名为《关于赎罪券意义与效果之见解》。因为这篇论文一共列出了九十五条见解，故得名《九十五条论纲》。有人将它翻译成德文，以刚刚盛行起来的印刷术印刷发行，立刻不胫而走，传遍德意志地区乃至整个欧洲。因此，人们一般将路德在维滕贝格的诸圣堂大门上张贴《九十五条论纲》这件事视为宗教改革运动的起点。

Non est potestas Super Terram quæ Comparetur ei Iob. 41. 24

LEVIATHAN
Or
THE MATTER, FORME
and POWER of A COMMON-
WEALTH ECCLESIASTICALL
and CIVIL.
By THOMAS HOBBES
of MALMESBVRY.

London
Printed for Andrew Crooke
1651

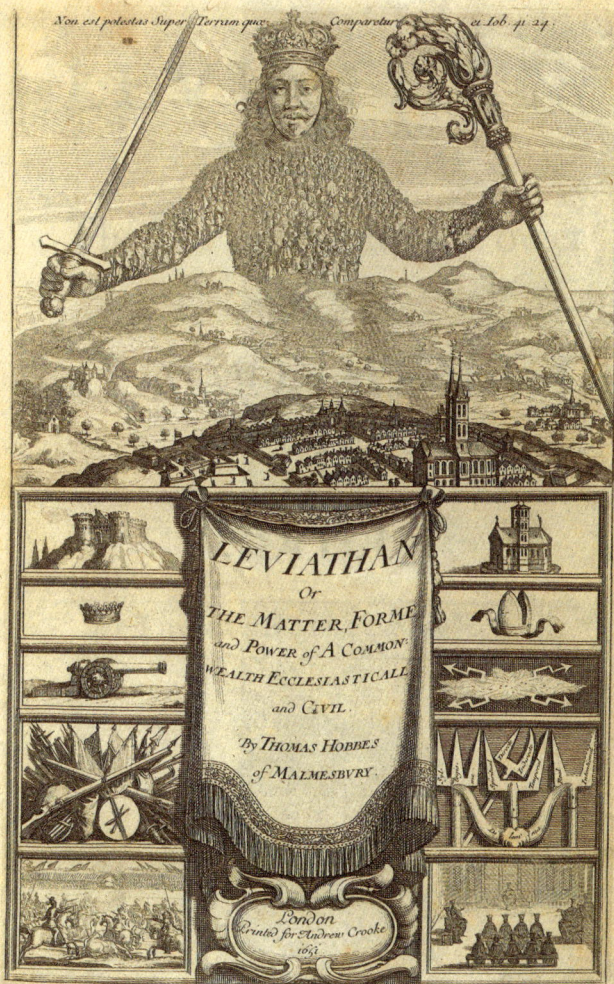

霍布斯的《利维坦》

 "利维坦"原为《圣经·旧约》中记载的一种怪兽，在本书中被用来比喻强势的国家。《利维坦》全书分为四部分，分别为"论人""论国家""论基督教国家""论黑暗王国"。该书系统阐述了国家学说，探讨了社会的结构，其中的人性论、社会契约论以及国家的本质和作用等思想在西方世界产生了深远影响，是西方极有影响力的政治哲学著作之一。

勒内·笛卡尔

理性主义的复苏与崛起，是文艺复兴与宗教改革之后西方哲学发展的一大显著特点，甚至出现了一种以理性为核心的哲学阵营。由于该哲学阵营主要分布在欧洲大陆，所以得名欧陆理性主义哲学，该阵营的领头人就是以"我思故我在"这句名言而广为人知的法国哲学家勒内·笛卡尔。

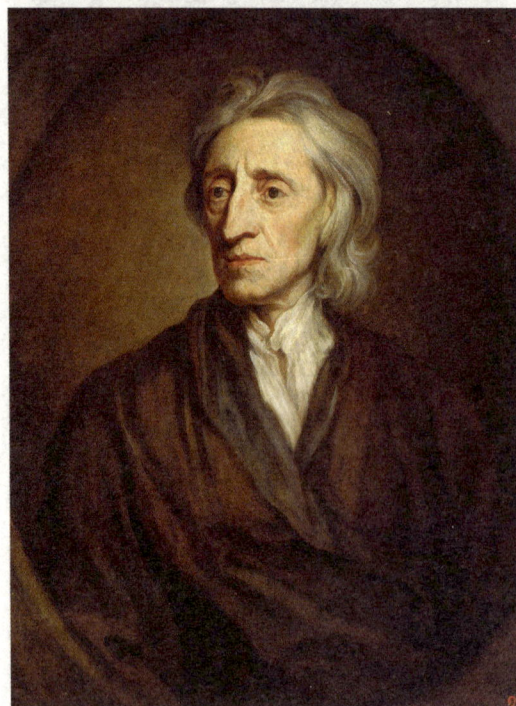

约翰·洛克

理性主义哲学认为，人的认知具有先天性，这种观点自柏拉图起就一脉相承。但是，还有一些人对此表示反对，或者至少对其持怀疑态度，他们更重视人的后天经验。这种重视经验的哲学阵营被称为经验主义哲学，其代表是英国哲学家约翰·洛克。洛克著名的"白板说"，便认为人的一切知识都是后天经验塑造的。

大卫·休谟

　　不论是理性主义还是经验主义，哲学家们都认为人能够真实地认识这个世界，但果真如此吗？人能够真实地认识世界这一点不值得怀疑吗？有人提出了这个怀疑，并用这种怀疑一度将人类的知识推向了死胡同，这个人就是英国哲学家大卫·休谟。休谟对因果律的质疑直接动摇了人类知识的根基，以至罗素宣称休谟的哲学象征着18世纪理性信念的破产。

伊曼努尔·康德

　　推动哲学发展最表层的因素，往往是一个哲学家对另一个哲学家的启发，就好比休谟的怀疑让康德从"独断论的迷梦"中惊醒，并使康德不得不严肃、严谨地回应休谟的怀疑。为此，康德发起了哲学界的"哥白尼革命"。康德认为，人的知识由两部组成，一是外界的经验材料，二是人的先天直观形式，经验材料只有经过直观形式的"改造"，才能进一步成为知识。

卡尔·马克思

　　自工业革命以来，西方国家的经济生产水平大幅提高，而在各国累积的庞大社会财富的阴影之下，是很难被人看到的财富的真正创造者——工人。他们需要被看见，也需要被从资本的阴影中引领出来，而担负起这项责任的就是卡尔·马克思。马克思认为，资产阶级和无产阶级之间存在的矛盾，将会由工人阶级夺取政治权力而终结，最终建立无任何阶级制度的共产主义社会。

约翰·杜威

　　随着移民不断前往新大陆，美国也逐渐拥有了属于自己的哲学体系。以杜威为代表的美国实用主义哲学，与欧洲的哲学思想有很大不同，它试图在理性主义和经验主义之间寻找一条中间道路。另外，从"实用"这个词也可以看出，杜威的哲学思考并不在于对真理与实体的汲汲追寻，他看重的是思想的结果，而哲学的概念、判断或范畴，不过是达到结果的工具或手段。因此杜威的实用主义也被称为"工具主义"或"实验主义"。

目 录

卷一　古代哲学

第一篇　前苏格拉底时代的哲学家

卷二　天主教哲学

第一篇　教父

第二篇　经院哲学家

卷三 近代哲学

西方哲学史

A HISTORY OF WESTERN PHILOSOPHY

美国版序

　　目前，市面上已经有不少关于哲学史的著作，我写这本书的目的不是要再增加上一部。我是想揭示一个问题，那就是哲学是社会生活和政治生活的一个组成部分：它并不是卓越个体做出的独立思考，而是曾经风靡过的各种体系中，社会性格的产物与成因。这就要求，我对一般历史的叙述，应该多于哲学家们通常采纳的惯定比例。我发觉，对于一般读者不很熟悉的几段时期，在历史叙述上多耗些笔墨尤其必要。十一世纪的改革，造就了经院哲学的大时代，这些改革又是上一个时期的颓废腐化催生的。如果对罗马灭亡到中古教权兴起之间的几个世纪一无所知，就很难理解十二、三世纪知识界的氛围。对于这段时期——时代造就了哲学家，另一方面哲学家对时代产生了影响——我的处理方式和其他时期一样，我认为有必要增加对一般历史的叙述，因为只有这样才能理解哲学家，与之共情。

　　但是这样处理，会产生一个后果：哲学家会因此获得一个与他的哲学成就不相称的地位。例如，在我看来，作为哲学家，斯宾诺莎比洛克伟大，但是斯宾诺莎的影响力比洛克小得多；我在斯宾诺莎身上耗费的笔墨就会比洛克少。有些人——例如卢梭和拜伦——虽然从学术的角度来看，根本称不上哲学家，但是他们却对哲学思潮的气质产生了深远影响，以至于如果忽略他们，就不可能理解哲学的发展。就这一方面而言，即便是纯粹的行动家，有时也很重要；从对哲学的影响来看，没有人能超越亚历山大大帝、查理曼或者拿破仑。如果莱库格斯确有其人，就是一个明显的例子。

　　既然企图包罗的时期如此之广，做选择的时候就要大刀阔斧。读过一些标准的哲学史之后，我得出了这样一个结论：过分简短的叙述无法给读者带来太多有价值的东西；因此我索性把那些自认为不值得详述的人物（除了极少数例外）完全略过不提。在讨论一个人物时，我只会讨论看起来与他们的生平以及社会背景有关的方面；有时，我甚至会阐述某些本身并不重要的细节，因为我认为这些细节有助于让读者理解那个人或那个时代。

　　最后，我所涉及的主题如此庞大，有些专家只会选择一部分展开研究，面对他们，我想说几句辩解的话。对于我所谈及的任何一位哲学家，我掌握的知识显然不能和专注研究某个特定范围的人相比。我毫不怀疑，对于我所述及的任何一个哲学家——除了莱布尼茨，很多人比我知道得多。不过，如果因此就要求一个人闭口不谈，那么大家就只能各自谈论一段狭窄的历史。斯巴达对卢梭的影响，柏拉图对十三世纪以前基督教哲学的影响，聂斯脱里教派对阿拉伯人，以及从而对阿奎那的影响，从伦巴第诸城的兴起直到今天圣安布洛斯对自由主义政治哲学的影响，这些都是只能通过一部综合性历史著作才能探讨的课题。一定会有读者发现我对某部分知识掌握得不够充分，基于这些理由，我请求这些读者见谅，若非时刻不忘"时光如梭"，我定能夯实这些方面的知识。

本书得以问世，多亏了巴恩斯博士，原稿本是为宾夕法尼亚大学的巴恩斯基金讲座写的，其中一部分曾讲授过。

自一九三二年以来，我的大部分工作都得到了我的妻子巴特雷西亚·罗素的帮助，无论是研究方面，还是其他方面。这次也不例外。

英国版序

　　这本书无疑应该受些指责，但是未免有人过于苛责，我还是要说几句辩解的话。

　　我的辩解对象是各学派的专家，以及不属于任何特定学派的独立哲学家们。可能除了莱布尼茨之外，我提及的任何一位哲学家，都有人比我更了解。不过，如果想写一套涵盖范围广阔的著作，必然会面临这样的情况，毕竟我们生命有限，写这类书的人，在任何一个部分所花的时间，一定比不上专注研究某个作者或者某一段时期的人。有些对学术要求严格的人，认为这种事不可以退让：既然书作涵盖的领域宽泛到了一个人无法写就的程度，那就不要写这样的书；或者如果要出版这样的书，就应该由多位作者合著。但是，所谓有得必有失，多位作者合著也是如此。如果说滚动的历史是具备某种统一性的，前后发生的事件之间存在某种密切的联系，那么就有必要把这些特征呈现出来，之前与之后的不同时期，应该经由一条思维路径综合处理。一个研究卢梭的学者，可能很难公正地评断卢梭与柏拉图和普鲁塔克笔下的斯巴达之间的联系；一个研究斯巴达的历史学家未必能像先知一样，意识到霍布斯、费希特和列宁的影响。把这样的联系展现出来，正是这本书的目的之一，只有通过广泛的调查，才能实现这一目的。

市面上已经有很多部哲学史，但是据我目前所知，没有一部书的目标与我设定的完全相同。哲学家们既是果又是因：他们是自己所处时代社会环境和政治制度的结果，（如果他们足够幸运）也会催生塑造后来时代政治制度的信仰。在大部分哲学史中，每一位哲学家都像生活在真空中；他的观点也似凭空乍现一般，至多能与早期哲学家扯上些关系。与此相反，在不违背事实的前提下，我一直努力把每一位哲学家当作环境的产物加以呈现，一个人内在浓缩的思想和情感精华，是他所在群体共有的，只不过在表现形式上是模糊发散的。

这就需要插入特定的篇章，只讲纯粹的社会史。不了解时代，就无法理解斯多葛学派和伊壁鸠鲁学派；若是对五世纪到十三世纪的教会发展没有一定的认识，就无法理解经院哲学。因此，对于那些在我看来对哲学思想产生了重大影响的阶段，我会简要勾勒出主要的历史框架，对于读者普遍不熟悉的历史时期，我则会详尽描述——例如，中世纪初期。但是，在这些讲述历史的章节中，我严格剔除了与当时及后来的哲学没有太大关系的内容。

在这样一本书中，做选择是非常困难的。缺失细节，一本书会显得浅薄而无趣；加入细节，很可能变得过于冗长。我探索出了一个折中的方案，只讨论那些在我看来非常重要的哲学家，但凡提及的，便要详谈，即便是不那么重要的细节，只要对人物的描绘有说明性的价值，或者能增加描绘的生动性。

哲学，自诞生以来，就不只是学界的问题，或少数学者之间的争论。哲学是社会生活的重要组成部分，我一直努力从这个角度思考哲学。如果这本书有些价值，正是因为我的这个视角。

多亏了阿尔伯特·C.巴恩斯博士，这本书才会存在，书中的内容原本是为宾夕法尼亚大学的巴恩斯基金会举办的讲座撰写的，有一部分已经在讲座中发表过。

自一九三二年以来，无论是在研究还是其他方面，我的大部分工作都得到了我妻子巴特雷西亚·罗素的大力协助，这次当然也不例外。

绪论

按照我的理解，哲学是一个介乎于神学与科学之间的概念。和神学一样，哲学包含了对目前为止无法通过明确知识加以确认的事物的思考；但是，它又和科学一样，诉诸理性，而非诉诸权威，无论这权威是承袭自传统，还是来源于天启。因此我认为，所有确切的知识都属于科学；所有超乎确切知识范围的信条都属于神学。但是，在神学与科学之间，有一片暴露在两方炮火下的无人区；这片无人区就是哲学。思辨的头脑最感兴趣的一切问题，都是科学无法解答的；神学家们深信不疑的答案，也已经不能再像过去千百年来那样令人信服了。这些问题的答案，不可能从实验室中找到。神学家宣称能给出答案，所有人都是把握十足的样子；正是他们的言之凿凿，让有现代思维的人心中存疑。就算不能解答，对于这些问题的研究，就已经属于哲学的范畴了。

你或许会问，为什么要在这些不能解决的问题上浪费时间？对于这个问题，需要以一个历史学家，或者以一个独自面对无垠孤寂之恐怖的个人身份作答。

在我力所能及的范围内，书中会给出历史学角度的答案。

自从人类有能力进行思考推理以来，他们的行为，在无数重要方面，都仰仗着关于世界和人生，以及什么是善、什么是恶的各种理论。和之前的任何一个时代一样，在今天也是如此。要了解一个时代或一个民族，我们必须了解它的哲学，要了解一个时代或一个民族的哲学，在某种程度上，我们自己必须是哲学家。这里就有一种互为因果的关系：人们生活的环境，会在很大程度上决定他们的哲学思想，反过来，他们的哲学思想也在极大程度上决定了他们的生活环境。这种跨越许多世纪的相互影响就是这本书的主题。

与神学不同，哲学起源于公元前六世纪的希腊。走完古代时期的进程之后，随着基督教的兴起与罗马的灭亡，哲学再次被神学淹没。在这段漫长的时期里，从自由的时代继承下来的希腊思想经历了逐渐转化的过程。某些古老的观念，尤其是那些我们认为富有宗教色彩的观念，获得了相对重要的地位；而另外那些更理性的观念，则因为它们不再符合时代的精神，被抛弃了。后来的异教徒们以这种方式对希腊的传统进行了修剪，直到它们适合并入基督教的教义。

在黑暗时代，自五世纪末叶至十一世纪中叶，西罗马世界经历了一些非常有趣的变化。基督教引发了对上帝有义务还是对国家有义务的冲突，具体表现形式是教会和国王之间的冲突。教会与国家之间的冲突不仅是一场神职人员和世俗大众之间的冲突，地中海世界与北方蒙昧之人之间的冲突也因此重新上演。教会既代表了对过去的延续，又代表了当时最文明的事物。

与此相反，世俗权力则掌握在条顿人的国王和贵族们的手中，他们想要尽力保留从日耳曼森林中带出来的种种制度。绝对的权力与这些制度格格不入，在这些朝气蓬勃的征服者看来，它的合法性也已经日落西山。国王必须和封建贵族分享他的权力，但是所有人都希望不时地通过战争、谋杀、掠夺或者奸淫释放激情。如果情绪激动的时候，不能喝酒、杀人、热恋，那征服全世界又有什么用？而且他们有引以为傲的骑士军团，为什么要听命于发誓独身又不能调动任何武装力量的书呆子？

所有的武装力量都在国王这边，然而教会却取得了胜利。教会一方的胜利，部分原因是教会几乎垄断了教育，部分原因是国王之间的战争从未停息过，但是最主要的原因是，除了极少数例外，统治者和人民都深信教会手里掌握着关键权力。教会可以决定一位国王在其死后的永恒时间中是应该上天堂还是下地狱；教会可以免除臣民效忠的义务，从而鼓动叛乱；此外，教会可以作为秩序的代表替代无秩序，因而赢得了新兴商人阶级的支持。

但是宗教大分裂、宗教大公会议以及文艺复兴时期的教皇统治，导致了宗教改革，宗教改革破坏了基督教世界的统一性，以及以教皇为中心的政体执行的经院理论。在文艺复兴时期，对古代以及对地表的新认识，使人们厌倦了让人感觉精神受到监禁的各种体系。与沉浸在托勒密理论中的自鸣得意相比，哥白尼的天文学给地球和人类指定了一个更卑微的位置。在聪明人之间，新发现的真相带来的乐趣，取代了推理、分析、系统化带来的乐趣；虽然在艺术方面，文艺复兴仍然有序发展，但在思想方面，文艺复兴却在向庞大而丰硕、混乱又无序的方向发展。

到了十五世纪，教皇和皇帝都丧失了原来的重要地位。教皇变成了意大利贵族中的一员，参与到了复杂无耻的意大利强权政治游戏中。在法国、西班牙和英国这些实行君主制的新国家，无论是教皇还是君主都无权干涉他们领土上的事务。民族国家，在很大程度上是因为有了火药，开始前所未有地影响人们的思想和感情，逐渐摧毁了对统一的罗马文明的残存信念。

从十六世纪开始，宗教改革主导了欧洲思想发展史。各国君主很快意识到，如果本国领土上的教会变成本民族的，他们就能控制教会，因而他们在本国，就能掌握比之前和教皇共治时更大的权力。出于这些原因，在北欧的大部分地区，路德的神学改革受到了统治者和人民的欢迎。

在天主教的教义中，神圣的启示并没有在《圣经》中完结，而是以教会为媒介，一代一代地延续下去，因此，个人意见服从于教会，就成了每个人的义务。与之相反，新教教徒否认教会是传达启示的工具；真理只能从《圣经》中探寻，每个人都可以自己解读。如果解读出现分歧，也没有由神明指定的权威可以解决这种分歧。实际上，国家夺走了之前属于教会的权利，但这是一种篡夺。在新教的理论中，灵魂与上帝之间不应该有任何尘世的媒介。

这种变化造成了非常大的影响。真理无须通过咨询权威加以确认，而是要向内心探求，通过思考获得。一种在政治上趋向无政府主义，在宗教上趋向神秘主义的趋势，很快发展起来。结果，和在文学上一样，思想层面的主观主义不断加深，一开始是要全面解放精神奴役，结果却朝着不利于社会理智发展的自我孤立的方向稳步前进了。

近代哲学始于笛卡尔，他能确定的只有他自己以及他思想的存在，由此向外扩展出的外部世界都是推断。这一哲学思想的第一个发展阶段，经由贝克莱、康德，演变到费希特那里，便认为一切都是自我的流溢。这是一种荒唐的想法，从这个极端开始，哲学一直试图进入常识的领域。

主观主义，一旦放任，就无法再进行约束，只能任它走完整个发展流程。但习惯与风俗拥如此强大的力量，在伦理道德方面，个人主义的信徒们仍然依照传统的道德规范行事，但这是一种不稳定的平衡。十八世纪的"感性"崇拜开始破坏这种平衡。

在艺术、文学以及在政治上，浪漫主义运动都和用主观的方式评断人有关，也就是不把人视作集体中的成员，而是作为一种在美学上令人愉快的凝视对象。猛虎比绵羊更美，但是我们更愿意把它关在笼子里。典型的浪漫主义者会把笼子打开来，欣赏猛虎杀死绵羊时腾空跃起的雄姿。他劝说人们把自己想象成猛虎，但是即便他成功说服他人，结果也不会是皆大欢喜。

针对近代主观主义的疯狂表现，哲学领域出现了各种各样的反应。首先是一种折中妥协的哲学，即自由主义原则，它企图给政府和个人指定各自的领域。自由主义原则的近代形式

是从洛克开始的。另一种更彻底的反抗则催生了国家崇拜主
义，由此把天主教给教会，甚至有时可以说是给上帝的特殊地
位，给了国家。霍布斯、卢梭和黑格尔代表了这种理论的不同
阶段。

从公元前七世纪一直到今天，在这段漫长的发展过程中，
哲学家们可以被分成两派，一派希望加强社会约束，一派希望
放松社会约束。早在我们认为哲学尚未兴起的希腊时期，这种
冲突就已经存在，而且在最早的希腊思潮中就已经非常明确。
在不断变换形式的过程中，这种冲突一直延续到了今天，而且
在接下来的时代，无疑会继续存在。

显然，和那些持续了相当长时间的所有争论一样，这次
的争论双方，也是部分正确、部分错误。一般来讲，重要的
社会文明都是从一种顽固、迷信的体系开始，在发展中日渐
松弛，发展到一定阶段之后，会迎来一个天才爆发的时期，旧
时传统中的精华得以保留，糟粕则在没有得到发展时自行消解
了。但是在邪恶的糟粕显露的时候，无序就会出现，从而不可
避免地发展出新的暴行，由此孕育出一种由新原则体系作保的
新综合体。自由主义就是想从这种无休止的震荡中逃脱出来。
自由主义的本质是：试图保障一种建立在合理原则基础上的社
会秩序；除了维护一个共同体必需的约束之外，不用更多地约
束保障群体的稳定。这样的尝试能否成功，只有未来才能给出
答案。

卷一

古代哲学

第一篇

前苏格拉底时代的
哲学家

第一章

希腊文明的兴起

　　纵观全部历史，最令人感到惊讶或者说最难以解释的，莫过于希腊文明的突然崛起。希腊人在文学、艺术方面的成就已经为人熟知，但是他们在纯粹的智慧领域，甚至取得了更加非凡的成就。他们开了数学、科学和哲学领域的先河；他们最先写出了不同于单纯编年表的史书；他们无拘无束地思索世界的本质和生命的结局，不被任何传承下来的正统观念束缚。那时发生的一切如此惊人，以至于直到最近，人们还在满意地凝视着希腊时期的天才们，感叹他们的不可思议。

　　希腊文明孕育出的第一个著名的天才就是荷马。有关荷马的一切都是推测，但是人们普遍认为，荷马是一系列诗人，而不是一位诗人。持这种观点的人认为，《伊利亚特》和《奥德赛》两部著作是在两百年间完成的，有人说是在公元前七五〇年至公元前五五〇年。另外一些人认为"荷马"在公元前八世纪末就差不多完成了。现存形式的荷马诗是被公元前五六〇至前五二七年（中间有过间断）当政的庇西特拉图带到雅典的。在那以后，作为教育的重要组成部分，雅典青年就开始诵读

《荷马史诗》。但在希腊的某些地区，尤其是斯巴达，荷马的威望并不像在雅典那样，直到后期才享有同样的声望。

必须承认，《荷马史诗》中描绘的宗教，实际上不带有强烈的宗教色彩。诸神和人类没有太大差别，不同之处仅在于他们拥有永恒的生命以及超人的能力。道德方面，他们没有什么值得称道的地方，很难看出他们怎么能获得那么大的敬畏。在《荷马史诗》中，我们很难从奥林匹斯诸神那里感受到真正的宗教情绪，更多的是连宙斯也无法摆脱的"命运"，或者"必然""定数"这种更神秘莫测的东西。命运对希腊的整体思想产生了非常大的影响，而这或许就是希腊人从对自然的信仰发展出科学的众多原因之一。

我们能感觉到，古代希腊世界的很多东西，就是我们理解的宗教。这种感觉与奥林匹斯诸神无关，而是狄奥尼索斯，或者说巴库斯带来的。对酒神的崇拜，导致影响深远的神秘主义兴起。许多哲学家深受神秘主义影响，这甚至在一定程度上决定了基督教神学的发展。酒神崇拜是一个非同寻常的现象，任何想要研究希腊思想发展的人，必须对此有所了解。

狄奥尼索斯，或者说巴库斯，原本是色雷斯人的神。色雷斯人的文明程度，远比不上希腊人。在希腊人眼中，色雷斯人就是野蛮人。他们和所有原始的农耕文明一样，崇拜丰收，有一个保护丰收的神。这位神的名字就叫巴库斯。人们一直不太清楚巴库斯究竟是人形还是牛形。当他们发现酿造麦酒的方法时，就认为醉酒是神圣的，给巴库斯以荣誉。后来，他们认识了葡萄，当他们懂得去饮葡萄酒的时候，便把巴库斯想象得更好了。他促使一般作物丰收的功能开始居于下位，他与葡萄的关系，以及饮用葡萄酒导致的疯癫状态，反而上升到了主位。

　　谨慎，或者换成一个更宽泛一点的词——深谋远虑，是文明人与野蛮人最大的不同。为了将来的快乐，人愿意忍受现在的痛苦，哪怕将来的快乐还很遥远。文明不仅通过深谋远虑，还通过法律、习俗与宗教，来核验冲动，这种核验是自我管理式的。但是谨慎很容易导致失去生命中最美好的东西。巴库斯崇拜者的表现，就是反对谨慎。一个人在醉酒状态下，无论是肉体还是精神，都重新获得了那种已经被谨慎摧毁的强烈感情；他发觉世界充满快乐和美；他的想象原本已经被日常的种种顾虑禁锢，如今突然获得了解放。人类最伟大的成就大多与酒醉的要素有关，在某种程度上相当于用热情扫除谨慎。生活中如果缺失这种酒醉的元素，就会变得无趣；有了酒醉的元素，就会变得危险。谨慎与热情的冲突贯穿历史。这不是我们应该选边站的那种冲突，完全支持任何一方都是不对的。

　　在思想领域，清醒的文明，大致等同于科学。但是，纯粹的科学，是无法令人感到满足的；人也需要热情、艺术与宗教。科学或许可以给知识圈定界限，但是无法给想象设限。和后来时代的科学家一样，希腊哲学家中，有本质上的科学派，也有本质上的宗教派；大多数宗教派哲学家，都直接或间接地受到了酒神崇拜的影响。这尤其适用于柏拉图，以及受柏拉图影响，最终通过基督教神学加以体现的一系列后续发展。

　　酒神崇拜的原始形式是野蛮的，而且在很多方面是令人反感的。对哲学家产生影响的，并不是这种原始形式的酒神崇拜，而是归于俄耳甫斯的，禁欲主义的精神化形式，是以精神的沉醉代替肉体的沉醉。

　　根据传说，俄耳甫斯和巴库斯一样，也来自色雷斯。俄耳甫斯教教义中，肯定包括了许多似乎最初源于埃及的东西。埃及对希腊的影响，主要经由克里特岛。据说，俄耳甫斯是一位改革者，后来被受酒神正统观念驱使的酒神侍女们撕成了碎片。和后来流传的版本不同，在更古老的传说中，并没有特别突出俄耳甫斯对音乐的痴醉，主要描述的是他祭司和哲学家的身份。

　　俄耳甫斯教的教徒们传播的教义广为人知。他们相信灵魂转世；他们教导说，灵魂转世之后可能永享极乐，也可能或永远或暂时受煎熬，会落得哪种结果，全看灵魂在这一世是怎样生活的。他们的目的是要变得"纯洁"，部分通过净化仪式实现，部分依靠避免某些特定的染污。他们认为，人部分属于地，部分属于天；生活纯洁，属于天的部分就会增加，属于地的部分就会减少。一个人到最后，可以与巴库斯合而为一，于是便成为"一个巴库斯"。

　　俄耳甫斯教是一个苦行的教派。对他们来说，酒只是一种象征，就像后来基督教的圣餐一样。他们追求的沉醉，是一种"激情"的状态，是与神的结合。他们认为，通过这种方式，他们可以获得通过普通方法无法获得的神秘知识。这种神秘的要素和毕达哥拉斯一起，走进希腊哲学。毕达哥拉斯是俄耳甫斯主义的改革者，就像俄耳甫斯是狄奥尼索斯信仰的改革者一样。俄耳甫斯的要素，通过毕达哥拉斯进入柏拉图的哲学体系，又通过柏拉图，进入后来大部分在某种程度上带有宗教性质的哲学体系中。

任何受到过俄耳甫斯主义影响的地方，一定能从中发现巴库斯的元素。女权主义就是其中之一，毕达哥拉斯的思想中就有很强的女权主义色彩；到柏拉图，则更近一步，声称女性在政治上应该与男性享有完全平等的地位。毕达哥拉斯说，"女性生来就更加虔诚"。巴库斯的另一个要素是，尊重激烈的感情。酒神祭礼是孕育希腊悲剧的沃土。欧里庇得斯尤其尊重代表俄耳甫斯主义的两位重要的神，也就是狄奥尼索斯和与厄洛斯。他对那种冷漠、自以为是且行为端正的人毫无敬意，在他的悲剧里，那种人很容易陷入疯狂，不是被要人所逼，便是神因为他的亵渎，盛怒之下让这种人陷入悲惨的境遇。

在传统上，俄耳甫斯教的信徒习惯这样看待希腊人：他们表现出了一种令人钦佩的静穆，这种静穆使他们能以一种冷静、超凡的姿态凝视激情，无论那激情展现出了什么样的美，希腊人都不为其所动。对希腊人的这种看法无疑是非常片面的。

俄耳甫斯教的信徒并不比未经改造的狄奥尼索斯崇拜者更"静穆"。对于俄耳甫斯教的信徒来说，这个世界的生活既痛苦，又让人感到疲惫。我们被绑在一个永无休止的转轮上，从生至死，无尽循环；天上的繁星才是我们真正的生命，我们却被束缚在地上。唯有通过净化，弃绝物质享受，过苦行的生活，我们才能逃脱那个轮子，最终获得与神结合的狂喜。

虽然并非所有希腊人都是如此，但是很大一部分希腊人是愤怒、不愉快的，被困在与自我的战争中。他们一方面被理智驱动，另一方面又被激情驱动；他们能想象天堂，同时拥有一份能创造地狱的过分自信的固执。他们的座右铭虽是"凡事勿过度"，实际上却从不知止，无论是在纯粹思想方面，在诗歌、宗教方面，还是在犯罪方面。他们伟大的时候，是激情与理智的结合使他们伟大。他们改变了世界的未来发展，但是单靠激情，或者单靠理智，未来都不会是现在这个样子。他们在希腊神话中的原型，不是奥林匹斯山的宙斯，而是盗火者普罗米修斯。普罗米修斯从神界盗来火种，却因此遭受永恒的折磨。

　　然而，如果我们把上面那段话当作全体希腊人的特征，这就和认为希腊人的特征是"静穆"一样，都是非常片面的看法。实际上，希腊世界表现出了两种倾向，一种是愤怒的、宗教的、神秘的、非现实世界的，另一种是欢愉的、经验主义的、理性主义的，而且有兴趣获得各种基于事实的知识。

第二章

米利都学派

　　学生们读到的所有哲学史教材，提到的第一件事，一定是哲学始于泰勒斯，就是那位说"水是万物的本原"的泰勒斯。初学者在刚翻开书读到这里时往往会感到沮丧，因为这种观点和他们努力——也并非竭尽全力——想要对哲学表现出其应有的那种尊重并不相称。然而，有充分的理由让我们去尊重泰勒斯，不过我们或许应该把他当作一个科学家，而不是现代意义上的哲学家加以认识。

　　泰勒斯是米利都人，米利都位于小亚细亚，是一个繁荣的商业城市，城内有大量奴隶人口，自由民中的富人和穷人之间有着尖锐的阶级对立。和伊奥尼亚的其他商业城市一样，公元前七世纪到前六世纪期间，在经济与政治方面，米利都经过了一段重要的发展阶段。最初，政权属于拥有土地的贵族，但是逐渐被商人掌权的财阀政治取代。后来僭主掌权，财阀政治走下历史舞台，僭主（照例）通过民主党派的支持获得权力。

　　关于泰勒斯生活的年代，我们能找到的最佳证据，是他因为预言过一次日食而名声大噪。根据天文学家的推算，这次日食一定是发生在公元前五八五年。其他证据和日食预言的推论一致，也表明他活动的年代大约在这前后。据说，泰勒斯曾经到过埃及，并且借机把几何学从埃及传到了希腊。希腊人对几何学的认识，主要依靠经验法则，而且没有理由认为，后来希腊人掌握的推理证明，是泰勒斯发明的。在陆地上取两点进行观测，计算海上船只航行距离的方法，以及根据金字塔影子的长度估算金字塔高度的方法，似乎都是泰勒斯发现的。很多几何定理也都归功于他，但是事实可能并非如此。

他是希腊七哲之一，希腊七哲每个人都有一句著名的智慧格言；他的格言是："水是最好的。"显然这是一个错误的认识。

根据亚里士多德的记载，泰勒斯认为水是本原，其他万物全部是由水构成的。泰勒斯坚持认为，大地是漂浮在水面上的。亚里士多德提到泰勒斯时还说，泰勒斯曾经说过磁石内是有灵魂的，因为它可以使铁移动；他还说，泰勒斯认为万物都充满了神。

由于我们对泰勒斯所知甚少，因此在重塑他的时候，不可能达到令人完全满意的效果，但是对于他的传承人，我们有相当多的了解，假设他的传承人的一些思想来自他，应该算是合理推测。泰勒斯的科学和哲学构想都很简陋，但是这些思想能激励后人去思考、观察。

有很多关于泰勒斯的传说，但是我觉得我们能掌握的，不过是前面提到的寥寥几个事实而已。有几个故事还是很有趣的，例如，亚里士多德在他的《政治学》中提到的那个故事：

"他因为贫穷而受到指责，这似乎表明哲学是无用的。他精于天象，在冬天的时候，他就知道来年橄榄会大丰收；于是他用手里的一点点钱做押金，租用了希俄斯和米利都所有的橄榄油榨油机，由于没人跟他竞价，他租榨油机的成本非常低廉。到了收获的季节，对榨油机的需求瞬间大增，无论他喊出什么样的高价，都有人租，因此赚了一大笔钱。凭这件事，他向世人表明，如果哲学家愿意，轻轻松松就能变得富有，但是哲学家志不在此。"

米利都派的第二位哲学家阿那克西曼德，比泰勒斯有趣得多。他生存的年代不能确定，但是据说在公元前五四六年，他已经六十四岁了，而且我们有理由认为，这十分接近真相。阿那克西曼德认为，万物都由一种单一的元质组成，但是这里的元质不是泰勒斯认为的水，也不是我们知道的任何其他物质。它是无限的、永恒的，而且是不会消亡的，"它涵盖了全部世界"——他认为，我们的世界只是许多世界中的一个。元质可以转化为各种我们熟悉的物质，物质与元质之间可以互相转化。关于这一点，他做出了一段让人印象深刻的重要陈述：

"万物所由之而生的东西，万物消灭后复归于它，这是命运规定了的，因为万物按照时间的秩序，为它们彼此间的不公平而互相补偿。"

正义这个概念，无论是冥冥宇宙间的公平，还是人间的公平，在希腊的宗教和哲学中的地位，对于一个近代人来说，理解起来并不十分容易；"公平"这个词，从字面上确实很难看出它想要表达的是什么意思，但是如果我们想换个词表示，又很难找到合适的。阿那克西曼德想要表达的似乎是：世界上的火、土和水，应该各占一定的比例，但是每种元素（可以将他们理解为对应的神）一直在试图扩大自己的领域。但是，存在一种必然规律，或者说自然法则，一直在矫正平衡；比如，只要有火燃起，就会有灰烬，灰烬就是土。公平——不要越过永恒不变的界限——是希腊信仰中影响最深远的一个概念。诸神和众人一样，也要服从公平，这种至高无上的力量，既不属于人，也不属于至高无上的神。

阿那克西曼德曾经做过一番论证，证明本原不可能是水，或任何其他已知元素。不管哪种元素是本原，它都会攻占其他元素的领域。在亚里士多德的记载中，阿那克西曼德曾经说过，这些已知的元素是彼此对立的。空气是冷的，水是潮湿的，火是热的。"因此，如果其中任何一种是无限的，那时候其余的就都会消失。"因此，在这场宇宙大冲突中，本原必须是中立的。

宇宙间存在一种永恒的运动，各个星球世界在运动的过程中诞生。和犹太教或基督教神话不同，世界不是被创造出来的，而是演化而来的。动物界也经历了这种演化的过程。潮湿的元素被太阳蒸发，其中就会生成活物。人和其他动物一样，都是演变而来的。人一定是从另一种动物演变过来的，因为人的婴儿期很长，如果人从一开始就像现在一样，有很长的婴儿期，那么就不可能幸存下来。

阿那克西曼德是一个充满科学好奇心的人。据说他是第一个绘制地图的人。他认为地球的形状像一个圆柱体。很多文献都曾提到，他说太阳和地球一样大，或者太阳是地球的二十七或二十八倍大。

米利都三杰中的最后一位，名叫阿那克西美尼，他不像阿那克西曼德那样有趣，但是取得了一些重要的进展。他生存的年代不是十分确定，可以肯定的是，他所处的年代一定晚于阿那克西曼德，鼎盛时期一定早于公元前四九四年，因为在波斯人镇压伊奥尼亚叛乱的过程中，米利都在那一年被波斯人摧毁。

阿那克西美尼说，本原是气。灵魂是气，火是稀薄的气，凝聚的时候，气先变成水，进一步凝聚，会变成土，最后变为石头。这种理论的优势在于，从数量的角度区分物质之间的所有差异，物质与物质之间的差异完全取决于凝聚的程度。

他认为地球的形状像一个圆桌，气涵盖万物："正如我们的灵魂是气，让我们保持同一完整，整个世界都是气息和气体。"就像整个世界都在呼吸一样。

在古代世界，阿那克西美尼比阿那克西曼德更受人尊敬，虽然到了近代世界，几乎所有人都会给出相反的评价。他对毕达哥拉斯，以及后来涌现的许多思想流派都产生了巨大影响。毕达哥拉斯学派发现地球是一个球体，但是原子论者支持阿那克西美尼的观点，认为地球是圆盘状的。

米利都学派很重要，不是因为它取得的成就，而是因为他们所做的尝试。我们可以将泰勒斯、阿那克西曼德和阿那克西美尼所做的思考，视作各种科学假说，而且在他们的思考中，很少看到人格化的欲望和道德观念过分入侵的痕迹。他们提出

的问题，都是值得思考的好问题，他们表现出的活力，也激励
了后来的探寻者。

　　希腊哲学的下一个阶段，与意大利南部的一个希腊殖民城
邦密切相关，这个阶段的希腊哲学更具宗教色彩，尤其是更具
俄耳甫斯教的特点——从某些方面来看更有趣，取得的成就更
值得称颂，但是从精神内核来看，与米利都学派相比，在科学
性方面相对欠缺。

第三章

毕达哥拉斯

我在这一章要讨论的主题是，毕达哥拉斯对古代和近代的影响，无论是在他散发智慧的时候，还是表现得不那么智慧时，毕达哥拉斯都是从古至今所有存活过的人中最重要的人物之一。推理论证意义上的数学，是从他开始的，而且在他心中，数学与一种特殊形式的神秘主义密切相关。数学一直在影响哲学的发展，这种影响既有深远的意义，又有些不合时宜，这一切都是从他那个时代开始，而且在某种程度上要归功于他。

毕达哥拉斯是历史上最有趣，也是最让人感到困惑的人物之一。一方面，关于他的传说几乎是一团解不开的乱麻，难辨真假；另一方面，即便是那些不太有争议的基本信息，从心理学的角度来看也很让人难以理解。我们可以简单地把他描绘成爱因斯坦与艾迪夫人的结合体。他建立了一种宗教，主要教义是灵魂转世和吃豆子的罪恶。他的宗教体现为一种宗教秩序，这种秩序在各地获得了国家的控制权，建立起了圣人的统治。但是不思悔改的人渴望豆子，迟早会发起反抗。

毕达哥拉斯教派的规矩包括：

1. 戒除豆子。

2. 掉下的东西，不要捡起来。

3. 不要触摸白公鸡。

4. 不要掰面包。

5. 不要迈过门闩。

6. 不要用铁器拨火。

7. 不能直接吃整条的面包。

8. 不要摘花环。

9. 不要坐在量器上。

10. 不能吃心脏。

11. 不要在大路上行走。

12. 屋檐下不能有燕子。

13. 锅从火上拿下来的时候，灰烬上不能留有锅的印记，要把灰拨到一起。

14. 不要在光的旁边照镜子。

15. 脱下睡衣的时候，要把它卷起，还要抚平身上的印痕。

所有这些戒律，都是落后的禁忌观念。

他组建的团体，录取条件男女平等；财产公有，大家要遵循相同的生活方式。就连科学和数学的发现，也被视作集体的智慧，出于一种神秘的观念，将其归功于毕达哥斯拉，即便是在他死后。梅塔庞托的希帕索斯违反了这条规矩，遭遇船只失事，这是神因为他的不敬感到愤怒的结果。

　　但是这一切与数学能有什么关系呢？这是通过一种道德准则联系起来的，这种道德准则就是崇拜沉思的生活。

　　拿足球赛举例，拥有现代思维的人认为，场上的足球运动员比观众出色得多。换成国家，情况大同小异：与一般的旁观者相比，现代人更钦佩政治游戏的参与者，也就是政治家们。价值观的改变与社会制度的改变有关——勇士、有教养的君子、富豪、独裁者，每一种身份，都有各自善与真的标准。在哲学理论领域，很长时间都是有教养的君子当道，因为人们想到有教养的君子，就会联想到希腊天才，因为沉思的美德获得了神学上的认可，也因为追求无私真理的理想给学术生活赋予了尊严。有教养的君子可以被定义为平等社团中的一分子，他们靠奴隶劳动过活，或者反正是依靠那些毫无疑问地位卑贱的劳动者过活。我们应该注意，这里所说的有教养的君子，也包括圣人和贤人，这些人的生活就是耽于沉思，不去积极行动。

　　诸如实用主义和工具主义之类的近代思想，对真理的定义，弃绝了对沉思的追求，更具实用性，这种实用性是与贵族对立的工业主义赋予的。

　　无论人们怎样看待容许奴隶制存在的社会制度，都不能否认，正是前面提到的那类君子，让我们拥有了纯粹的数学。理想化的沉思生活，既然能引导人创造出纯粹的数学，那就是一种开展有用活动的根源；沉思的威望也因此得到提升，使它在神学、伦理学和哲学方面取得了成功，如果不是这样，沉思不会享有现在的地位。

　　至此，我们已经解读了毕达哥拉斯的两个方面：作为宗教先知，以及作为纯粹的数学家。在这两个领域，他的影响力难以估量，而且他的这两个身份与现代人理解的不同，并非毫不相关。

大多数科学，在一开始的时候，都与某种形式的错误信仰有关，这种错误的信仰给它们赋予了一种虚幻的价值。天文学与占星学有关，化学与炼丹术有关。与数学相关的，则是一种更精致的错误。数学知识似乎是可以确定的、严密精准的，而且应该可以在现实世界应用；此外，数学是仅通过思考获得的，无须通过观察。因此，人们认为数学是一种理想的科学，日常的经验知识则不够理想。以数学为基础，人们开始认为思想高于感官，直觉高于观察。如果感官世界与数学不符，那么感官世界就更差劲了。人们想方设法，只为了能更接近数学家的理想假设，由此得到的种种结果，却成了形而上学以及知识理论中谬误的根源。这种形式的哲学也是从毕达哥拉斯开始的。

大家都知道，毕达哥拉斯曾经说过"万物都是数"。如果按照现代的方式解读，这样的说法从逻辑上讲毫无意义，但是毕达哥拉斯要表达的并不是全无意义的空话。他发现了数在音乐中的重要性，数学概念中的"调和中项"和"调和级数"就保留了毕达哥拉斯在音乐和数学之间建立起来的联系。就像骰子或者纸牌那样，他把数想象成有形的。我们至今仍时时提到的，数的平方与立方，这些概念都要归功于他。他还提出了长方形数、三角形数、金字塔形数等概念，指的是构成上述形状所需的鹅卵石数（或者我们应该换成更合理的说法，点数）。

他大概构想出了一个原子态的世界，认为物体由分子组成，分子则由以不同形态排列的原子构成。通过这种方式，他希望使数学成为物理学的基础，就像数学之于美学那样。

　　毕达哥拉斯，或者是他的授业弟子们的最伟大的发现，就是关于直角三角形的命题，即直角三角形中两直角边的平方和等于斜边的平方。埃及人已经知道，如果一个三角形的边长分别为 3、4、5，这个三角形一定是直角三角形，但是最早发现 $3^2 + 4^2 = 5^2$ 的显然是希腊人，并且在此基础之上，发现了这个一般命题的证明。

　　毕达哥拉斯定理让人们立即发现了无理数的存在，这似乎否定了他的全部哲学。等边直角三角形的斜边的平方，等于任意直角边平方的两倍。我们假设直角边长一英寸，那么弦应该是多长呢？我们假设斜边的长度是 m/n，那么 $m^2/n^2=2$。如果 m 和 n 有一个公约数，我们可以除去公约数，此时 m 和 n 必有一个是奇数。$m^2=2n^2$，所以 m^2 是偶数，所以 m 也是偶数；因此 n 就是奇数。假设 m=2p。那么 $4p^2=2n^2$，因此 $n^2=2p^2$，因此 n 是偶数，与假设相反。所以就有一个可以指代斜边的分数 m/n。

　　这样的证明过程表明，无论我们采用什么样的长度单位，一定会出现长度与单位没有确切数值关系的情况；也就是说，使问题中的 m 倍的长度等于 n 倍的单位，这样的两个整数 m、n 不存在。这就使得希腊的数学家们坚信，几何学的成立必定是独立于数学的。在柏拉图对话录中，有几个章节可以证明在他那个年代已经有人将几何学当作一个独立的学科看待了；欧几里得完善了几何学。欧几里得在《几何原本》第二编中，用几何学证明了许多我们习惯用代数来证明的东西，例如（a+b）^{2}=a^2+2ab+b^2。因为存在无理数这个难点，他认为几何学是一门必要的学科。

几何学一直深深影响着哲学与科学方法的发展。希腊人创立的几何学，起点是一些不证自明的公理（或者说，那些被视作不证自明的公理），通过演绎、推导不断发展，得出了远非不证自明就能解释的复杂定理。公理和定理可以在实际的空间中得到验证，而实际空间又是通过经验去检验的。由此，先注意到一些不证自明的公理，然后经过演绎推理，发现真实世界的一些东西，似乎是有可能的。这种观点影响了柏拉图和康德，以及两个时代之间的大部分哲学家。

数学与神学的结合，始于毕达哥拉斯，希腊、中世纪，直至以康德为代表的近代宗教哲学，都被赋予了这种特征。毕达哥拉斯之前的俄耳甫斯主义类似于亚洲文化中的神秘宗教。但是在柏拉图、奥古斯丁、托马斯·阿奎那、笛卡尔、斯宾诺莎和康德身上，都能看到宗教与推理，以及道德追求与不被时间影响的逻辑崇拜之间的紧密融合，这都来自毕达哥拉斯。欧洲理智化的神学与亚洲更简单的神秘主义，因此走上了两条完全不同的道路。一直到非常近的现代，人们才有能力明确指出毕达哥拉斯的错误。据我所知，没有人在思想领域的影响力能超过毕达哥拉斯。我这样说，是因为如果仔细分析就会发现，所谓的柏拉图主义，本质上就是毕达哥拉斯主义。只能靠智慧理解，不能靠五感感应的永恒世界，这个完整的概念都是从毕达哥拉斯那里起源的。如果没有他，基督徒就不会想到基督就是道；如果没有他，神学家就不会去探寻上帝与不朽的逻辑证明。但是，在他身上，所有这一切还都只是隐含的言外之意。随着我们的步步推进，我们会越发清楚这一切是如何变得明朗的。

第四章

赫拉克利特

赫拉克利特虽然是伊奥尼亚人，但沿袭的并非米利都学派的科学传统。他是一个神秘主义者，却也并非传统的神秘主义者，而应归属于一个特殊的类别。他认为火是万物的本原，万物都像火堆中的烈焰，是在其他物质的死亡中诞生的。"会死的能得永生，永生的也会消亡，一个生命从其他生命的死亡中来，它的死亡也会孕育新的生命。"世界具有统一性，但那是一种由对立结合而成的统一。"一生万物，万物有一"，但是多能反映的现实却比一少，一是神。

从他留存下来的著作来看，他并不是一个和蔼可亲的人。他非常喜欢鄙视他人，而且反对民主。至于他的同胞，他说："以弗所的成年人应该把他们自己都吊死，把城市留给未长大的少年；因为他们驱逐了他们中最优秀的人——赫尔谟多罗。他们竟然说：'我们当中没有谁是最优秀的；如果有的话，让他到别处去，到别的人群中去。'"

他对人类的鄙视使他认为，唯有靠武力逼迫，人才会为他们自己的利益展开行动。他说"野兽全都是被赶到牧场的"，还说"驴宁愿要草料，却不要黄金"。

我们完全可以预料到，赫拉克利特是信仰战争的。他说："战争是万物之父，也是万物之王。战争使一些人成为神，使一些人成为人，使一些人被束缚，使一些人获自由。"他又说："荷马说'原神界和人间不再有战争！'他不知道，他是在祈祷宇宙的毁灭；因为若是他的祈祷应验了，那么一切都消亡了。"他的话还没说完："我们必须知道，万事万物中都有战争，争斗就是正义，所有的一切都是从争斗中来，到争斗中去的。"

他践行的行为准则与尼采的类似，是一种傲慢的苦行主义。他认为灵魂是火和水的结合体，火是高贵的，水是卑贱的。他称火占比高的灵魂为"干燥的"灵魂，认为："干燥的灵魂是最智慧的、最优秀的。""变得潮湿，灵魂会感到愉悦。""一个成年人，喝醉酒的时候，是在被一个未成年人指引，他步履蹒跚，不知道腿往哪迈，这时他的灵魂就是潮湿的。""完全变成水，灵魂就会死亡。""与自己内心的欲望做斗争是很艰难的。无论他想得到什么，都是以灵魂为代价换来的。""如果一个人所有的愿望都得到了满足，对于他来说这并不是好事。"你可以说赫拉克利特重视通过自制获得的力量，鄙视那些让人无法全心追求重要抱负的喜好。

赫拉克利特相信火是本原，万物都是由火生成的。读者可能会记起，泰勒斯认为万物是由水构成的；阿那克西美尼认为气是本原；赫拉克利特认为是火。最后恩培多克勒提出了一种政治家式的折中方案，认为有土、气、火和水四种元素。走到这一步，古代化学的发展戛然而止。这门科学一直停滞不前，直到后来伊斯兰教的炼金术师们开始探求魔法石、长生药，以及把贱金属变成黄金的方法。

赫拉克利特的形而上学足够多变，可以应对现代的极致繁杂：

"这个世界对所有人来说都是一样的，没有哪一位神或人创造它；它曾经是、现在是、将来也是永生的火，或在燃烧或在熄灭。"

"火首先转化成海；海的一半是土地，另一半是旋风。"

在这样的世界里，只能期待不断变化，赫拉克利特信奉的正是不断变化。

然而他还有另一套学说，与不断的运动变化相比，他在这套学说中安插了更多内容，那就是所谓的对立统一学说。他说："人们不理解不断变化的如何达到自我和谐，那是紧张对立中的一种协调，就像弓和琴弦。"他对争斗的信仰和这种理论有关，因为在争斗中，对立的双方结合起来会产生一种运动，这就是和谐。世界中有一种统一，但这种统一是从分歧中来的：

"结合体是事物组成的整体，那些事物又不是一体，它们合在一起又彼此分开，既和谐又不一致。一由万物组成，万物从一中来。"

有时他说的话似乎想表达，和分歧相比，统一才是更根本的东西：

"善与恶是一体。"

"对神来说，一切都是合理、美好、正确的；人却认为有些东西是错误的，有些是正确的。"

"上去的和下来的是同一条路。"

"神是白昼也是黑夜，是冬也是夏，是战争也是和平，是饱胀也是饥饿；但是他会不时变换形态，就像火一样，你在其中混入香料，它就变成那味道的名字。"

不过，如果没有对立的结合，就不会有统一："对立对我们是有好处的。"

这种学说包含了黑格尔哲学的萌芽，黑格尔的哲学正是围绕对立统一展开的。

万物都处于不断变化的状态，这是赫拉克利特最著名的见解，而且按照柏拉图在《泰阿泰德》篇中描写的，这也是他的门徒们最强调的一个主张。

"你不能两次踏入同一条河；因为流经你身旁的，都是新水。"

追求某种稳定，是人类的本能，而且是最根深蒂固的那类本能，正是这种本能引导人们走入哲学的世界。毫无疑问，这种追求是出于对家园的热爱，以及对躲避灾祸的渴望；相应地，我们发现，面临重大灾难的人，对追求稳定最具热情。宗教追求的稳定体现在两方面：上帝和不朽。上帝永恒不变，也不必担心上帝转变立场；死后的生活会一直持续也不会发生任何改变。十九世纪的乐观，使人们开始反对这种静止的概念，开明的现代神学观念认为，天堂会发展，神性也会进化。但是，即使在这种观念中，也存在某种稳定，即发展本身，以及发展的目标。经历一场灾难，人的渴望就又会回到古老的世外形式：如果世间的生活让人绝望，只能去天堂寻找一片宁静。

有哲学天赋的神秘主义者，无法否认凡与时间有关的，都是不能永恒持续的，于是他们发明了一个"永恒"的概念：永恒不是在无尽的时间中永远存续，而是存在于整个时间进程之外。按照一些神学家的说法，永生不意味着在未来的每时每刻一直存在，而是以一种完全独立于时间之外的模式存在；在这种模式中，没有之前，也没有之后，因此从逻辑的角度而言也就不存在变化的可能性。

虽然赫拉克利特自己的信仰全部围绕变化展开，但是他也承认有些东西是永恒的。在赫拉克利特的哲学中，不存在巴门尼德哲学中的永恒概念（与无尽的延续相反），但是在他的哲学中，那重要的火永不会熄灭：世界"过去、现在和将来，都是永恒不灭的火"。但火是不断变化的东西，火的永恒不是物质的永恒，而是过程的永恒——不过这个观点不应该归于赫拉克利特。

赫拉克利特教导的那种不断的变化，是一种非常恼人的说法，我们已经看到，对于怎样驳斥它，科学竟无能为力。哲学家们的主要理想之一，就是让那些貌似已经被科学扼杀的希望重新复活。于是，哲学家们便开始坚持不懈地探寻某些不属于时间领域的东西。这种探求是从巴门尼德开始的。

第五章

巴门尼德

无论是在理论方面，还是在实践方面，希腊人都不是那种沉迷于中庸之道的人。赫拉克利特认为，万物都处于变化中；巴门尼德则反驳说，什么都是不变的。

巴门尼德是埃利亚人，埃利亚位于意大利南部，在公元前五世纪上半叶非常活跃。根据柏拉图的记载，苏格拉底在年轻的时候（约公元前四五〇年左右）曾会见过巴门尼德，从他那里学到了很多东西，那时巴门尼德已经上了年纪。无论这次会见在历史上是否真的发生过，至少我们可以推定，另外还有其他明确证据显示，柏拉图本人受过巴门尼德学说的影响。巴门尼德的历史地位之所以重要，是因为他开创了一种形而上学式的论点，在后来包括黑格尔在内的大多数形而上学者身上，都能发现这种论点。人们常说，他发明了逻辑，其实他真正发明的是以逻辑为基础的形而上学。

巴门尼德的学说是在一首题为《论自然》的诗中提出的。他认为感官是有欺骗性的，视大量能感觉到的东西为幻觉并加以斥责。在他看来，只有"一"是真实的，"一"是无限的、不可分割的。这里的"一"不是赫拉克利特理论中的那种对立统一，因为在巴门尼德这里没有对立。例如，他显然认为，"冷"的意思只是"不热"，"黑暗"的意思只是"不亮"而已。巴门尼德对"一"的构想，与我们对上帝的构想不同；他似乎认为"一"是物质的，而且是可扩展的，因为他说"一"是球形。但它是不可分割的，因为整个"一"无所不在。

巴门尼德把他的学说分成两部分，分别称为"真理之道"和"意见之道"。后者我们不必去理会。从他保留下来的言论来看，真理之道的要点如下：

"不存在的，你就无法得知——就是不可能——也无法说出它；因为你可以思考一个事物，和那个事物存在，是一回事。"

这种论点的本质是：当你思考的时候，你思考的是某种事物；当你使用一个名字的时候，它一定指代了某种事物。因此，思想和语言都需要外部客体。而且，既然你可以在某一时刻想到或者说到这种客体，也可以在另一时刻想到它或说到它，这说明凡是能被想到或说到的，一定在所有时间中都存在。由此可见，不可能有变化，因为变化就在于事物的形成或消失。

这是第一个从思想和语言推论整个世界的哲学例子。我们当然会说这个推导过程是符合逻辑的，但是我们还是要去看看其中包含了哪些符合真理的要素。

对于这个论点，我们可以这样解释：如果语言并非全无意义，语言中的字词必然是有所指的，通常来讲，这些字词的意思一定不是只指向其他字词，而是指向存在的某种事物，那种事物可能是我们会谈到的，也可能是我们不会谈到的。

我们以一个虚构的人物为例，比如哈姆雷特，来看这句陈述："哈姆雷特是丹麦王子。"以某种角度来看，这句话是真的，但是从简单的历史角度来看，这句话描述的并不是事实。正确的陈述应该是这样的"莎士比亚说哈姆雷特是丹麦王子"，或者更明确地表示为"莎士比亚说有一个丹麦王子叫'哈姆雷特'"。这句陈述就不存在虚构的成分了。莎士比亚、丹麦，以及"哈姆雷特"这个发音，全都是真的，但是"哈姆雷特"这个发音不是一个真实的名字，因为没有人真的名叫"哈姆雷特。如果你说"'哈姆雷特'是一个虚构人物的名字"，严格来说，这是不正确的；你应该说"'哈姆雷特'是一个真实人物的名字，同时这个真实人物是被人们想象出来的"。

哈姆雷特是一个被想象出来的人物，独角兽是一个被想象出来的物种。当一个句子中出现"独角兽"这个词的时候，有些句子陈述的是事实，有些陈述的不是事实，但是任何包含"独角兽"的句子都不是在直接陈述事实。我们来看这两个陈述——"一头独角兽有一只角""一头牛有两只角"。为了证明后一句话描述的事实，你不得不去找一头牛看一看；只是在书里看到说牛有两只角，是不够的。但是，独角兽有一只角的证据，只能在书中找到，实际上正确的陈述应该是："某些书声称，有一种只有一只角的动物，名叫'独角兽'。"所有关于独角兽的陈述，其实都是对"独角兽"这个词的陈述，就像所有对哈姆雷特的陈述，都是对"哈姆雷特"这个词的陈述一样。

但是，显然大多数时候，我们不是在表达那些词，而是在表达那些词的意思。这又把我们带回了巴门尼德的论点，如果

一个词被应用的时候是有意义的，那它一定指代了什么，不会
什么也不表示，因此这个词所指代的，在某个层面来看，一定
存在。

巴门尼德认为，字词全都有一个恒定不变的意思；实际上
这就是他论证的基础，他认为这一点是无可非议的。对于一个
词，虽然字典或者百科全书给出了官方的且为社会所公认的释
意，但是在使用同一个字词的时候，没有哪两个人在脑海中会
出现完全一致的想法。

巴门尼德继续争辩到，既然我们现在能够知道通常被认为
是过去的事物，那它就不是真的属于过去，而一定在某种意义
上存在于现在。由此，他做出推论，没有所谓变化这种东西。
可以说，在某种意义上，我们并不掌握过去的知识。当你回想
过去，回忆就发生在现在，但是你的回忆与你回想的事件并不
完全相同。回忆提供了对过去事件的一种描述，而且从实用角
度来看，对描述和描述对象加以区分，是没有必要的。

完整的论证表明，从语言中勾勒出形而上学的结论是多么
容易，避免这类错误论证的唯一方法，就是在对语言逻辑和心
理学研究方面，如何比大多数形而上学者更深入。

后来的哲学，一直到非常现代的阶段，从巴门尼德那里接
受的，不是所有变化皆不具备任何可能性，这是一种过于粗暴
的悖论，而是物质不灭。巴门尼德直接的后继者并没有使用过
"物质"这个词，但是这个概念已经在他们的思想中成形。物
质被视作各种描述的恒定对象。如此，它就变成了哲学、心理
学、物理学和神学的基本概念之一，自此持续了两千多年。

第六章

恩培多克勒

我们已经发现，毕达哥拉斯是哲学家、预言者、科学家和假行家的混合体，这些身份的特质也在恩培多克勒得到了极其充分的体现。恩培多克勒的鼎盛期大约是公元前四四〇年，由此可见，他与巴门尼德生活在同一时代，只是相对年轻些，不过他的学说在某些方面更接近赫拉克利特。

有关恩培多克勒的传说非常多。人们认为他曾展现过种种奇迹，或者类似的事，有时候是通过魔法，有时候是凭借他的科学知识。据说，他能控制风；他复活了一个似乎已经死了三十天的女人；关于他的死亡，有传说表示，为了证明自己是神，他最后跳进了埃特纳火山口。

他对科学最重要的贡献，是他发现空气是一种单独的物质。他观察到，把一个桶或者类似的器皿倒着放进水中，水不会进入桶中，由此证明了这个观点。他说：

"一个女孩子手里把玩着铜光闪闪的水钟（水滴计时器，类似于沙漏），把管口放在她秀丽的手上，然后把水钟放入大量银色的液体中，液体不会流进水钟，因为里面有空气顶着滴水的小孔，除非她把手拿开，让液体涌入；空气逸出，才会有等量的液体流进去。"

这段话是他在解释呼吸原理时说的。

他还发现了至少一个有关离心力的例子：如果把一杯水固定在绳子的末端，在抡起绳子使水杯旋转的时候，水不会流出来。

他认识到，植物界也有性别之分，而且他也有一种演化论与适者生存的理论（必须承认这很有想象力）。最初"外面散布着各种生生死死的生物，种类数之不尽，形态各异，令人称奇"。有的有头无颈，有的有背而无肩，有的有眼无额，还有单个的肢体寻求合体的机会，这些东西可能有机会结合在一起。有的生物长着无数只手，蹒跚而行。有的生物面部和胸部朝向相反。有的生物牛身人头，有的牛头人身；还有雌雄同体的，既有雄性特征又有雌性特征，但是它们不能生育。到最后，只有一些特定形态的物种幸存下来。

至于天文学方面：他知道月光不是自身发光而是反射了其他光，而且认为太阳光也是一样；他说光的行进也需要时间，但是时间极短，我们观察不到；他知道日食是因为月亮出现在日地之间，关于这个真相，他似乎是从阿那克萨戈拉那里得知的。

他是意大利医学学派的奠基人，由此起源的医学学派影响了柏拉图和亚里士多德。

所有这些都表明，他所处的时代，在科学方面极具活力，后来的希腊时代无法与之同日而语。

现在，我来谈谈他的宇宙论。前面提到过，他确立了学说，将土、气、火与水视为四种元素（虽然他没有使用"元素"这个名字）。每种元素都是永远存在的，但是它们可以按不同比例混合，由此便产生了我们可以在这个世界发现的种种不断变化的复杂物质。爱使它们聚合，斗争使它们分离。在恩培多克勒看来，爱与斗争，和土、气、火、水一样，属于同一等级的原始物质。有些时期爱占上风，有些时期斗争更强大。曾经有过一段黄金时代，爱取得了完全的胜利。在那个时代，人们只崇拜塞浦路斯的爱神。世界上的变化不受目的支配，只受"偶然"和"必然"支配。这里存在一个循环：当爱使这些元素充分混合，斗争会按部就班地再次把它们分开；当斗争把它们分开之后，爱又会一点一点将它们结合起来。因此每种组合物都是暂时的；只有元素，以及爱和斗争，是永恒存在的。

恩培多克勒认为，物质的世界是一个球体；在黄金时代，斗争在球的外面，爱在球的里面；然后，斗争逐渐侵入内部，爱被驱逐出去，直到发展至最糟糕的情况，斗争完全进入内部，爱完全被驱逐到球的外面。然后——虽然我们不清楚是什么原因——开始反向运动，直到重新回归黄金时代，但是不会永远停留在黄金时代。整个循环继续周而复始。

除了科学之外，恩培多克勒的创造性主要体现在四元素学说，以及用爱和斗争这两个准则来解释变化。

他抛弃了一元论，认为自然过程受偶然和必然支配，不受目的支配。从这些方面来看，他的哲学思想比巴门尼德、柏拉

图和亚里士多德更具科学性。在其他方面，他确实也认可了当
时的一些迷信思想；但是即便在这方面，他的表现也不比更近
代的科学家们差。

第七章

雅典与文化的关系

　　雅典的伟大始于两次波斯战争（公元前四九〇年，以及公元前四八〇至前四七九年）。在那之前，伊奥尼亚和大希腊（意大利和西西里以南的希腊城市）出现过很多伟大的人物。雅典人在马拉松平原战胜了波斯王大流士（公元前四九〇年），希腊联合舰队在雅典的带领下击败了大流士之子、波斯王位继承人薛西斯（公元前四八〇年），雅典在这两次胜利中树立起了威信。各个岛屿，以及部分小亚细亚大陆上的伊奥尼亚人，曾经反抗过波斯，随着波斯人被驱逐出希腊地区，雅典给他们带来了解放。斯巴达人只关心自己的领地，没有参加这次作战行动，雅典因此成为反波斯同盟的主要领袖。按照盟约，所有成员国或需提供一定数量的船只，或需缴纳钱财。大多数城邦选择缴纳钱财，由此雅典取得了海上霸权，实力远超其他盟友，在此基础之上，反波斯同盟逐渐转变成了雅典帝国。雅典变得富庶，在伯里克利的英明领导之下日益繁荣。伯里克利是由公民自由选举出来的领袖，执掌政权大约三十年，直到公元前四三〇年才失势。

　　伯里克利时代是雅典历史上最幸福、最辉煌的时代。希腊悲剧文学的开创者，是曾参加过波斯战争的埃斯库罗斯；他书写的悲剧之一《波斯人》，从主题上一改《荷马史诗》的传统，转而描述薛西斯的溃败。索福克勒斯紧随其后，索福克勒斯之后是欧里庇得斯，他们把主题延伸到了伯罗奔尼撒战争的黑暗时期，随着伯里克利失势、死亡，伯罗奔尼撒战争爆发。欧里庇得斯在他的戏剧中表达了后一时期的怀疑主义。与他生活在同一时代的喜剧诗人阿里斯托芬，以粗暴而有限的常识为立足点，嘲笑所有"主义"；他特别提到了苏格拉底，抨击苏格拉底是一个否认宙斯存在的人，还说苏格拉底操纵邪恶的伪科学与神秘宗教。

　　雅典曾被薛西斯攻占，卫城上的神庙被火烧毁。伯里克利一心想要重建这些神庙。至今仍有遗迹留存的，在我们这个时代仍让人感到赞叹的帕特农神庙和其他神庙，都是伯里克利时代修建的。雕刻家菲狄亚斯受雇于国家，塑造巨型男女神像。在这个时代的末期，雅典是希腊世界最美丽、最繁华的城邦。

　　雅典在伯里克利统治时代取得的成就，或许是人类历史中最惊人的。在那以前，在众多希腊城邦中，雅典一直居于后位；无论是艺术领域，还是文学领域，没有一位伟大的人物出自雅典（除了梭伦，梭伦的主要身份是立法者）。在胜利、财富和重建需求的刺激之下，雅典突然涌现了大批至今无法被人超越的建筑家、雕刻家和戏剧家，他们的创作成果在那之后的时代，乃至今日，仍然占据着十分重要的地位。考虑到雅典城邦人口规模之小，他们取得的成就更加让人感到惊讶。大约公元前四三〇年的时候，雅典人口数量达到巅峰，据估计大约有二十三万人（包括奴隶在内），雅典周边的阿提卡农村地区人口数量可能更少。无论是在这之前还是之后，世界上的任何地方，能创造出最高水平作品的杰出人才，在人口中的占比，从来没有达到过如此高的比例。

在哲学方面，雅典只贡献了两个伟大的名字——苏格拉底和柏拉图。柏拉图所处的年代相对较晚，但是苏格拉底的青少年时期，以及成年初期，都是伯里克利当政时期。雅典人对哲学十分感兴趣，热切盼望其他城市过来的教师到此讲学。渴望学习辩论术的青年们，追寻着智者们的脚步；在《普罗泰戈拉篇》中，柏拉图笔下的苏格拉底，对那些追捧外来名家言论的热情学徒们，做出过一番风趣而嘲讽的描述。我们会看到，伯里克利把阿那克萨戈拉引入雅典，苏格拉底宣称他在创造中的卓越思维就是从阿那克萨戈拉那里学来的。

由柏拉图构想的大部分柏拉图对话都发生在伯里克利统治时期，对话中呈现了富人们的惬意生活。柏拉图出身于一个雅典的贵族家庭，他是在一个传统的时代中长大的，那时候上层阶级的财富和安全还没有被战争和民主摧毁。和他一样的青年无须工作，因而可以把大部分闲暇时间投入到对科学、数学和哲学的追求上。他们几乎对《荷马史诗》烂熟于心，而且能对专业诗歌朗诵者的优劣做出专业评断。刚被发现的演绎推理，刺激了新理论的涌现，在整个知识领域，或正确或错误的新理论层出不穷。那是个既智慧又幸福的时代，幸福正是从智慧中获得的，这样的时代少之又少。

　　但是促成这个黄金时代的力量并不稳定。内部和外部的威胁随时可能打破脆弱的平衡——内部受民主政治威胁，外部受斯巴达威胁。早在公元前六世纪，对于民主的方向，梭伦就已经得出了一套折中的方案，直到接下来的僭主政治时期，在庇西特拉图和他的儿子们的统治中，依然能看到梭伦的很多成果。这个时期结束的时候，反对僭主政治的贵族们，已经能够接受民主思想。和十九世纪的英国一样，伯里克利的倒台，使得贵族们在民主化进程中掌握了权力。其实在伯里克利统治后期，雅典民主政治的领袖们就已经开始要求更大的政治权力。与此同时，伯里克利推行的帝国主义政策，一方面和雅典的经济繁荣紧密相关，另一方面导致和斯巴达的冲突升级，最终爆发了伯罗奔尼撒战争（公元前四三一至前四〇四年）。在这次战争中，雅典被彻底击败。

　　虽然在政治上垮台了，但是雅典的威望还在，而且哲学圣地的地位几乎持续了一千年。在数学和科学方面，亚历山大港后来居上，雅典略显失色，但是亚里士多德和柏拉图的智慧，使雅典在哲学领域依然处于至高无上的地位。

第八章

阿那克萨戈拉

哲学家阿那克萨戈拉，虽然不能和毕达哥拉斯、赫拉克利特和巴门尼德相提并论，但他在历史上仍然占有相当重要的地位。他是伊奥尼亚人，并且传承了伊奥尼亚的科学和理性主义传统。他是第一个将哲学引入雅典的哲学家。另外，精神是引发物理变化的主要原因，也是他提出来的。

阿那克萨戈拉认为，任何东西都可以被无限分割，哪怕是最小的物质组成部分，也包含各种各样的单独的元素。事物中包含的哪种元素最多，就会表现出哪种元素的特质。例如，世间万物都包含火的成分，但是当火元素居多时，我们才会称之为火。和恩培多克勒一样，阿那克萨戈拉也反对貌似空无一物的地方就是虚空的说法。他说，水钟或者被吹起来的皮表明，貌似空无一物的地方，实际上有空气存在。

他和他的前辈不同，他认为精神（努斯）也是生命的实质组成部分，而将生物与死物区分开的正是精神。他说任何事物都包含了其他事物的组成部分，只有精神以及包含精神的事物例外。精神能支配所有有生命的事物；精神是无限的，而且是自治的，不掺杂任何其他物质。除了精神，任何东西，无论多么小，都包含完全相反的组成部分，如热和冷、白和黑。他认为雪（在某种程度上）是黑色的。

精神是一切运动的根源。它会引发一种螺旋运动，这种螺旋会逐渐蔓延到整个世界，最轻的事物运动到螺旋的外缘，最重的则落入中心。精神是同质的，动物的精神和人的精神一样善良。人类具有明显的优越性，是因为人类有双手；所有看似明显的智力差异，实际上都是身体上的差异造成的。

亚里士多德和柏拉图笔下的苏格拉底，都对阿那克萨戈拉有所抱怨，抱怨他在引入精神这个概念之后，却几乎没有加以应用。亚里士多德指出，阿那克萨戈拉只是引入了精神这个概念，以它为因，因为他不知道别的因。无论是什么情况，只要能够给出解释，他给出的一定是一个机械式的解释。他反对事物源于必然和偶然；尽管如此，他的宇宙论中也没有"天意"一说。他似乎对伦理或宗教没有太多想法；或许，就像控诉他的人所说的那样，他是一个无神论者。他所有的前辈都对他产生了影响，除了毕达哥拉斯。巴门尼德和恩培多克勒都对他产生了影响。

在科学领域，他功勋卓越。他是第一个提出月光是反射光的人，关于这一点，巴门尼德也有过隐晦的表述，证明他也知道。阿那克萨戈拉对月食现象做出了正确推测，而且他知道月亮不及太阳。他说，太阳和星辰都是火热的岩石，我们感受不到星辰的热量，是因为它们距离我们太遥远了。太阳比伯罗奔尼撒还大。月亮上有山，（他以为）也有人居住。

据说，阿那克萨戈拉是阿那克西美尼学派的一员；他的身上确实保留了伊奥尼亚人的理性主义和科学传统。在他身上，你找不到对伦理和信仰的执着，这种执着从毕达哥拉斯传到苏格拉底，从苏格拉底又传到了柏拉图，给希腊哲学注入了一股带有蒙昧主义色彩的偏见。他并非严格意义上的一流哲学家，但是他将哲学引入雅典，也对苏格拉底产生了一定影响，说他是一位重要的哲学家总不为过。

第九章

原子论者

原子论的奠基人有两位，分别是留基伯和德谟克里特。二人哲学理念的基本观点出自留基伯，但是想将二者分开讨论非常困难，而且就我们的目的而言，也没必要做这种尝试。

他们相信万物由原子构成，原子在物理层面，而非几何层面，是不可分割的；原子与原子之间存在一定空间；原子是不可摧毁的；原子从过去到将来，一直处于运动中。原子的数量是无限的，甚至种类也是无限的，不同种类的差别在于形状和大小。原子始终处于运动中，在他们看来，起初原子的运动是无序的，与现代的气体动力学理论雷同。原子间相互碰撞，各个原子集群形成旋涡。其余过程和阿那克萨戈拉的理论大致相似，但是他们用机械论的思路解释旋涡，而不是像阿那克萨戈拉那样认为是精神在操控运动，这是一个进步。

在古代，原子论者常会因为把一切归因于偶然而受到指责。实际上恰恰相反，原子论者是绝对的决定论者，他们认为一切都是依照自然法则发生的。关于万事的发生皆出自偶然这个说法，德谟克里特明确地否认过。虽然留基伯是否真实存在还要打个问号，但是有一句广为人知的话被冠上了他的名号："没有什么事是无缘无故发生的，万事皆有因由，万事皆属必然。"世界一旦存在，它的进一步发展就已经被机械论的原则固定了方向，再无更改的可能。

亚里士多德，还有其他一些人，怪他和德谟克里特对原子的原始运动未做说明，但是在这个问题上，原子论者比批评者更讲科学。因果关系必定是有初始事件的，而且无论因果关系从何处开始，都不能给初始事件赋予原因。人们可以将世界的诞生归功于造物主，但是即便如此，依然存在不可解释的初始因，那就是造物主本身。实际上，与古代众人提出的其他理论相比，原子论者的理论更接近现代科学。

与苏格拉底、柏拉图和亚里士多德不同，原子论者解释世界时，试图不引入"目的"或"终因"的概念。原子论者提出机械论式的问题，给出机械论式的答案。但是，直到文艺复兴时代，他们的后继者全都对目的论的问题更感兴趣，因此把科学带进了死胡同。

千万不要假定他们的理论思考完全以观察和实验为依据。在古代，经验观察与逻辑论证之间并非泾渭分明。对于通过大量推理论证和一些观察，就可以建立起一套完整的形而上学和宇宙论这件事，在智者学派之前，似乎从来没有哲学家表示过怀疑。出于幸运，原子论者想出了一种假说，两千多年之后，人们才发现相关证据，在提出假说的年代，他们的见解没有丝毫实质性的根据作为支撑。

德谟克里特的理论细节相当丰富，有些结论十分有趣。他说，每个原子都是不可进入、不可分割的，因为原子中没有空隙。你用刀切苹果的时候，刀必须找到一个空隙，从那里进入苹果当中；如果苹果是完全实心的，没有任何空隙，它就会无比坚硬，无法进行物理分割。原子的内部是不变的，实际上原子就是巴门尼德提出的"一"。原子只会运动并彼此发生碰撞，有时它们的形状能彼此卡住，于是就会结合在一起。原子有各种各样的形状；火由小球状的原子构成，灵魂也是如此。原子通过碰撞形成旋涡，物体乃至最终形成的星球都是在旋涡中诞生的。宇宙中有很多星球世界，有些还在成长，有些已经在消亡；有些星球世界没有太阳或月亮这样的恒星和卫星，有些则有好几个。每个星球世界都有开始，也会有终结。一个星球世界可能会因为与一个更大的星体发生碰撞而毁灭。

德谟克里特是一个彻头彻尾的唯物主义者。我们已经知道，在他看来，灵魂由原子组成，思想也是一个物理过程。宇宙中没有意志，只有受机械法则操控的原子。他不相信盛行的宗教，也反驳过阿那克萨戈拉的精神论。在行为准则及伦理学方面，他认为生活的目标就是获得快乐，同时认为自我节制和修养就是获得快乐的最佳方法。所有强烈的、热闹的事物他都不喜欢；他不喜欢性，他说性会导致理智完全被愉悦击败。他重视友谊，但是把女人想得很坏，而且不想要孩子，因为教育孩子会妨碍对哲学的研究。在这些方面，他与杰里米·边沁非常相像；对希腊人口中的民主，他也表达了与边沁同等程度的热爱。

德谟克里特之后的所有古代和中世纪思想，都存在某种形式的错误，他是最后一位逃脱此魔咒的希腊哲学家，至少在我看来是这样。到目前为止，我们讨论过的所有哲学家，都为了理解这个世界付出过无私的努力。他们把这件事想得相对容易了，实际上了解世界绝非易事，但是如果缺乏这种乐观主义，他们就不会有迈出第一步的勇气。只要不是时代偏见作祟的时候，基本上，他们的态度还是相当科学的；不仅如此，那还是一种富于想象力、朝气蓬勃且充满冒险乐趣的态度。他们对万事万物都感兴趣——流星和日食、月食，鱼和旋风，宗教和道德；他们有深刻的智慧，同时不失孩子般的热情。

以此为节点，虽然之前取得了无与伦比的成就，但是腐烂的种子已被埋入土壤，此后希腊哲学便日渐衰败。德谟克里特之后的哲学，哪怕是最优秀的哲学思想，也是有缺陷的，它们的缺陷就在于，相较于宇宙，过分强调人。首先是智者学派带来的怀疑主义，导致我们去研究如何知道，而不是去努力获得新知识。然后伴随苏格拉底而来的，是对伦理的强调；伴随柏拉图而来的，是否定感官世界，认同自我创造的纯思想世界；伴随亚里士多德而来的，是将目的视作科学的基本概念。虽然柏拉图与亚里士多德都是天才，但他们的思想都存在一定缺陷，后来的事实证明，他们思想中的缺陷贻害无穷。在他们之后，哲学领域的活力日益衰减，大众化的迷信思想重新抬头。天主教正统派的胜利，带来了某些方面的新面貌；一直到文艺复兴时期，苏格拉底的前辈具有的特征，也就是哲学家的活力和独立性，才重新恢复。

第十章

普罗泰戈拉

　　到了公元前五世纪后半叶，我们前面讨论的那些前苏格拉底时代的伟大哲学体系，迎来了与怀疑运动的正面对峙，怀疑运动中最重要的人物，就是智者学派的领袖普罗泰戈拉。"智者"也可以称为诡辩家，该词一开始并不包含负面的意思，和我们口中的"教授"指代的意思十分接近。智者靠教授年轻人特定的知识谋生，通常认为，他们教授的知识对年轻人来说，在实际生活中是有价值的。当时没有为公众提供教育服务的公共机构，智者教授的年轻人，或者自己富有，或者家长富有。由此他们自然会形成某种阶级偏好，同时当时的政治环境进一步强化了这种阶级偏好。这就解释了智者受一个阶层欢迎，却不受另一个阶层欢迎的原因。但是，他们自认为，他们的教学工作更多是出于非个人的目的，而且很多智者确实诚挚地投身于哲学思考当中。

　　有一个关于普罗泰戈拉的故事，虽然这个故事毫无疑问是杜撰的，却足以说明智者和法庭在公众心目中的关系。故事讲述的是，普罗泰戈拉教导一个年轻人，双方约定，如果这个年轻人在第一次法律诉讼中获胜，就要交学费，若落败就不用交学费，而这个年轻人打的第一场官司，就是普罗泰戈拉控告他，索要学费。

不管怎么样，是时候抛开这些铺垫，来看看对于普罗泰戈拉，我们到底了解些什么。

普罗泰戈拉于大约公元前五〇〇年在阿布德拉出生，德谟克里特也来自这个城市。他两次造访雅典，第二次去雅典的时间不会迟于公元前四三二年。他的名声主要来源于他的著名学说，即"人是万物的尺度，是存在事物的存在的尺度，也是不存在事物的不存在的尺度"。这句话被解读为，每一个人都是一把可以衡量万事万物的尺，当人与人的判断出现分歧时，没有客观的真理可以作为依据，分辨哪一个是正确的，哪一个是错误的。从本质上来讲，这是一种怀疑主义学说，而且大概是建立在感觉的"欺骗性"基础之上的。

不相信存在客观真理，导致在现实生活中，多数派成了该相信什么的裁判者。普罗泰戈拉因此走上了捍卫法律和公序良俗的道路。虽然如我们所知，他不知道神是否存在，但他确信神应该受到崇拜。对于一个彻头彻尾的理论怀疑论者，同时又具备逻辑思考能力的人来说，这显然是一种正确的观点。

普罗泰戈拉成年之后，就过上了到希腊各城邦四处讲学的生活，他靠向"渴望提高效率，获得更高精神教养的人"教学，收取费用。柏拉图反对智者收钱授课的做法，按照现代观点来看，这样的观点有些自负。柏拉图自己有足够的私人财产，显然他不会意识到，那些不像他那么幸运的人，不收费就没办法生活。奇怪的是，按理说近代的教授们没有理由反对授课领薪水这件事，但是他们经常重复柏拉图的这种指责。

智者与同时代的大多数哲学家之间，还存在另外一个不同之处。除了智者，教师办学在当时是很常见的现象，那时候的学校有些兄弟会的性质：无论学生数量是多是少，大家要共同生活，学校通常会制定一套修道院式的行为规则，学生能在这里学到一些不对外公开的深奥学说。所有源于俄耳甫斯的哲学教派，教师办学都是正常现象。但是智者学派中没有一个人这样做过。在智者看来，他们教授的东西与教派或者德行无关。他们教辩论术，以及大量有助于提升辩论术的其他相关知识。一般来说，他们和现代的律师类似，准备展现的技能是如何为一个观点辩护，或者如何反对他人的观点，他们无意鼓吹自己的结论。那些将哲学视作一种生活方式，与教派紧密捆绑的人，自然会对此深感震惊；在他们看来，智者的表现既不严谨，又不道德。

智者是招人厌恶的，厌恶他们的不只是一般大众，还包括柏拉图以及他之后的哲学家们。他们招人厌恶，在某种程度上是因为他们智慧出众，至于他们的智慧有多出众则很难说。若是全心全意地追求真理，必须忽视道德方面的考量；我们不可能提前预知，在一个特定的社会中，一种真理最后会不会被认定为对社会有益。智者只准备跟随论证，无论论证的过程会把他们引向何处，不过，论证通常会引他们走向怀疑主义。其中一位智者高尔吉亚，坚持认为，什么都不存在；就算有什么是存在的，也是不可知的；退一步来讲，就算有什么事物存在，而且有人可以知道，他也永远无法告诉别人。我们不知道他的论点是什么，但是我们可以想象，他们拥有一种逻辑的力量，迫使他的反对者们去他人的教诲中寻求庇护。柏拉图总是鼓吹那些会让人们向善的观点，当然，所谓的向善是他以为的善；但是，理智的坦诚，是他从来不曾具备的素质，因为他允许自己根据学说引发的社会后果去评断它们。即便在这个问题上，他也是不诚实的；他摆出了一副依照逻辑，以纯理论标准做评断的姿态，实际上为了得出一个符合道德的结果，他会歪曲讨论。他将这种恶习引入了哲学领域，自那之后哲学界再也没能摆脱这种恶习。可能在很大程度上，正是因为对智者的敌视态度，他的《对话录》才会具有这样的特征。柏拉图以及他之后所有的哲学家，都存在一个共同的瑕疵，那就是他们对伦理道德的探究，都是在已经知道会得出什么结论的前提下进行的。

公元前五世纪末期，似乎有人在雅典传授一些在当时看来不符合道德的政治学说，这些学说貌似也不符合当今民主国家的道德标准。在柏拉图的《理想国》第一卷，特拉西马库斯主张：只有强者的利益，没有正义；法律是政府出于自身利益考虑制定的；在权力竞争中，不存在公事公办的标准。根据柏拉图的说法（见《高尔吉亚篇》），卡里克利斯也做过类似的表述。他说，自然法则是强者的法则，但是为方便起见，人们确立了种种制度和道德戒律来约束强者。和古代相比，这些表述在现代世界获得了更广泛的认可。无论人们怎样看待这些说法，它们并不是智者的特征。

公元前五世纪期间——智者在变革中扮演了什么角色并不

重要——正统观念日渐崩坏，而在为维护正统引发的冲突中，不仅没有体现出任何才智，还相当残酷；在这场冲突中，雅典从某种僵化而质朴的苦行主义，转变成一种富有才智但同样残酷的犬儒主义。公元前五世纪初，雅典率领伊奥尼亚众城邦反抗波斯，并且在公元前四九〇年取得了马拉松战役的胜利。到公元前五世纪末，公元前四〇四年斯巴达击败了雅典。

斯巴达人在雅典建立起了一个寡头政府，史称"三十僭主"。三十僭主中，有些僭主曾经是苏格拉底的学生，其中就包括僭主中的首领克利提亚。他们当然不受欢迎，在一年之内就被推翻了。斯巴达妥协后，民主制得以恢复，但此时的民主已经是被激怒的民主，受特赦所限，人们无法直接对政府内部的人复仇，但他们却很乐意随意找个借口，对不受特赦保护的人提起公诉。苏格拉底的审判与死亡（公元前三九九年）就是在这样的背景下发生的。

第二篇

苏格拉底、柏拉图和亚里士多德

第十一章

苏格拉底

　　人们普遍认为，柏拉图《对话录》中最具历史价值的，当数《申辩篇》。文章宣称是苏格拉底在受审过程中为自己所做的辩护——当然，这不是一篇速记通告，而是事件发生几年后，保留在柏拉图记忆中的辩词，经过整理和文学加工而成。审判苏格拉底时，柏拉图就在现场，看起来几乎可以确定，柏拉图记录下来的，就是当时苏格拉底说的，而且泛泛来讲，柏拉图记录的目的就是还原历史。这篇对话，虽然有各方面的局限性，但足以明确地描述出苏格拉底的性格特点。

　　苏格拉底受审的主要事实毋庸置疑。对苏格拉底提起诉讼，是基于以下指控："苏格拉底是一个作恶者、一个怪人，无论是天上的，还是地下的，他都要去调查；他假装好意，却办坏事，还拿这些去教导别人。"最后，雅典陪审法庭以多数票通过了苏格拉底的有罪判决，即法庭上大多数人都认为他有罪。按照雅典的法律，他可以要求比死刑稍轻的判罚。如果有罪判决成立，法官们要在控辩双方提出的判罚建议之间做出选择。此时，若苏格拉底提出重罚建议，法庭可能会觉得量刑适当便予以采纳，这样做是最符合苏格拉底利益的。然而苏格拉底的提议却是处以三十个米纳的罚金，他的一些朋友（包括柏拉图）愿意为他担保。苏格拉底提出的处罚太轻，惹怒了法庭，法庭上要求对他处以死刑的人，比宣判他有罪时还多。毫无疑问，他预见了这样的后果。显然，他并不希望通过让步避免死刑，他做出让步就等于承认自己有罪。

检察官们坚称，苏格拉底所犯的罪是不崇拜国家所奉的神，反而宣扬其他的新神，罪孽更深重的是，他还以此教导青年，腐化青年。有一次有人向德尔斐神庙求问，是否有比苏格拉底更智慧的人；德尔斐神庙传达的神谕回答说，没有。苏格拉底宣称，自己因此感到困惑，因为他一无所知。但是苏格拉底坚信神不会撒谎，于是他四处走访据说富有智慧的人，看是否有人能证明神会犯错。

他首先去拜访了一位政治家，"很多人认为他富有智慧，但是他自认为自己比别人以为的更具智慧"。苏格拉底很快发现这个人一点也不智慧，并且把自己的想法友善但坚定地告诉了他，这样做的"后果是，他开始憎恨我"。然后，苏格拉底又去拜访了诗人，请他们讲解他们作品中的内容，他们却做不到。"于是我知道，诗人写诗并非靠智慧，而是靠天分和灵感。"接下来，他去拜访了工匠，结果同样令他失望。他说在这个过程中，自己结下了许多可怕的敌人。最后他总结道："只有神是智慧的；神的回答是要证明，人类的智慧几乎没什么价值，甚或说完全没有价值；神不是在说苏格拉底，神只是用我的名字加以说明，就像是在说：'世人啊，像苏格拉底那样，知道自己的智慧实际上毫无价值，才是最智慧的。'"揭露冒充有智慧的人，这件事占用了他的全部时间，最终导致他陷入极端贫困当中，但是他觉得证明神谕的正确，是一项使命。

他说他申辩是为了法官，而不是为了自己。他是被神派遣到这个国家的一只牛虻，想再找一个像他这样的人并不容易。"我敢说你们会感到恼怒（就像将一个睡着的人突然唤醒），你们以为自己可以像阿尼图斯建议的那样，轻而易举地把我打死，然后就可以安睡余生。然而除非神眷顾你们，否则你们不会再遇见另一只牛虻。"

然后他转向那些投票判他无罪的法官，说这是"一种暗示，发生在我身上的是好事，我们中认为死亡是不幸的人，是错误的"。因为死亡要么是无梦的长眠——这显然是好事——要么就是灵魂转移到另一个世界。"如果一个人能和俄耳甫斯、缪萨尤斯、赫西俄德、荷马交谈，有什么是他不愿放弃的呢？没有，如果真是这样，就让我一死再死吧。"在另一个世界，他可以和其他因遭受不公正判决而死的人对话，最重要的是，他可以继续探索知识。"在另一个世界，他们不会因为一个人发问就把他处死，绝对不会。另一个世界的人不仅比我们幸福快乐，他们还会永生，如果传说是真的……""分道扬镳的时辰已经到了，我们各自走各自的路——我去死，你们去活。只有神知道哪条路更好。"

《申辩篇》勾勒出了苏格拉底这类人的清晰画像：自信、高洁，对世俗的成功毫无兴趣，相信有一个神圣的声音在引导自己，而清醒的头脑是正确生活最重要的先决条件。除了最后一点，苏格拉底就像一个基督教的殉道者，或者一位清教徒。在最后一段话中，他想象了死后会发生什么，这让人们不可能不感觉到，他坚定地相信灵魂不朽，而他言谈间的不确定，不过是假设而已。像基督徒那样，因为害怕永受折磨而感到的困扰，苏格拉底是丝毫都没有的：他毫不怀疑，下一世的生活是幸福的。在《斐多篇》中，柏拉图笔下的苏格拉底给出了相信灵魂不朽的理由，但历史上真实的苏格拉底是否真是受这些理由影响，我们无法给出定论。

几乎可以肯定，苏格拉底的研究方向是伦理道德，而不是科学。我们看到，他在《申辩篇》中说，"我的研究和物理猜想毫无关系"。在柏拉图笔下，苏格拉底一直坚称自己一无所知，但是他不认为知识是无法获得的；相反，他认为追寻知识无比重要。他坚持认为，没有人会存心犯罪，因此只有知识能让所有人变得品行完美。

苏格拉底和柏拉图哲学的特征，就是在德行与知识之间建立起的这种紧密联系。在某种程度上，所有希腊思想中都存在这种联系，这与基督教思想完全相反。在基督教的道德规范中，内心的纯洁才是必不可少的，最起码这是在无知者和有识之士身上都能找到的东西。希腊伦理学和基督教伦理学之间的这种差异，至今仍然存在。

辩证法，指的是通过问答探寻知识的方法，这种方法不是苏格拉底发明的。但是有理由推断，苏格拉底实践并发展了辩证法。在柏拉图的著作中，苏格拉底一直佯装他只是在引用被提问者掌握的知识，因此，他将自己比作一个助产士。苏格拉底的方法只适合处理这样的情况：我们已经掌握足够的知识，可以得出正确的结论，但是因为思维混乱，或者缺乏分析能力，最终没能得出正确的结论，用苏格拉底的方法，我们就可以合理利用我们掌握的知识。例如，"什么是正义"这个问题，就非常适合在柏拉图的对话录中讨论。

　　我们也可以进一步扩大这种方法的应用场景，让它在更高级别的事件中发挥价值。只要需要考虑的是逻辑，而不是事实，讨论绝对是引出真理的好方法。但是，如果要处理的问题是发现新事实，只靠讨论绝对达不成目的。或许可以把"哲学"定义为"用柏拉图的方法可以探寻到答案的全部疑问"，但是，如果这算是一个恰当的定义，也是因为柏拉图对后世哲学家产生的影响。

第十二章

斯巴达的影响

　　斯巴达对希腊思想产生过双重影响：一层是通过现实，一层是通过神话，这两方面都很重要。在现实中，斯巴达在战争中打败了雅典；通过神话，斯巴达影响了柏拉图，以及后来无数作家的政治理论。回顾历史，你会发现神话的影响力甚至高过了现实；尽管如此，我们还是要从现实开始说起，因为神话源于现实。

　　对于一个斯巴达公民来说，他一生唯一的事业，就是战斗，斯巴达人从出生就开始接受战斗训练。经过部族首领的检查，体弱多病的孩子会被遗弃，只有强壮的孩子才能被扶养。二十岁之前，所有的男孩子都要在一所学校里接受训练，训练的目的是让他们变得强大，不惧苦痛，服从纪律。文化教育或科学教育被视为毫无意义，教育的唯一目标就是塑造出全心全意报效国家的优秀战士。

　　斯巴达人长到二十岁时，开始服真正的兵役。只要过了二十岁就可以结婚，但是直到三十岁之前，男人只能住在"男子营"，这期间的婚姻生活就像一场非法、隐秘的外遇。三十岁之后，他才算是一个真正的公民。每一个公民都有所属的食堂，要和其他成员一起吃饭；无论他从事什么生产活动，必须从自己的产出中拿出一部分上交。这个国家奉行的宗旨是，不能让任何一个斯巴达公民陷入贫困，也不能让任何一个公民变得富有。每个人只能靠自己土地的产出生活，土地不允许转让，除非免费赠送。任何人不得拥有金或银，钱币是用铁制成的。斯巴达人的简朴，众人皆知。

斯巴达女性的地位很特殊，她们不像希腊其他地区的良家妇女那样与世隔绝。斯巴达的女孩也要像男孩一样，接受体能训练；更不同寻常的是，男孩女孩不仅要在一起训练，而且全都要赤身裸体。女性不许流露出任何对国家不利的情绪，她们可以鄙视一个懦夫，而且如果她鄙视的那个懦夫，就是她自己的儿子，还会因此受到赞扬。但是，如果她刚出生的孩子由于体弱要被处死，或者她的儿子在战场上战死，她却不能表现出丝毫的悲伤。其他地方的希腊人认为斯巴达女性格外贞洁，但与此同时，如果一个斯巴达女性结了婚没有孩子，国家为了让妇女生育出更多的公民，在让她去试试是不是别的男人能让她怀孕时，她却不会提出异议。

斯巴达的宪法非常复杂。斯巴达有两位王，分属不同的家族，王位靠世袭继承获得。战争期间，由其中一位负责指挥，但是在和平时期他们的权力会受到限制。在公开的宴会上，他们分得的食物比其他人多一倍，国王去世的时候，国民会哀悼他。两位国王都是长老会议的成员，包括两位国王在内，长老会议成员总共三十人；其他二十八位成员的年龄必须超过六十岁，长老会议的席位由全体公民选举产生，终生任职，但是只有贵族有资格参选。长老会议负责审理罪案，筹备公民大会相关事宜。全体公民都要参加公民大会，会上不能提出动议，但是可以对之前提交的议案投赞成票或反对票。所有法律都要在公民大会上通过才能生效。大会通过是法律生效的必要条件，却不是充分条件；法律生效之前，必须由长老和行政官宣告生效决定。

除了两位王、长老会议、公民大会，斯巴达政府还存在第四个组成部分，这个部门是斯巴达特有的。斯巴达设有五位监察官，监察官是斯巴达体制中的"民主"成分，这样的设置显然是为了制衡王权。两位国王每个月都要宣誓拥护宪法，然后五位监察官宣誓，只要国王信守誓言，他们就会拥护国王。无论哪位国王出征，都会有两位监察官随行，监督他的一举一动。监察官执掌最高民事法庭，但是他们可以对国王行使刑事审判权。

其他城邦的希腊人对斯巴达人的钦佩，让我们感到惊讶。起初，斯巴达和其他希腊城邦没什么不同，他们的特征是后来发展出来的。起初，斯巴达也和其他地方一样，孕育出了不少诗人和艺术家，但是到了公元前七世纪左右，或许更晚一些，斯巴达的宪法（被错误地归功于莱库格斯）就发展成了我们刚才谈论的那种形式。为了在战争中取胜，他们牺牲了一切，由此在希腊对世界文明做出的贡献中，就再也没有斯巴达的份儿了。在我们看来，斯巴达就像一个微缩模型，如果纳粹获胜建国，建立的就是斯巴达式的国家。但是希腊人并不这样看待他们。

其他地区的希腊人羡慕斯巴达的原因之一，是斯巴达政权稳定。其他希腊城邦都经历过革命，但是斯巴达体制连续数百年没有发生过变动，除了监察官的权力逐渐提升，但这种微小的改革是通过正当法律程序实现的，完全不涉及暴力问题。

谁也不能否认，在很长一段时期里，斯巴达人一直能成功地实现国家的主要目标，即把斯巴达人塑造成一个不可战胜的勇武民族。虽然严格来说，公元前四八〇年的温泉关之战是一场败仗，但那或许是一场最能彰显斯巴达人英勇的战役。在很长一段时期里，斯巴达人向世人证明，他们在陆上是无敌的。他们在陆地上的霸权一直持续到公元前三七一年，在留克特拉战役中被底比斯人打败，斯巴达人强大的军事地位至此终结。

除了战争方面，现实中的斯巴达，从来不是一个遵守原则的地方。生活在斯巴达盛期的希罗多德发表过一段惊人的言论，他说，没有一个斯巴达人能拒绝诱惑，虽然蔑视财富、热衷淳朴生活，确实是斯巴达教育极力主张的主要观点。据说斯巴达的妇女非常忠贞，但是最有竞争力的王位继承人，会因为不是国王的亲生儿子失去继承权，这种事发生过不止一次。据说斯巴达人对国家无比忠诚，但是普拉提亚之战的胜利者、斯巴达王帕萨尼亚斯，却没抵挡得住薛西斯的重金诱惑，做了叛徒。除了这些恶名昭彰的事件，斯巴达推行的政策也是一贯的卑鄙狭隘。雅典从波斯人手中解放了小亚细亚及邻近岛屿上的希腊人，那时候勇猛的斯巴达人却在一旁袖手旁观；只要他们认为伯罗奔尼撒半岛是安全的，其他希腊人的命运他们根本不在乎。希腊世界每次尝试结盟，都因为斯巴达的狭隘告败。

亚里士多德生活的年代，斯巴达已经走向没落，对于斯巴达的宪法，他在描述中表达了强烈的敌意。他的说法和其他人完全不同，很难让人相信他们说的是一个地方，例如他说："立法者想让整个国家保持艰苦克制，他让男人践行了他的意志，却忽视了女人，斯巴达的女人们过着放纵奢靡的生活。"这导致斯巴达沦落成一个过度重视财富的国家，就像大部分战斗民族一样，国家的统治权落入他们妻子的手中。

亚里士多德继而谴责斯巴达人的贪婪，认为这是财产分配不均的结果。他说，虽然份地不允许买卖，但是可以赠予或传给后代。他又说，妇女掌握了全国五分之二的土地，导致公民数量大幅减少：据说斯巴达曾有一万公民，但是被底比斯击败时，只剩不到一千人。

亚里士多德批评了斯巴达宪法的各个方面。他说监察官通常是非常穷的人，所以很容易受贿；而且他们手中的权力之大，就连国王都不得不讨好他们，因此他们的体制已经转变成了民主制。据说，监察官们过分放纵，他们的生活方式与宪法精神背道而驰，与此同时，他们对普通公民过分严格，以至于让人无法忍受，只能沉溺于非法隐秘的感官快乐，躲避现实。

亚里士多德写下这些评述的时候，斯巴达已经衰落，但是他明确地表示，在很多方面，他提到的邪恶从很早以前就已存在。他的描述既冰冷又现实，而且完全符合现代经验，让我们很难不相信他，看到律法过严确实会造成这样的后果。但是，人们印象中的斯巴达，不是亚里士多德笔下的斯巴达，而是普鲁塔克笔下带有神话色彩的斯巴达，以及柏拉图《理想国》中被哲学理想化的斯巴达。这么多世纪以来，年轻人被这些作品点燃热情，雄心勃勃地想要成为莱库格斯或者哲人王。理想主义和贪恋权力一经结合，就会把人引入歧途，一而再、再而三，直到今天仍是如此。

在柏拉图对乌托邦的描述中，可以清楚地看到斯巴达对他的影响，我们将在下一章探讨这个问题。

第十三章

柏拉图观点的来源

　　以下是柏拉图哲学中的重点：首先，是他的乌托邦思想，柏拉图的乌托邦思想是一系列乌托邦思想中最早形成的；其次，是他的理念论，理念论是对尚未解决的共相问题所做的一次先锋性尝试；第三，是他主张的灵魂不朽论；第四，是他提出的宇宙起源论；第五，是他对知识的认识，他认为知识是回忆而不是知觉。在我们开始讨论上述任意论题之前，我要先谈一谈他的生活环境，以及由此产生的决定了他政治理念和哲学观点的影响。

　　柏拉图生于公元前四二八到公元前四二七年之间，那时候伯罗奔尼撒战争还处于早期阶段。他是一个出身优渥的贵族，与三十僭主时期统治阶层的各色人物关系密切。雅典战败时，柏拉图年纪尚轻，他把失败归咎于民主，他的社会地位和他的家庭关系很容易让他鄙视民主。他是苏格拉底的学生，对苏格拉底有很深的感情，而且十分敬重他的老师，正是民主判处了苏格拉底死刑。他转而认为斯巴达模式符合他"理想国"的架构，也就不足为奇了。柏拉图非常善于粉饰那些褊狭的建议，出色到能达到诓骗后世的效果，那些赞美《理想国》的人从来没意识到，建立那样一个国家到底意味着什么。即便不理解柏拉图，也可以赞扬他，这永远不会有错。古往今来所有伟大人物都有这样的待遇。我的目标恰恰相反。我希望理解他，但是对他少些敬畏，把他当作一个在当代宣扬集权的英国人或美国人那样对待。

柏拉图受到的纯粹哲学方面的影响，也会使他更认同斯巴达。泛泛来讲，对柏拉图产生影响的哲学家包括：毕达哥拉斯、巴门尼德、赫拉克利特以及苏格拉底。

柏拉图哲学思想中的俄耳甫斯主义承袭自毕达哥拉斯（或许是通过苏格拉底，或许不是）：宗教化的趋势，相信灵魂不朽，对转世的寄望，神庙祭司一般的论调，以及洞穴之喻隐含的所有哲学理念；还有他对数学的尊重，以及思维能力与神秘主义在他身上的紧密交织。

他相信，实在是永恒的，不受时间影响，逻辑上的依据是，一切变化都是虚幻的，这些理念承袭自巴门尼德。

从赫拉克利特那里，他承袭了一种消极的理念，认为在可感知的世界中，没有什么是永恒的。这种理念和巴门尼德的理念相互结合，就会导向知识不通过感官获得，而通过领悟获得的结论。这样的结论又呼应上了毕达哥拉斯主义。

他最关注的伦理问题，以及更倾向于用目的论而不是机械论解释这个世界，或许是从苏格拉底那里习得的。

从苏格拉底那里，他或许学到了对于伦理问题的深切关注，以及他要为世界寻找出目的论解释而不是机械论解释的那种企图。"至善"观念在他思想中的重要地位远超前苏格拉底时代的前辈哲人，因此很难不认为这是因为他受到了苏格拉底的影响。

这一切是怎样和政治上的权威主义扯上关系的呢？

首先，"善"与"实在"均不具时间性，与天堂最相似的国家就是最好的国家，这样的国家变化最小，静止的完美状态已经达到最大化，由能理解永恒至善的人担任统治者。

其次，和所有神秘主义者一样，柏拉图的信仰也存在一个确定性的内核，除了通过一种生活方式，基本上无法就这种确定性与他人进行沟通。毕达哥拉斯派曾经给初入学派者定过一条规矩，实际上，这正是柏拉图渴望的。一个人要成为出色的政治家，必须知道"善"；这只能通过思维和道德两方面的联合训练才能实现。如果允许没有接受过这种训练的人参与到政治活动中，他们一定会让政治走向腐化堕落。

再次，只有通过大量的教育，才能塑造出一个符合柏拉图标准的优秀统治者。在我们看来，坚持教导叙拉古的僭主——年幼的狄奥尼西奥斯学习几何，以便将其塑造成一位优秀的君主，似乎不是明智之举，但是按照柏拉图的观点，这是十分有必要的。他是十足的毕达哥拉斯主义者，认为不懂数学就不可能拥有真正的智慧。这种观点暗含寡头统治的思想。

最后，和绝大多数的希腊哲学家一样，柏拉图也认为闲暇是获得智慧的必要条件，所以那些为了生活努力劳作的人是不可能拥有智慧的，只有那些财力雄厚，或者已经完全摆脱生存焦虑的人，才可能拥有智慧。从本质上来讲，这种观点是在说，智慧的人只能去贵族中寻找。

　　将柏拉图和近代观念做对比，会出现两个一般性的问题。第一，"智慧"是否切实存在？第二，假设智慧真的存在，是否能设计出一种政治体制，给智慧赋予政治权力？

　　就其意义而言，"智慧"不会被视作诸如鞋匠、医生或军事家等掌握的专业技能。既然智慧被当作一种能使一个人有能力实施英明统治的技能，它必须比上面提到的那些特殊技能更具一般性。我认为，柏拉图会说，智慧包含了对"善"的正确理解，他还会用苏格拉底的学说对这个定义做进一步补充：没有人会存心犯罪，由此可以推导出一个结论，只要知道什么是善，就一定会做正确的事。在我们看来，这似乎是一个与现实相去甚远的观点。我们会顺理成章地认为，各方利益存在分歧，政治人物要做的是使最佳折中方案得以达成。相同阶级或同一民族的成员，或许有共同的利益，但是他们的利益通常会与其他阶级或其他民族的利益相冲突。当然，人类作为一个整体，肯定存在某些共同利益，但是毫无疑问，这些共同利益在政治行动中无法起到决定性作用。或许，在将来的某一天，人类会团结一致追求共同利益，但是只要众多主权国家依然存在，那一天就一定不可能到来。即便真有那么一天，追求共同利益同样存在极其难解的问题，各种相斥的特殊利益怎样达成妥协，就是其中之一。

　　即使我们假设"智慧"切实存在，那么是否存在一种体制，可以将政权交付给拥有智慧的人呢？很明显，少数服从多数的大众议会制可能会出错，而这实际上已经被证实了；贵族并非全都是拥有智慧的人，愚蠢的国王也是屡见不鲜；教皇虽然"绝对正确"，但是也犯过不少严重错误。是否有人主张将政府交托给大学毕业生，或者神学博士？或者交给那些出身贫困，但是创造了巨额财富的人？显然，不存在一个具有可行性的、从法律上可以定义的选择方案，来从全体公民中甄选出更有智慧的公民。

有人可能会说，人可以通过适当的训练获得政治智慧。但是，新的问题随之而来：什么是适当的训练？最后你会发现，一切又会回到党派问题上来了。

由此可见，寄望于找到一批"有智慧"的人，将政府交托给他们，是一个无解的难题，这正是选择民主最根本的原因。

第十四章

柏拉图的乌托邦

《理想国》是柏拉图对话中最重要的一个篇章。这篇对话名义上的主旨是给"正义"下一个定义，但是刚进入主题，对话就确立了一个方向：既然万事万物，大的比小的更容易被看到，探究如何建立一个正义的国家，岂不是比如何塑造一个正义的人更好？而且，既然我们能想象出来的最完美的国家所具备的特质中，必然包含正义这一属性，那我们不如先勾勒出这样一个国家，然后再决定该称哪一种属性为"正义"。

柏拉图一上来就认定，应该将公民分为三个阶级：平民、士兵和卫国者。只有卫国者拥有政治权力。卫国者群体的数量，比另外两个阶级少得多。一开始，卫国者似乎是由立法者选定；在这之后，他们通常是通过世袭罔替产生；但是也会有例外，一个出生于下层阶级的、有前途的孩子也可能被提拔到卫国者的阶层，卫国者的孩子们，在幼时或年少时，若不符合条件，也会被降级。

在柏拉图看来，保证卫国者可以执行立法者的意图，是最重要的。为此，他提出了各种建议。

　　首先要考虑的是教育。教育被分为两部分：音乐和体育。当时对音乐和体育的定义比今天更广泛：与灵感有关的一切活动都被划归到了"音乐"的范畴，与身体训练和健康相关的一切活动都被划归到了"体育"的范畴。因此，"音乐"差不多相当于我们口中的"文化"，"体育"囊括的范围远大于我们今天的"体育运动"。

　　庄重、得体、勇气貌似是教育主要培养的品质。年轻人能接触到的文学，应该聆听的音乐，从很早的时候就要接受严格的审查。母亲和保姆只能向孩子讲那些通过审查的故事。身体要接受非常严酷的训练。鱼和肉只能烤着吃，而且不能加调味汁，亦不允许吃甜食。柏拉图说，人们只要按他制定的规则生活，就不需要医生。

　　在长到一定年纪之前，年幼者不能看到丑恶或罪恶，但是到了合适的时候，必须让他们面对种种魅惑。要锻炼他们见到恐怖的东西不心生畏惧，不让他们因邪恶的享乐而意志堕落。只有经受住这些考验，他们才能被认定适合成为卫国者。

　　至于经济方面，柏拉图提出卫国者应全面贯彻共产主义。卫国者应该住小房子，吃简单的食物；他们应该像在军营中生活，大家一起吃饭；除非必要，不保留任何私有财产。卫国者禁止储蓄金和银。虽然不富有，但他们也没有理由不快乐；城邦的追求是让全体人民获益，而不是为了维护一个阶级的幸福生活。富有和贫穷都是有害的，因此在柏拉图的城邦，既不存在富有，也不存在贫穷。

　　立法者选定卫国者，其中有男有女，要求他们同吃同住。

正如我们所知，这种生活方式会彻底改变婚姻形态。到了特定的节日，众多新郎和新娘会受命运的安排结合到一起，当然，这是被灌输给他们的想法。新郎、新娘的人数都是安排好的，目的是维持人口数量；实际上，年轻人的命运就掌握在那些一心维护优生原则的城邦统治者手中。在他们的安排之下，最优秀的男性会拥有最多子女。

所有的孩子出生之后，马上会被带走。由于行事非常小心，父母不会知道谁是他们的孩子，孩子也无法得知自己的父母是谁。既然谁也不知道自己的父母是谁，因此孩子会称呼所有在年龄上可以做他父亲的人为"父亲"，"母亲""兄弟""姊妹"也是如此。我们可以这样认为，柏拉图虽然重新安排了"父亲""母亲""儿子""女儿"这些称呼指代的人际关系，但是这些称呼之间的情感关系和现在一样。例如，年轻人不能殴打老人，因为他打的很可能是自己的父亲。

最后我来谈谈这个体系中的神学。我要谈的不是他们认可的希腊诸神，而是政府反复向人民灌输的某些特定神话。柏拉图明确表示，撒谎是政府的特权，就像开处方是医生的特权一样。柏拉图认为应该有一个"大谎言"，并且希望这个大谎言能欺骗统治者，至少可以欺骗城邦的人民。

"谎话"的细节相当丰富，其中最重要的部分是神创造了三类人：最优秀的人是用金子做成的，还算优秀的是用银子做成的，普通民众是用铜和铁做成的。用金子做成的人适合做卫国者，用银子做成的人应该成为兵士，其他人应该从事体力劳动。孩子通常属于父母所处的等级；如果他们明显不属于那一等级，就必须根据情况，或被提升或被降级。

给"正义"下一个定义，是整篇对话名义上的讨论目标，这在《理想国》第四卷就已经达成了。我们被告知，所有做好自己本分，不管闲事的人都是正义的：平民、士兵、卫国者各司其职，不去干涉其他阶级的工作，这座城邦就是正义的。

在哲学出现之前，希腊人就已经总结出了一套宇宙论，认为每个人或每件事物都有指定的位置或者指定的功能。所谓的"指定"，指的并不是宙斯的神谕，而是某种统辖万物的律法，就连宙斯也要受这种律法的支配。这种宇宙论和命运或天意的理念密切相关。但是，无论什么地方，只要有生气，就会出现突破正义边界的趋势，因此就会形成冲突。某种超凡的法则会惩罚这种狂妄的行为，重新恢复侵略者试图打破的永恒秩序。这就是希腊人信奉的自然法则和人间规则的根源，很明显，这也是柏拉图正义观的基础。

在柏拉图的定义中，有几点需要注意。首先，它有可能引发一种不平等现象，即权力或特权的不平等，可以是一种以正义为名的不平等。卫国者应该掌握所有权力，因为他们是群体中最具智慧的成员；根据柏拉图的定义，只有当别的阶级中出现比某些卫国者更具智慧的人时，不正义才会发生。

其次，柏拉图对"正义"的定义，是先假定一个国家在道德层面是完美的，无论这个国家是按照传统路径，一步一步发展而来的，还是按照他的构想组建的。我们被告知，正义就是各司其职。但是，谁规定了一个人该从事什么工作？在希腊或印加王国这样的国家，一代人与另一代人之间不会发生任何改变，父亲做什么儿子长大之后也做什么，而且不会有人对此提出质疑。但是在柏拉图构想的国家中，孩子们没有法定的父亲。因此一个人的工作要么由自己的爱好决定，要么由国家对他的资质进行评估后决定。显然，后者更符合柏拉图的期望。因此，所谓的各司其职，基本上完全凭政府的意志决定。

我们若是追问柏拉图的理想国能取得什么样的成就，会发现答案实在过于乏味。这样的国家在与人口数量相当的国家作战时会获胜，能保证小规模人口的生计。几乎可以肯定，这样的国家不会取得艺术或科学方面的成就，因为它的体制过于僵化；和其他很多方面一样，从这方面来看，柏拉图的理想国和斯巴达十分相似。虽然说得头头是道，实际上能取得的成就不过是擅长战斗，以及能让人吃饱饭而已。柏拉图亲身体验过雅典的饥荒和战败，或许这导致他潜意识里认为，只要能避免这些不幸，就是治国之才能达成的最高成就了。

如果真想打造一个乌托邦国家，显然必须要体现创造者的理想。我可能会希望所有人都有足够的食物，人与人之间友善相待，等等。另外，如果这是我希望的，我也希望这同样是其他人希望的。如此一来，我就可以建立起一套不带个人色彩的道德规范，虽然实际上这套道德规范就是建立在我个人愿望的基础之上——那些毕竟是我的愿望，即便我并没有考虑自己。例如，一个人或许会希望所有人都能理解科学，另一个人则希望所有人都懂得欣赏艺术；这两个人的希望不一致，正是两个人之间的个人差异造成的。

只要涉及争议，个人因素就会变得非常明显。如果不牵扯其他，伦理道德方面的分歧只能由感情上的好恶或者武力决定。诉诸武力，最终只会引来战争。有关事实的问题，我们可以诉诸科学和科学的观察方法；但是有关道德伦理的重大问题，似乎尚未有类似的解决方案。

这样一来，一个事实问题就会出现在我们面前：在道德论领域，是否存在类似的公约？如果存在，这些公约就可以作为个人行为准则以及政治理念的基础。但是如果不存在，那么无论哲学真理是什么，只要势力集团之间在伦理道德方面出现分歧，在实践中，我们就只能通过武力，或宣传，或者武力加宣传，以斗争的方式解决。

不同于近现代的乌托邦，柏拉图或许真的想要创建一个他的理想国。他构想的并不是一个奇幻的国家，或者说，并不是那种我们会不假思索地认为不可能存在的国家。柏拉图理想国中的许多规定，其中包括一些我们认为不切实际的规定，实际上在斯巴达已经实现过了。到了下一个时代，马其顿的崛起，给所有的小国覆盖上了一层过去时代的尘埃，所有小规模的政治实验全都化为徒劳。

第十五章

理念论

以下内容是对柏拉图理念论的概括。

我们的问题是：什么是哲学家？第一个答案是根据词源学得出的：哲学家是热爱智慧的人。但是，热爱智慧的人与热爱知识的人不是一回事，好奇的人也可以被称为热爱知识的人，但是大众的好奇心不会让一个人成为哲学家。因此，哲学家的定义应该改为：哲学家是热爱窥视真理的人。但是哲学家们窥视到的是什么呢？

假设一个热爱美好事物的人，认为应该观看新剧作，欣赏新画作，聆听新音乐。这样的人并不是哲学家，因为他热爱的只不过是美好的事物，而哲学家热爱的是美好本身。那个只热爱美好的事物的人身处梦境，那个对美好完全了解的人则是完全清醒的。前者不过有些观点，后者拥有的才是知识。

"知识"和"观点"之间的区别是什么？一个人有知识，就表示对"某事物"有所认识，也就是说，所谓的某事物是存在的。因此知识是绝对可靠的，知识本身从逻辑上是不可能出错的。但是观点是有可能出错的。观点是怎样出错的呢？如果观点描述的，不是描述对象的特质，那就不能称之为观点；如果观点描述的是对象特质本身，那它就是知识了。因此观点必须是在描述那个对象，同时又不是知识性的描述。

但是，这怎么可能呢？答案就是，具体的事物总是具有相反的特性。柏拉图声称，所有能被感知到的具体事物，都具有相反的特质；它们处在某种特质的是与否之间，适合作为观点，而非知识的对象。"那些能看到绝对的、永恒不变的特质的人，你可以说他们有知识，但是不能说他们有观点。"

这样，我们就会得出一个结论：观点属于可感知的世界，知识则属于超越感官的永恒世界。例如，观点关注的是美好的事物，知识关注的则是美好本身。

这就是所谓的"理念论"或"形式论"。

在《理想国》的最后一卷，在开篇批判画家时，柏拉图对"理念论"或"形式论"做了非常明确的阐述。

在这里，柏拉图解释说，只要有一定数量的个体有共同的名字，它们就有共同的"理念"或"形式"。例如，虽然有很多张床，但是床只有一种"理念"或"形式"。就像镜子中的床，只是一种表象，不是"真实"的，同样的道理，各种各样的床都是不真实的，只是床这个"理念"的翻版，唯一真实的床是神创造的。神创造的那张床的特质是知识，木匠打造的许许多多的床，我们描述它们的特质只能算是观点。哲学家感兴趣的，是那张作为模板的床，而不是可以在感觉世界中找到的那些床。

柏拉图在写《理想国》的时候，完全相信自己的洞见，为了将这一洞见的本质传达给读者，需要一个比喻帮助理解，于是就有了所谓的"洞穴之喻"。

在洞穴之喻中，缺乏哲学思想的人被比作洞穴里的囚犯，由于被绑着，囚犯们只能看向一个方向，他们的身后是一堆火，前面是一堵墙。在囚犯和墙之间什么都没有；他们能看到的，只有他们的影子，以及他们身后物体的影子，而影子是火光投射到墙上形成的。他们会自然而然地认为这些影子是真实的，对形成影子的物体则毫无概念。最后，有人逃出洞穴，沐浴到了阳光；他第一次看到真实的事物，意识到自己之前一直被影子蒙骗。

如果他是那种适合做卫国者的哲人，他会觉得自己对之前跟他关在一起的那些囚犯有责任，应该回到洞穴，把真相告诉他们，给他们指明出路。但是，说服那些囚犯会很困难，因为从阳光下走来，他看到的影子不如囚犯们看到的清楚，囚犯们会觉得，跟逃跑之前相比，他变得更愚蠢了。

关于未来会成为卫国者的青年适合什么样的教育，柏拉图做了一番有趣的描述。我们已经知道，青年人在才智和道德方面都要达到一定水准，才能被选中，获得这样的荣誉；他必须品格高尚、好学、记忆力出众，还要内心和谐。因为在这些方面优于常人而被挑选的青年，从二十岁开始学习毕达哥拉斯派的学科——数学、几何学、天文学，以及所谓的和谐。学习不是出于任何功利的目的，而是在为内心洞见永恒的事物做准备。

第十六章

柏拉图的不朽论

柏拉图对话中的《斐多篇》在许多方面都很有趣。这篇对话自称呈现了苏格拉底生命的最后时刻：他即将喝下毒药，以及喝下毒药之后，失去意识之前说的话。这篇对话描绘出了柏拉图心中完美之人的形象：智慧和善良达到了至高无上的境界，而且对死亡毫不畏惧。柏拉图描绘的苏格拉底直面死亡的形象，无论是在古代还是现代，在伦理道德方面都具有十分重要的意义。

在《斐多篇》中，苏格拉底一开口就表示，任何有哲学思想的人都不会惧怕死亡，反而会欢迎死亡。死亡不会让他感到悲伤，因为他相信，"首先，我是要到别的神那里去，他们是智慧、仁慈的；其次，我是要到那些已故的人那里去，他们比我行将抛下的这些人好。我心怀希望，那里还有别的事在等着亡者，对于好人来说，那是大好事，对于坏人则不然"。

苏格拉底说，死亡不过是灵魂与身体分离。如此，我们便进入了柏拉图的二元论框架：实体与表象，理念与可感知的具体事物，理智与感觉，灵魂与身体。每一组概念都是相关的：

每一组概念中的前者都优于后者，无论是其真实性，还是其美的程度。

区分精神与物质，已经是哲学、科学、大众思考领域的常见话题，这种区分源于信仰，始于灵魂与身体的区分。我们已经知道，俄耳甫斯教的信徒宣称，自己是大地与星空的子嗣；身体来自大地，灵魂来自星空。柏拉图想要通过哲学语言表达的，正是这种理论。

苏格拉底继续说，哲学家想要切断灵魂与身体的联系，只有当心灵沉浸于自身之中，不为声色苦乐所扰，离开肉体，追求真正的存在时，思想才是最完美的；"哲学家以此羞辱身体"。由此出发，苏格拉底继而谈及理念，或形式，或本质。世间存在绝对的正义、绝对的美好，以及绝对的良善，但是它们不能通过眼睛观察到。"我要说的不止这些，还有绝对的伟大、健康、力量，以及万事万物的本质或真实。"所有这一切，只能被才智窥见。因此，当我们受困于身体时，当灵魂沾染了身体的邪恶时，我们对真理的渴望就不会获得满足。

再回到《斐多篇》中来：对于死后灵魂仍会存在，塞贝斯表示怀疑，要求苏格拉底提供证据。苏格拉底展开论证，但是我们不得不说，他的论证非常没有说服力。

他的第一个论点是，万事万物都存在各自的对立面，而且是在对立中产生的。既然生与死是对立的，那么死就能从生中来，生也能从死中来。

第二个论点是，知识其实就是回忆，因此灵魂必定在降生之前就已经存在。《美诺篇》对此做了详尽的描述。在《美诺篇》中，苏格拉底说："所谓的教学并不存在，它只不过是回忆罢了。"他声称能证明自己的观点，于是让美诺叫进来一个小奴隶，苏格拉底向他提出了几何学问题。小奴隶的回答似乎表明他的确掌握了几何学的知识，虽然他从来没有意识到这一点。《美诺篇》得出的结论和《斐多篇》一致：知识是灵魂从出生之前的存在那里带来的。

既然灵魂是永恒存在的，那么它自然精于观察永恒的事物，也就是本质，但是如果灵魂浸入感官知觉，观察世间万物的无常变幻，就会迷失、困惑。真正的哲学家在活着的时候，其灵魂就已经摆脱肉体的束缚，获得了自由；在死后，灵魂会进入那个不可见的世界里，与众神为伴，享受幸福。但是，不纯洁的灵魂眷恋肉体，便会变成墓园中的游魂，或者根据灵魂的特征，进入动物的身体，比如驴、狼或者鹰。一个道德高尚但是没有成为哲学家的人，会变成蜜蜂、黄蜂、蚂蚁，或者其他群居的社会性动物。

苏格拉底继续详细阐述了理念论，并得出了这样的结论："理念是存在的，其他事物就在理念之中，并且从理念那里得到了它们的名字。"最后，他描述了死亡之后灵魂的命运：良善者上天堂，邪恶者下地狱，中间的入炼狱。

柏拉图笔下的苏格拉底是之后千百年间哲学家们的典范。他对世俗的成败毫不关心，他无所畏惧，到最后的时刻依然冷静、从容、幽默，他对自己所信真理的关心，高于其他一切。但是，他身上也存在重大缺陷。他的论证不可靠，而且有强词夺理之嫌；在内心的思维世界，他习惯用才智去证明自己认可的结论，而不是无私地探寻知识。如果他不相信会与众神为伴，享受幸福，那他直面死亡的勇气就更了不起了。和他的一些前辈不同，苏格拉底的思考不遵从科学，他毅然决然地想要证明，宇宙万物符合他的伦理道德标准。这是对真理的背叛，是最恶劣的哲学罪恶。我们相信，作为一个人他可以列入圣者的行列，但是作为一个哲学家，他则要在科学炼狱中长期逗留了。

第十七章

柏拉图的宇宙生成论

柏拉图的宇宙生成论是在《蒂迈欧篇》提出的。从哲学的角度来看，《蒂迈欧篇》并不重要，但是从历史的角度来看，它极具影响力，有必要进一步思考其中的细节。

凡是不变的，都需要通过才智和理性去解读；凡是变化的，都需通过观点去解读。既然世界是可以被感知到的，就不可能是永恒存在的，一定是被神创造出来的。既然神是善良的，他一定会参考永恒的模式创造这个世界；神不会心存嫉妒，因此他希望自己创造的一切尽量和自己一样。他将智力注入灵魂，又将灵魂注入身体。他将世界塑造成一个有灵魂、有智力的完整生命体。其他所有动物全都寄生其中。世界是一个球，因为"相像"比"不同"更合理，只有球形，各处才是相像的。世界在不停旋转，因为圆周运动是最完美的；既然旋转是它的唯一的运动，它就不需要有手或者脚。

火、气、水、土四种元素，显然都是用数字表示的，四个数值可以组成连比，即火比气，气比水，水比土，是连比。神在创造世界时使用了所有元素，因此它是完美的，不会衰老，不会生病。比例使世界变得和谐，和谐使其拥有友善的精神，因此世界不会解体，除非是神使它解体。

　　当造物主看到他创造的生物在活动、在生活，那被创造的生物，从概念上来讲和永恒存在的神一样，造物主便感到喜悦，他在喜悦中决定，要让这仿造的生物更像被仿造的本体；既然那被仿造的本体是永恒的，只要有可能，他就要让宇宙永恒存在。完美的造物，应该拥有永恒存在的特质，但是无法将这种特质赋予生物，于是他决定制造动态的永恒。当他在上天确立好秩序之后，他就让那个被创造出的概念永恒存在，并且按照数字的规律处于运动状态，但是永恒本身是一个整体；我们将这个概念称为时间。

　　在此以前，既没有白昼也没有黑夜。关于永恒的本质，我们一定不能说，它过去存在，或者将来存在；只有存在是正确的。这就意味着，"永恒运动的概念"过去存在，将来也会存在，才是正确的说法。

　　时间和天上的一切是同时出现的。神造出太阳，动物才能学习算术——有人认为，如果没有日夜更迭，我们就不会想到数字。有关数字的知识，是白昼与黑夜、月与年的交替变化创造的，进而让我们觉醒了时间的概念，再进一步就发展出了哲学思想：创造出来了关于数目的知识并赋予我们时间的概念，从而就有了哲学。这是视觉给我们带来的最大恩赐。

　　抛开世界作为一个整体不谈，世界上有四种动物：神、鸟、鱼和陆地动物。诸神主要由火组成，恒星是永恒存在的神圣动物。造物主对诸神说，他可以毁灭诸神，但是他不会那样做。造物主造出永恒的、神圣的部分之后，他把造物的舞台留给诸神，让他们去创造其他的平凡动物。

蒂迈欧说，造物主为每一颗星星都造了灵魂。这些灵魂有感觉，懂得爱、恐惧和愤怒；如果灵魂克服了这些，就可以过上正当的生活，如果不能克服，也就不能正当地生活。如果一个人在生活中表现良好，死后就能到属于他的那颗星星上，一直幸福地生活下去。但是如果他在生活中表现恶劣，在下一世，他会变成女人；如果他（或者她）继续作恶，他（或者她）就会变成畜生，继续轮回，直到理性将其征服，才会结束轮回。

蒂迈欧说，物质世界的真正元素并不是土、气、火和水，而是两种直角三角形，一种是半个正方形，一种是半个等边三角形。在最开始的时候，一切都处在混沌之中，"在被安排成现在的样子组成宇宙之前，各种元素分处不同的位置"。后来神根据它们的形状和数量，塑造了它们，"使它们摆脱了不善不美的状态，变得尽善尽美"。《蒂迈欧篇》中说，前面提到的两种三角形，是最美的形态，因此神用它们来构造物质。用这两种三角形，可以组成五种正多面体中的四种，组成四元素的原子都是正多面体。组成土的原子是立方体；组成火的原子是四面体；组成气的原子是八面体；组成水的原子是二十面体。

蒂迈欧解释说，人的灵魂可以分为两类，一种是不朽的，一种是会朽坏的，不朽的灵魂是造物主造的，另一种是其他神造的。会朽坏的灵魂"会受制于危害极大且难以抗拒的情感——首先是愉悦，愉悦最能激起邪恶；然后是痛苦，痛苦会阻退善良；还有鲁莽和恐惧，就像两位愚蠢的顾问，它们会让愤怒无法平息，轻松将希望引入歧途；众神根据必然的法则，将这些不理性的情感与无畏的爱混在一起，就创造出了人类"。

不朽的灵魂在头脑中，会朽坏的灵魂在胸腔中。

其中还有几段稀奇古怪的生理学描述，例如，肠存在的目的，是通过储藏食物来避免暴食。然后还有另一段关于轮回的描述。懦弱或者不义的男人，下一世会变成女人；那些无知且轻率，认为只需要观察天上的星星，无需数学知识，就能掌握天文学的人，来世会变成鸟类；那些没有哲学思想的人，来世会变成陆地动物；最愚笨的人来世变成鱼。

很难分辨《蒂迈欧篇》中，哪些内容应该认真对待，哪些只需当成奇幻的戏作。正如我前面说过的，全篇对话都应该细细研读，因为它对古代和中世纪思想产生了极大影响；产生影响的并非仅限于最不具奇幻色彩的部分。

第十八章

柏拉图哲学中的知识和知觉

　　大多数现代人将以下说法视作理所当然：经验知识必须依靠于或者说来源于知觉。但是，柏拉图和其他特定学派的某些学者，却提出了完全不同的说法，其大意是：从感官得来的，没有配称为"知识"的，真正的知识必须是概念性的。

　　这样的观点或许可以追溯至巴门尼德，但是它能在哲学界有明确的形态，则要归功于柏拉图。在这一章，我只准备讨论柏拉图对知识与知觉是一回事的批判，《泰阿泰德篇》的前半部分完全是围绕这个话题展开的。

　　泰阿泰德说："在我看来，一个人知道了某一事物，就等于他通过感觉器官察觉了他知道的事物，因此知识就是知觉。"苏格拉底认为这一说法，等同于普罗泰戈拉的"人是万物的尺度"，即任何特定事物"对我来说就是它呈现给我的样子，对你来说就是它呈现给你的样子"。苏格拉底补充道："如此一来，知觉到的一定是某事物的特性，作为知识是不会有错误的。"

　　对于普罗泰戈拉的学说也有人提出了反对意见，为了给这些反对意见找出答案，苏格拉底暂时站在了普罗泰戈拉的角

度。苏格拉底替普罗泰戈拉给出了一个非常有趣的答案：一个
判断无法比另一个判断更接近真相，但是从引发的后果来看，
一个判断却可以比另一个判断更好。当人们对"国家该颁布什
么样的法令才是明智的"这个问题的看法出现意见分歧时，就
表明关于未来，有些人掌握的知识比另一些人更丰富。如此一
来，我们必然会得出这样的结论：人作为万物的尺度，智慧的
人是比傻瓜更好的尺度。

　　现在我们来谈谈柏拉图反对在知识与知觉之间画等号的最
终论述。他首先指出，我们不是用眼睛和耳朵感知，而是透
过它们去察觉，紧接着他又指出，有些知识无关任何感觉器
官。我们通过触摸，感知坚硬与柔软，但是判断这两种感觉存
在，并且认识到它们是相反的状态，则是通过思维完成的。存
在是通过思维判断的，如果我们不能触及存在，自然不能触及
真理；或者说，不谈存在，无以谈真理。接下来的结论便是，
既然存在不是单凭感觉认知的，那么我们就不可能单凭感觉获
知什么。因此，知识是由思维构成，而不是由感觉产生的印象
构成，"既然理解存在与知觉无关，那么理解真理也就与它无
关"，所以说知觉不是知识。

　　关于这段反对知识与知觉画等号的论述，想厘清哪些内容
可以接受，哪些必须拒绝，并非易事。柏拉图的论述中，包含
三个相互联系的论题，即：

　　（1）知识是知觉。

　　（2）人是万物的尺度（对万事万物做出判断的是人）。

　　（3）万事万物皆处于不断变动的状态。

（1）关于第一个论题，他认为，比较、认知存在、理解数字，是知识的基本要素，但不属于知觉的范畴，因为它们不是透过任何感觉器官获知的。我们先从比较中的相似与否谈起。

我应该说，我们获得的某一种知觉并不是知识，而只是发生了什么，这种发生既可以属于物理世界，也可以属于心理世界。关于知觉，我们会自然而然地像柏拉图那样，把知觉理解为感知与感知客体之间的关系：我们说"我看到一张桌子"，但是这里的"我"和"桌子"是两个逻辑结构。未经加工的事实核心只是一些特定的色块。这些色块与触摸产生的印象联系起来，可能会形成一些描述性的词汇，然后它们会变成一种记忆资源。填充了触觉印象的感知，就变成了被视作物理实体的"客体"；被词汇和记忆填充的感知变成了一种"知觉"，知觉属于"主观认识"的一部分，是精神层面的概念。感知只是发生、存在，没有真假之分；填充了语言的感知是一种判断，这时才可以谈真实和虚假。我将这种判断称为"知觉判断"。"知识是知觉"这一主张，必须通过"知识是知觉判断"加以解释才行。只有这样，在文法上才能被判定为正确的表达。

柏拉图的论点是，我们没有可以感知像或不像的感觉器官，这种观点忽略了大脑皮层，认为感觉器官全部位于体表。

现在，我来说说柏拉图重点强调的存在这一概念。他说，谈到声音和颜色，一个看法可以同时囊括二者，即它们都是存在的。万事万物都有存在与否一说，而且存在是思维可以靠（思维）自身认知的；不谈存在，无以谈真理。

这里对柏拉图的反驳，与上面谈到的像与不像存在很大差别。这里的论点是，柏拉图有关存在的说法，在文法表达上是说不通的，或者更进一步说，他所运用的句法是不正确的。

假设我看到一块鲜艳的红斑。我可能会说"这是我现在感知到的"，我也可能说"我现在感知到的是存在的"；但是我一定不会说"这存在"，因为"存在"只有用于描述，对应上一个名称时，才有意义。这就把存在处理成了思维对客体的一种察觉。

现在我来解读数。这里要考虑完全不同的两个方面：一方面是算术，另一方面是以观察或试验为依据的计数。"2+2=4"属于前者；"我有十根手指"属于后者。

因此，准确地说，数是形式层面的。在一段真实的陈述中，它不指代任何事物，在陈述的意义中没有与之相对应的部分。如果我们愿意，我们还可以说数是永恒的、不可改变的，等等。但是我们必须补充一点，那就是它们是逻辑的虚构。

以上讨论表明，虽然有一种形式的知识，即逻辑和数学，不来源于知觉，但是关于其他的所有知识，柏拉图的论证是错误的。当然，这不能证明他的结论是错的，只能证明他没有提出有力的理由说明它是正确的。

（2）现在我来谈谈普罗泰戈拉的观点，即人是万物的尺度，或者按照人们解读的那样，每个人都是万物的尺度。在这里，我们必须要确定讨论的层面。显然，我们一定要从区分感知与推测开始。说到感知，一个人自然只能感知到自己的感知；他了解他人的感知，是通过听或者读，也就是根据自己的感知，做出的推测。

那推测呢？同样是个人的、私有的吗？在某种意义上，我们必须承认确实如此。我所相信的，必定是因为有某些原因使我相信。我的理由可能是别人的主张，这是事实，但它可能是个完美又恰当的理由——例如，如果我是一名在听取证词的法官。不过，认可会计师对一组数字的见解比我自己的见解强，即便我是普罗泰戈拉的信徒，对此在道理上也是可以接受的，我可能有过多次这样的经历：一开始不认可他，仔细分析后发现他是对的。在这个层面上，我可以承认一个人比我更有智慧。普罗泰戈拉的观点没有说我不会犯错，只是说一定要让我看到我犯错的证据，这才是对该观点的正确解读。就像我可以评断他人一样，我也可以评断过去的自己。但这必须假定一个前提，关于感知与推测的对立，必须有一个非个人的、判定正确的标准。如果我所做的任何推测，都和其他人一样正确，那么柏拉图从普罗泰戈拉那里推导出来的理智混乱状态就真的出现了。因此，在这个重要的问题上，看来柏拉图是正确的。但是，经验主义者会说，知觉是检验对经验材料所做的推测正确与否的试金石。

（3）宇宙万物皆处于不断变化的状态，这是被柏拉图歪曲了的夸张表达，很难想象有人和他一样，持有过这样极端的观点。逻辑上的对立是为了方便我们理解而被创造出来的，但是不断的变化需要有一种计量工具，柏拉图却忽略了这种可能。因此，关于这个话题，他发表的言论在很大程度上是不切题的。

与此同时，我们必须承认，除非词语的意思在某种限度上是固定，否则就无法形成讨论。但是，在这个问题上，我们又很容易走向绝对化，认为词语的意思永恒不变。词语表达的意思确实会发生变化，且有必要让词语意思的变化落后于词语所描述的变化，但是没有必要要求词语的意思一成不变。或许，应该把逻辑和数学领域的抽象词汇排除在外，这些抽象词汇也只能应用于命题的结构，而非命题的内容。在这里，我们再次发现了逻辑和数学的特殊地位。柏拉图受到毕达哥拉斯派的影响，过分强调通过数学理解其他知识。他和许多最伟大的哲学家犯了相同的错误，即便如此，错误就是错误。

第十九章

亚里士多德的形而上学

很难决定应该从哪一点开始讲述亚里士多德的形而上学。或许，最好的切入点是他对理念论的批评，以及他自己的另一套理论——共相论。

从某个层面来讲，共相论非常简单。在语言方面，有专有名词，也有形容词。专有名词可以指代"事物"或"人"，每个名词只能指代唯一的事物或特定的人。太阳、月亮、法国、拿破仑等，都是独一无二的，这些名字无法指代多个事物。另一方面，像"猫""狗""人"这样的词，则可以指代许多不同的个体。共相问题关注的正是这些词，以及"白""硬""圆"之类的形容词的意义。他说："我用'共相'这个词，想表示的是拥有相同特质的许多主体，用'个体'一词无法表达全部意思。"

一个专有名词代表的是一个"实体"，而一个形容词，或者"人类""人"这样的类名，代表的是"共相"。我们用"这个"来指代一个实体，用"这类"来指代共相——指向的是事物的种类，不特指一个实际的具体事物。一个（组）共相不是一个实体，因为它不能用"这个"来指代。亚里士多德说："似乎任何一个共相名词，都不可能指代一个实体。因为……单一事物的实体都有自己的特质，这种特质不属于其他任何事物；但是，共相之所以为共相，正是因为拥有不只属于一个事物的共性。"至此，这件事的重点就是，共相不能单独存在，只能存在于特定的事物中。

　　表面上看，亚里士多德的学说相当简单，但是想使它成为一个精确的理论，绝非易事。一个主体，如果什么性质都没有，就不能存在，但是没有这样或那样的性质，却能够存在。因此，区分事物与性质的基础设定，似乎站不住脚。实际上，这种区分是建立在语言学基础之上的，是语法上的区别。我们可以说："约翰聪明，詹姆斯愚蠢，约翰比詹姆斯高。"这里的"约翰"和"詹姆斯"是专有名词，"聪明"和"愚蠢"是形容词，"……比……高"是关系表达。从亚里士多德开始，形而上学家们都在形而上地解释这些语法上的差异：约翰和詹姆斯是实体，聪明和愚蠢是共相。

　　在亚里士多德和他的经院派追随者的心中，还有一个名词也很重要，那就是"本质"。这个名词和"共相"绝不是同义语。你的"本质"就是"你的自然天性塑造的真实自我"。可以说，你的本质就是不能被剥离的属性，失去那些属性，你就不再是你了。并非只有个体事物有本质，一个品类也有本质。

　　亚里士多德形而上学的下一个重点，就是"形式"与"质料"的区别。（我们必须要知道，这里说的与"形式"相对立的"质料"，不同于与"心灵"相对立的"物质"。）借用亚里士多德的例子，如果一个人制造了一个铜球，铜是质料，球是形式；再比如，平静的海，水是质料，平静是形式。到目前为止，一切都很简单。

他接着说到，质料凭借形式，才成为某个明确的东西，这就是事物的实体。亚里士多德说的似乎是非常简单的常识：一个"事物"一定是有边界的，边界就构成了它的形式。

亚里士多德关于质料和形式的学说，与潜在可能和真实情况的区别有关。我们可以将单纯的质料理解为形式的潜在可能；所有的变化，都是我们所说的"演化"。在某种意义上，所有我们能想到的事物发生变化之后，跟之前相比，一定有更多形式。有更多形式的东西，就有更多"现实"。神的形式和真实情况都是单纯的，因此神不会发生变化。我们可以看出，这是一个乐观主义的目的论学说：宇宙和宇宙间的万事万物，都在朝着比之前更好的方向发展。

亚里士多德的神学思想很有意思，而且与他其余部分的形而上学紧密相关——实际上，"神学"就是我们常说的"形而上学"的另一个称呼。

亚里士多德表示，存在三种类型的实体：一种是可感觉到且会消亡的，一种是可感觉到但是不会消亡的，还有一种是既不能被感知到也不会消亡的。第一类包括植物和动物，第二类包括天体（亚里士多德认为，除了运动之外，天体不会发生任何改变），第三类包括人类理性的灵魂，还包括神。

关于"所有的一切都是神开创的"这一最初因观点，他的主要论据是：一定有某种存在，在最开始催生了运动，这种存在本身一定是不动的，而且必须是永恒的、有实体的、真实的。不过，我们不能因此将神定义为"自身不动的推动者"，要想了解亚里士多德想要表达的意思，我们必须先看看他对起因的描述。按照他的说法，起因有四类，分别是：质料因、形式因、动力因和目的因。我们以一个雕刻塑像的人为例。雕像的质料因是大理石，形式因是要塑造的这座像的本质，动力因是凿子与大理石的接触，目的因是雕刻家心中构想的最终形态。"自身不动的推动者"可以被视作一种目的因：它为变化提供了一个目标，这种变化从本质上来讲，就是朝着与神相似的方向演化。

神是永恒存在的，他思想完美，永享幸福，自我充分实现，不存在任何未实现的目标。与之相反，可感知的世界是不完美的，但其中有生命、有渴望、有不完美的思想，还有渴望实现的抱负。所有生物都能意识到神的存在，只是程度不同而已，他们的行动受对神的钦佩和热爱驱动。如此一来，神就是所有活动的目的因。改变就在于给质料以形式，但是当涉及可感知到的事物时，一定是有质料作为基础的。唯独神是只有形式没有质料的。世界不断朝着愈发形式化的方向演化，由此慢慢变得越来越像神。但是演化过程不会终结，因为质料不能被完全抹除。这是一个有关进步和演化的信仰，因为神是完全静止不动的，只是在通过能力有限的万物，凭借对神的爱推动这个世界。柏拉图信仰数学，而亚里士多德则信仰生物学；这恰好表明了两个人的信仰差异。

通过《论灵魂》一书可以得知，亚里士多德认为灵魂与身体是紧密结合在一起的。身体与灵魂的结合，就像质料与形式的结合。如果你问灵魂与身体是不是一体的，就相当于在问蜡和印章压出来的形状是不是一体，毫无意义。灵魂是身体的目的因。

在这部书中，亚里士多德对"灵魂"和"心智"做了区分，他对心智的定位高于灵魂，认为心智更不受身体的束缚。心智是我们用来理解数学和哲学的组成部分；它处理的对象是不具时间性的，因此心智本身也被认为是不具时间性的。灵魂使身体移动，感知可被感知到的对象；灵魂的能力包括：自我滋养、感觉、感受，还可以作为一种原动力。心智具备的则是更高级别的思考功能，心智与身体或感觉无关。因此，心智可以永恒存续，但是灵魂中有一些成分则不能。

灵魂中有理性的成分，也有非理性的成分。非理性的部分包括两个方面：包括植物在内的所有生物都具备的生长力，以及所有动物都具备的食欲。对于理性的灵魂来说，生活在于沉思，虽然不能完全实现，但这就是人追求的完美幸福。

如此看来，似乎用来区分一个人和另一个人的个性，与身体以及非理性的灵魂有关，而理性的灵魂或者心智，是神圣的、非个人的。非理性的灵魂可以将我们区分开，理性的灵魂使我们成为一个整体。心智或者说理性的永存，并不代表一个个独立的人可以永存，而是作为神的一部分永存。他相信，人的理性是具有神性的，单就这部分而言是可以永存的。人可以增加自己天性中神圣的成分，努力提升自己的神圣成分，这就是至高无上的美德。

第二十章

亚里士多德的伦理学

亚里士多德的伦理观，大致可以代表他那个时代受过教育、有阅历的人的普遍观点。他告诉我们，善就是幸福，那是灵魂的活动。亚里士多德说，柏拉图把灵魂分为理性和非理性两部分是对的。他又把非理性的部分分为生长力与食欲两部分。既然灵魂包括两个部分，那美德也可以分为两类：才智的美德和道德的美德。才智的美德是教育的结果，道德的美德则来源于习惯。立法者要做的，就是通过塑造良好的习惯，使公民有良好的表现。我们因为行为正直而成为正直的人，其他方面的美德也是一样。亚里士多德认为，通过被迫养成良好习惯，我们在表现出良好的行为时，照样会从中发现快乐。

现在，我们就来看看亚里士多德著名的中庸之道。任何一种美德，都是两个极端的中庸，所有极端的都是不道德的。这一点可以通过观察各种各样的美德得到证明。勇敢是怯懦和鲁莽的中庸，大方是浪费和吝啬的中庸，自尊是自负和自卑的中庸，机敏是滑稽可笑和笨拙的中庸，稳重是羞怯和无耻的中庸。

　　在亚里士多德看来，只有少数人拥有至高无上的美德，从逻辑上来讲，这种观点和他的伦理学从属于政治学的观点有关。如果人们的目标是建立一个优秀的社会，而不是塑造一个个优秀的个体，那么优秀的社会可以是一个存在从属关系的社会。

　　根据将美德视作目的还是将美德视作方法，可以将伦理学分为两类。总的来说，亚里士多德的观点是，美德是达到幸福目的的方法。"目的就是我们所希望的，方法就是我们权衡考虑之后选择的，因此与方法相关的行为必须是根据选择做出的，而且必须是出于自愿的。践行美德与方法密切相关。"但还有另一种意义上的美德，包含在行动的目的中："在完整的一生中，人类的良善，是灵魂依照美德做出的行动。"我认为，亚里士多德会说，才智的美德才是最终的目的，对美德的实践只是方法。

　　做出善良的行为就能获得幸福，做出最完美的行为就获得完美的幸福，最完美的行为就是沉思。沉思比战争、政治或任何其他实际的事业更可贵，因为沉思可以使人从容，而从容正是幸福的本质。对美德的实践只能带来次等的幸福，最高级别的幸福则在于对理性的运用，因为理性最能代表人。人不可能完全陷入沉思，但是一个陷入沉思的人就相当于过上了神的生活。"超越其他一切幸福的神的活动，一定是沉思。"所有人类中，哲学家从事的活动是与神最相似的，因此也是最幸福、最美好的。

　　与希腊哲学家探讨过的其他主题不同，从可以确定的发现来看，伦理学尚未取得任何确切的进步；从科学的层面来看，我们没有掌握任何伦理学方面的知识；因此，我们没有理由说，古代伦理学著述在某方面不及现代伦理学著述。亚里士多德谈论天文学的时候，我们可以明确地指出他是错误的；当他谈论伦理学的时候，我们既不能说他是正确的，也不能说他是错误的。关于亚里士多德，或者任何其他哲学家的伦理学观点，大致说来，我们可以提出的问题有三个：（1）观点的内部逻辑是否可以自洽？（2）它与该哲学家的其他观点是否存在冲突？（3）对于伦理问题，该伦理学观点给出的答案，是否符合我们自身的伦理道德感受？如果第一个问题，或者第二个问题的答案是否定的，那我们就要怀疑这位哲学家是否犯了某种理智方面的错误。但是，如果仅对于第三个问题的答案是否定的，我们无权说他错了，只能说我们不喜欢他。

我们不妨就《尼各马可伦理学》中提出的伦理学理论，针对这三个问题依次展开研究。

（1）总的来说，这本书是可以自洽的，只有少数不太重要的方面存在些许矛盾之处。良善就是幸福，幸福包括实现了目的的活动，亚里士多德对于这样的说法解释得非常好。但是，对于美德是两种极端中的中庸，这一说法，虽然也很巧妙成熟，但是不算成功，因为不适用于理智的沉思，亚里士多德曾告诉我们，沉思是最好的活动。

（2）亚里士多德的伦理学中的所有观点，都与他的形而上学一致。实际上，他的形而上学理论本身表达的就是一种伦理方面的乐观主义。他认为，目的因对科学很重要，这就意味着他相信，目的支配着宇宙的发展过程。总的来说，他认为，变化就体现在有机组织或者"形式"的不断增加。归根结底，助长这种倾向的行为就是符合道德的行为。确实，他的实践伦理学大部分不具备太强的哲学性，只不过是观察人间事物得出的结果；不过，亚里士多德伦理学中的这部分，虽然与他的形而上学无关，却并不存在相互矛盾的地方。

（3）在我们拿亚里士多德的道德品位，与我们自己的道德品位相比较时，就像前面已经提到过的，我们首先要接受一种令现代人反感的不平等。在亚里士多德看来，最好的东西本来就只有少数人才能拥有，而所谓的少数人是那些骄傲的贵族以及哲学家们。由此看来，似乎大多数人的价值不过是为了产生少量统治者和哲人。

亚里士多德对人间事物的思考，表现出了他的自以为是以及过分自信；任何让人对彼此产生强烈兴趣的东西，都被他遗忘了。没有任何迹象表明，他有过特殊经历，导致他的心智不健康；但很明显，他对生活中道德方面的深奥知识一无所知。可以说，他忽略掉了人类与信仰有关的整个经验领域。他所说的，只对那些生活无忧且缺乏热情的人有用；但是对于那些被神灵或魔鬼控制的人，或者对那些被明显可见的不幸逼至绝望的人，他却什么也没说。出于上述原因，在我看来，《伦理学》一书虽然享有盛名，但是从内容上来讲，不能算是一本值得格外重视的著作。

第二十一章

亚里士多德的政治学

亚里士多德的《政治学》开篇就指出了国家的重要性：国家是最高等级的集体，以追求至善为目标。按照时间顺序，最先出现的是家庭；家庭建立在两种关系之上，分别是男女关系和主奴关系，这两种关系都是自然形成的。若干个家庭组合成村庄，若干个村庄组合成一个城邦（国家），这种规模的人口组合已经足够做到自给自足。虽然国家出现的时间晚于家庭，但是按照性质排序，国家要排在家庭前面，甚至要排在个人前面。亚里士多德说，创立国家的人是最伟大的恩主，因为如果没有法律，人就是最坏的动物，而法律要依托国家才能存在。国家不只是一个为了交易和阻止犯罪而聚集的社会："国家的目的是创造美好生活……国家是家庭和村庄结合，大家一起过上自给自足的完美生活，也就是幸福的、高尚的生活。""政治社会存在的目的，是为了追求高尚，而不只是为了相互交往。"

一家一户组成国家，每家每户又都是一个家庭，因此探讨政治问题，要从探讨家庭问题开始。有关家庭的讨论，奴隶制要占很大一部分内容——因为在古代，奴隶也被当作家庭的一部分。古代社会认为，主奴关系是有利且正当的关系，但是奴隶的地位天生低于主人。有些人生来就应该服从他人，另外一些人生来就应该统治他人。对那些天生应该受人统治却不肯顺从的人发动战争，是为正义而战。这就意味着，将被征服者变成奴隶，是正确的。这似乎足以说明古往今来的所有征服者都是正义的，因为没有一个国家会承认，自己生来就应当被别人统治，如此一来战争的结果就成了"天意"的唯一证据。因此，战争的胜利者永远是对的，被征服的永远是错的。这确实是一个很有说服力的结论！

从有关奴隶制的讨论中，我们不难看出，亚里士多德不是一个信仰平等的人。虽然奴隶和妇女的服从地位已经得到确认，但是所有公民是否应该享有平等的政治地位，仍然是个问题。亚里士多德说，有些人认为公民享有平等的政治地位有可取之处，理由是所有的革命都会指责财产分配不公。他对此表示反对，认为最大的罪行不是物质的匮乏，而是财富的过度导致的：从来没有一个人，是为了避免挨冻，而成为暴君的。

如果一个政府的目标是保证整个群体的利益，它就是一个好政府；如果它只顾及自身统治，就是一个坏政府。以下三类政府属于好政府：君主制、贵族制和立宪政府（或者共和制）；坏政府也分三类：僭主制、寡头制和民主制。除此之外，还有很多混合的中间形态。通过观察，你会发现，政府好坏取决于当权者的道德品质，而非宪法体制。贵族制由有德的人实施统治，寡头制由富人实施统治，亚里士多德并不认为德行与财富是严格意义上的同义语。根据中庸之道，亚里士多德主张的是，适度的资产最有可能塑造出美德，因此由最好的人统治（贵族制）和由最富的人统治（寡头制）二者之间是有区别的，因为最好的人往往只有适度的财富。

他强调，应该根据统治集团的经济地位区分寡头制和民主制：富人实施统治，同时完全不顾及穷人的利益，就是寡头统治；穷人掌权，同时完全不考虑富人的利益，就是民主制。

君主制比贵族制好，贵族制比共和制好。但是，最好的制度一经腐化就会变成最坏的制度；因此僭主制比寡头制更坏，寡头制比民主制更坏。亚里士多德以这种方式，达到了为民主制辩护的效果；因为大多数真实的政府都是坏政府，因此在众多真实的政府中，民主制往往是最好的。

有一段讲述僭主的内容非常有趣。一位僭主渴望获得财富，一位君主渴望获得荣誉。僭主的卫兵是雇佣兵，君主的卫兵是公民。僭主们大多是蛊惑民心的政客，他们向人民允诺，会保护人民反抗权势，因此获得权力。亚里士多德以一种讥讽的、马基雅维利式的语调，阐明了一位僭主为了保持权力，必须要做些什么：他必须阻止有杰出才干的人脱颖而出，如果有必要，可以采取处决、暗杀的手段；他必须禁止聚餐、聚会，以及任何可能产生反对意见的教育；杜绝所有文学集会和文学讨论；他必须防止人民之间互相了解，必须强迫人民住在他门前的公共区域；他必须煽动纷争，而且让人民始终在贫困中挣扎；他要建造大工程使人民一直劳碌；他还应该操纵女人和奴隶，使他们也都成为告密者；他应该制造战争，让他的臣民有事可做，而且会一直需要领袖。

整部书中，最适合当今之世的竟然是这部分内容，想来不禁让人神伤。亚里士多德总结说，对于僭主，没有作恶过甚一说。不过，他说还存在另外一种维持暴政的方法，也就是避免极端，以及伪装的信仰。哪种方法更有效则没有定论。

亚里士多德用了很大篇幅去论证，对外征服不是国家的目的。但是，他也提到了例外情况：去征服那些"天生的奴隶"不仅是正确的，而且是正义的。在亚里士多德看来，对外邦人发动战争是正义的，但是对希腊人的战争是不正义的，因为希腊人不是"天生的奴隶"。总的来说，战争只是手段，不是目的；一座孤立的城邦，不必对外征服，也可以是幸福的，孤立的国家也可以有所作为。神和全宇宙都在积极活动，虽然他们不可能发动任何对外征服的战争。因此，一个国家追求的幸福，就不应该是战争，而应该是和平的活动，虽然有时战争是获得幸福的必要手段。

需要靠劳作谋生的人，不应该获得公民身份。"公民的生活不应该像匠人或商人那样，那样的生活是不光彩的，而且是不高尚的。"公民也不应该是农人，因为公民需要闲暇时间。公民应该拥有财产，但是在田间劳作的应该是来自其他种族的奴隶。亚里士多德说，北方的种族精力充沛，南方的种族聪明智慧，应该让南方种族当奴隶，因为如果奴隶的精力太过充沛，会引起很多麻烦。只有希腊人才是既精力充沛又聪明智慧的族群；他们的治理能力比外族人强，如果他们团结起来，能统治整个世界。

亚里士多德在《政治学》一书中所做的基本假设，与所有近代作家大相径庭。在他看来，国家的目标是塑造有教养的君子——拥有贵族精神，同时热爱学习、热爱艺术的人。伯里克利时代的雅典就有这样的人，而且是最完美的一批君子，但他们并非出自一般大众，而是出自生活优渥的群体。到伯里克利时代的末期，诞生君子的环境开始瓦解。没有教养的群众开始攻击伯里克利的盟友们，他们不得不背信弃义，通过暗杀、非法的专制，以及其他不符合君子作为的手段，捍卫富人的特权。苏格拉底死后，雅典民主制中的极端色彩消失，雅典依然是希腊世界的文化中心，但是政治权力中心转移到了别处。希腊时代末期，权力和文化通常是分开的：权力掌握在粗暴的军人手中，文化属于无权无势的希腊人，很多时候甚至是劳苦大众。这种现象在罗马全盛时期只是特例，但是到西赛罗之前，马可·奥勒留之后，则成了寻常。蛮族入侵之后，北方的野蛮人成了"君子"，机智的南方教士们成了有教养的人。这种状况差不多一直持续到了文艺复兴时期，直到那时候普罗大众才开始接触到文化。文艺复兴之后，希腊人那种由有教养的君子执政的观念，才逐渐被世人接受，到十八世纪达到巅峰。

第二十二章

亚里士多德的逻辑

亚里士多德在逻辑学方面取得的最重要的成果，就是三段论。三段论就是一种包含大前提、小前提和结论三部分的论证。最为人熟知的就是下面这种形式的三段论：

凡人都会死（大前提）。

苏格拉底是人（小前提）。

所以：苏格拉底会死（结论）。

或者：凡人都会死。

所有的希腊人都是人。

所以：所有的希腊人都会死。

（亚里士多德并没有对上面的两种形式加以区分；接下来我们会看到，这是他犯下的一个错误。）

除此之外还有其他形式：

没有一条鱼是有理性的，所有的鲨鱼都是鱼，因此没有一条鲨鱼是有理性的。

所有的人都拥有理性，人是动物的一部分，因此一部分动物是有理性的。

没有希腊人是黑皮肤，有些人是希腊人，因此有些人不是黑皮肤。

"第一格"由这四种形态的三段论构成；亚里士多德又增加了第二格和第三格，经院学者增加上了第四格。结果表明，后三格可以通过各种方法简化为第一格。

这套论证体系是形式逻辑的开端，因此既重要又绝妙。但是，如果我们不去考虑形式逻辑的开端，从结局来看，这套体系存在三个需要被批判的方面：

（1）体系本身在形式上存有缺陷。

（2）和其他论证形式相比，三段论获得的评价过高。

（3）作为一种论证形式，演绎法获得的评价过高。

关于这三点，有些话必须说清楚。

（1）形式缺陷。我们先来看看这两句陈述："苏格拉底是人"以及"所有的希腊人都是人"。有必要明确区分这两句陈述，但是亚里士多德在做逻辑推理时并没有这样做。"所有的希腊人都是人"一般被理解为，这表示世间存在希腊人这样一个族群；如果没有这层含义，那亚里士多德的三段论就无法成立。例如：

"所有的希腊人都是人，所有的希腊人都是白人，因此有些人是白人。"

如果有希腊人，推理就成立，否则的话就不成立。如果我要说的是：

"所有的金山都是山，所有的金山都有金子，因此有些山有金子。"

虽然在某种意义上，我的前提条件是正确的，结论却是错误的。因此，如果我们要说清楚，必须将"所有的希腊人都是人"这一陈述分成两部分，一部分表达的是"希腊人存在"，另一部分表达的是"如果'希腊人'指代的事物存在，那么那个事物实际上是人"。第二部分陈述是纯粹的假设，并没有表达"希腊人存在"这层意思。

由此可见，在形式上，"所有的希腊人都是人"这一陈述比"苏格拉底是人"复杂得多。"苏格拉底是人"中的"苏格拉底"是主语，但是"所有的希腊人都是人"中的"所有的希腊人"并不能算作主语，因为无论是"希腊人存在"，还是"如果'希腊人'指代的事物存在，那么那个事物实际上是人"，这两部分意思都和"所有的希腊人"无关。

这种纯粹的形式缺陷，是形而上学和认识论中许多错误的一个根源。亚里士多德因为这个错误，又陷入了另一个错误，他以为对一个谓语的描述，可以作为对原主语的描述。如果我说"苏格拉底是希腊人，所有的希腊人都是人"，亚里士多德便认为"人"是"希腊人"的谓语，而"希腊人"又是用来描述"苏格拉底"的谓语，那么"人"当然也可以用来描述"苏格拉底"。实际上，"人"不是用来描述"希腊人"的谓语。他没有区分名词和谓语，也就是没有区分个体与共相，由此给哲学界带来了灾难性的后果，导致出现数不清的有关统一性的、错误的形而上学理论。

（2）对三段论评价过高。三段论只是演绎推理论证中的一种。数学完全是演绎推理，但是数学中几乎从来没有出现过三段论式的论证。当然，我们可以把数学论证改写成三段论的形式，但是那样会显得极其造作，而且也不会增加论证的说服力。我们举一个有关计算的例子。假设我买了价值十六先令三便士（不到一英镑）的东西，付了一英镑，应该找给我多少零钱？把简单的加减法用三段论推导，会显得过于荒谬，而且会模糊掉推导的本质。逻辑论证中也存在非三段论式的推论，例如："马是一种动物，因此马的头是一种动物的头。"实际上，合乎逻辑的三段论只是合乎逻辑的演绎法中的一种，与其他演绎法相比，并不能说它具备更强的逻辑性。试图突出三段论在演绎论证中的地位，就像当初过分强调数学推理的地位那样，将哲学家引入了歧途。

（3）作为一种论证形式，演绎法获得的评价过高。总的来说，希腊人将推理演绎视为知识的来源，因此对演绎法的重视程度高于现代哲学家。在这方面，亚里士多德犯的错误，比柏拉图少；他多次承认归纳法的重要性，但是和其他希腊人一样，他在自己的认识论中，同样过分强调了演绎法的重要性。和演绎法相比，归纳法的说服力相对较弱，给出的只是概率，而不是确切结果；但是另一方面归纳法提供的是新知识，演绎法则不然。除了逻辑学和纯粹数学，所有重要的结论都是通过归纳得出，而不是通过推理得出；法律和神学属于例外，二者最初的基本法则都出自不容置疑的文本、法典或圣典。

亚里士多德的其他逻辑学著作，在哲学史上具有相当重要的地位，其中就包括他的一部短篇著作《范畴篇》。亚里士多德提出了十个范畴：实体、数量、性质、关系、地点、时间、姿态、状况、活动、遭受。

"实体"首先不能用来描述主语，也不能作为主语。实体就是个体的事物，比如人或者动物。但是，也可以将"种"或者"类"，如"人类"或者"动物"，间接地理解为实体。这种间接的理解似乎站不住脚，但是它却为后世哲学家种种错误的形而上学敞开了大门。

和前面提到的"本质"一样，"实体"的概念向形而上学的转化，只强调了语言学上的便利。若是认真对待，"实体"实际上是一个非常难以言表的概念。实体应该是属性的主体，但是你不能说一个实体就等于它的所有属性。不过，当我们拿掉这些属性，再去想象实体，就会发现，没有任何依据可供我们想象。换个方式加以说明：我们通过什么区分一个实体与另一个实体？并不是通过属性上的差异，因为根据实体的逻辑定义来看，属性的差异首先要考虑数量上的差异。因此，两个实体，能确定的属性只是"两个"，除此之外，二者之间没有办法区分。然而，我们又如何能够发现它们是"两个"呢？

实际上，"实体"只是通过一种方便的方式，将事件聚合在一起。如果我们把"实体"视作某种东西，那是一种我们完全不可知的东西，因此，既然我们是为了表达我们知道的东西，就不需要这样看待它。总而言之，"实体"概念是将主语和谓语组合成的句子结构套用到世界的结构上，由此引发的一个形而上学的错误。

我们在这一章讨论的亚里士多德的学说全部是错误的，除了形式论中的三段论，而那又是一个无关紧要的理论。不幸的是，他的学说赶上了希腊思想蓬勃发展的尾声，因此被人们当作权威。逻辑复兴时代到来的时候，亚里士多德的学说已经占据统治地位长达两千年，很难将他从权威的宝座上推下来。现代文明，尤其是在科学、逻辑以及哲学方面的每一次进步，都是在亚里士多德门徒的反对声中取得的。

第二十三章

亚里士多德的物理学

希腊人一直试图用科学去解释运动，但是除了德谟克利特和阿基米德之类的少数天才，他们几乎没有提出过任何纯粹的力学观点。似乎有两组现象值得重点研究：动物的运动，以及天体的运动。对于现代科学家来说，动物的身体就像一件精密的机器，其中的物理—化学结构极其复杂；每一项新发现都意味着动物与机械之间巨大的鸿沟在逐渐收窄。对于希腊人来说，用无生命的运动去理解动物的运动，似乎是再自然不过的事。现在的孩子仍然以自身能不能动为判断标准，来区分动物和其他东西；对于很多希腊人，尤其是对亚里士多德来说，这一特性本身就是物理学一般理论的基础。

天体是什么情况呢？天体与动物的不同就在于，天体的运动是有规律的，但是这或许只是因为天体比动物更接近完美状态。当一位哲学家不再视天体本身为神，他会自然而然地认为，是神的意志在推动天体运行，那位神一定像希腊人一样热爱秩序以及几何的简洁。因此，意志就成了所有运动的根源：推动地上运动的，是人类和动物反复无常的意志；推动天上运动的，是至高无上的造物主永恒不变的意志。

亚里士多德提到物理学（physics）时，指的是一门被希腊人称为"phusis"或"physis"的科学，"phusis"翻译成英语就是"nature"，即"自然"，但是这个词表达的意思与我们所理解的"自然"不同。我们现在依然会用到"自然科学"以及"自然历史"之类的表达，但是"自然"本身是一个容易引起歧义的词，而且几乎不包含"phusis"要表达的意思。"phusis"与生长有关；有人或许会说"橡子会自然而然地成长为一棵橡树"，这个人用"自然"这个词时，表达的就是亚里士多德的意思。亚里士多德说，一个事物的"自然"属性就是它的目的，它就是为此而存在的。因此，这个词有一层目的论的含义。有些事物是自然存在的，有些事物是由于别的原因而存在的。动物、植物和单纯的物体（元素）是自然存在的；它们会遵守内在的运行法则（"运行"包含的意思比"移动"更宽泛，因为这里要表达的不只是位置的移动，还包括性质或大小的变化）。无论是运动还是静止都源于自然，如果事物遵循这种内在原则，就"具有自然（属性）"。这些事物，以及它们的本质属性，就可以用"依照自然"这个词组进行描述。（由此，"不自然"就成了用来表达谴责的词语。）自然存在于形式之中，而非质料之中；尚未成形的肉或骨，都还没有达到自身的自然状态；一件事物越接近完成状态，就越接近自然。这似乎是一个源于生物学的观点：橡子就是一棵"潜存"的橡树。

自然可以归类为为了某事而运作的原因。由此会引发一场讨论：自然不为目的运作，一切皆属必然。那些"源自内在法则，通过不断运动，到达某种完成状态的"都是"自然的"。

这一套有关"自然"的完整概念，虽然貌似很适合用来解释动物和植物的生长，结果却成了科学发展的巨大障碍，以及伦理道德方面有害思想的根源，而且贻害至今。

亚里士多德说，运动就是将潜在化为现实的过程。但是事实表明，这样的解释不能套用到没有生命的东西上，而且从物理科学的角度看，"目的"的概念没有任何意义，严格说来，所有的运动都是相对的。

得出这样的结论之后，我们再把视角转向天体。

《论天》提出了一个简单有趣的理论。以月亮为界，月亮以下的都是有生有灭的；自月亮而上的一切，都是永恒不变的。大地是球形，位于宇宙的中心。地上的一切都由土、水、气、火四种元素组成；但是还存在构成天体的第五种元素。地上元素的自然运动是直线运动，第五种元素的自然运动则是环形运动。天界是完美的球形，和底层相比，越往上越神圣。恒星和行星不是由火构成，而是由第五种元素构成；它们的运动是它们所附着的那些层的天体运动造成的。

地上的四种元素并不是永恒不变的，它们会互相生成——火当然是轻的，因为从某种意义上来讲，火是向上运动的；土当然是重的。气相对较轻，水则相对较重。

这样的理论为后来的时代制造了很多麻烦。人们认为彗星是会消亡的，因此被归到了月亮以下的区域，但是到了十七世纪，人们却发现彗星的轨道围绕着太阳，而且很少会有彗星像月亮那样，距离地球这么近。既然地上物体的自然运动是直线运动，人们就认为沿水平方向发射出去的物体，会沿着水平方向直线运动一段时间，然后突然开始垂直坠落。伽利略发现抛射体是沿着抛物线运动的，他那些亚里士多德派的同事们大感震惊。哥白尼、开普勒和伽利略在抛出"地球不是宇宙中心，而是每天自转一周，每年绕太阳公转一周"的观点时，不得不在对抗《圣经》的同时，又对抗亚里士多德。

我们来看看这个一般性的问题：亚里士多德的物理学，与最早由伽利略提出的牛顿第一运动定律相矛盾。牛顿第一运动定律说，任何物体如果已经处在运动中，若不受外力影响，会继续沿着直线匀速运动。这时就需要外因，不是用来解释运动，而是解释运动的变化，这种变化既包括速度上的变化，也包括方向上的变化。亚里士多德所理解的天体"自然"的环形运动，就包括运动方向的不断变化，因此按照牛顿的引力定律，需要一股朝向圆心的作用力。

最后，天体永恒存在，不毁不灭的观点也不得不被抛弃。太阳和繁星确实存在了很长时间，但是不会永远存在。它们从星云中来，最后不是爆炸就是冷却消亡。在可见的世界中，任何东西都不能免于改变和消亡；亚里士多德派的信仰与此相反，虽然中世纪的基督徒非常认可他的观点，但那实际上是异教徒崇拜日月星辰的产物。

第二十四章

希腊早期的数学与天文学

希腊人在数学和天文学领域取得的卓越成就远超其他方面。数学的证明方法，几乎可以说是希腊人原创的。

许多非常有趣的故事，可能不是真实发生的，但是依然可以通过它们看出，是哪些实际问题刺激了希腊人对数学的研究。最早也是情节最简单的一个故事与泰勒斯有关，据说他在埃及的时候，国王要求他说出一座金字塔的高度。他等到白天自己影子的长度与其身高相等的时候，去测量金字塔的影子，由此得知了金字塔的高度。

希腊几何学家关注的大问题无非就是那几个，其中之一就是倍立方问题。据说这个问题是神庙的祭司们提出的，神谕告知祭司，神想要一座新神像，新神像要是现有神像的两倍大。起初他们把这个问题想得很简单，认为把所有尺寸增加一倍就可以了，后来他们发现这样造出来的神像是原来的八倍，造像成本远远超出了神的要求。于是他们派一位代表去见柏拉图，问他学院里有没有人能解决这个问题。几何学家们揽下了这个问题，钻研了好几个世纪，过程中偶然取得了许多令人惊叹的成果。当然，这个问题其实就是求 2 的立方根。

　　2 的平方根，是人类发现的第一个无理数，毕达哥拉斯派在很早就已经认识到了这个数字的存在，还发现了许多求近似值的巧妙方法。除了 2 的平方根，与苏格拉底同时代的狄奥多罗斯，也在许多特殊案例中研究过其他无理数。发现无理数引发的最重要的后果之一，就是尤得塞斯创立了有关比例的几何理论。欧几里得进一步发展了比例理论，使其拥有了一种逻辑上的美感。尤得塞斯还发明了，或者说完善了"穷尽法"，后来阿基米德将穷尽法投入应用，因此取得了巨大成功。穷尽法可以说是积分学的前奏。

　　欧几里得的《几何原本》，绝大部分内容并非原创，但是求解过程的先后顺序以及逻辑结构，大部分出自欧几里得之手。毫无疑义，欧几里得的《几何原本》是有史以来最伟大的著作之一，也是希腊智慧最完美的纪念碑之一。当然，《几何原本》也具有典型的希腊时代的局限性：论证方法完全依靠演绎推导，而且其中没有验证基本假设的方法。这些假设被认为是毋庸置疑的，但是到了十九世纪，非欧几何学证明了《几何原本》中的部分假设是错误的，至于是对是错，只有通过观测数据才能下定论。

　　和几何学一样，希腊人在天文学领域同样取得了令人瞩目的成就。我们来看看希腊人最早期的天文学发现，以及他们提出的正确假说。阿那克西曼德认为，大地是自由浮动的，下面没有任何支撑。亚里士多德对于他那个时代的优秀假说，总会提出反对意见。因此他对阿那克西曼德的理论也表示了反对，他认为地球位于中心，而且是静止不动的，因为它没有理由向一个方向运动而不向另一个方向运动。亚里士多德说，如果这个假说成立，那么一个人站在圆心，即便圆周各点摆满了食物，他也会饿死，因为他没有理由选择这一点上的食物，而不选择其他位置的食物。经院哲学中也存在这样的论证，但是与天文学无关，而是论证自由意志。经院哲学中的这个论证被称为"布里丹之驴"。

毕达哥拉斯很有可能是第一个认为地球是球形的人，但是他这样认为的理由（当然，肯定是根据我们的推测）是出于审美，而非科学。不过没过多久，就有人发现了科学根据。阿那克萨戈拉发现月光是反射光，并且提出了正确的理论解释月食现象。他本人仍然认为地球是一个平面，但月食是地球投影的形状，这让毕达哥拉斯派确定地球是球形。在此基础之上，他们更进一步，认为地球是行星之一。他们得知——据说是从毕达哥拉斯本人那里得知——晨星和昏星是同一颗星，他们认为，包括地球在内的所有星体都沿着圆形轨道运行，但不是环绕太阳，而是环绕"中心火"。他们已经发现，月亮朝向地球的一直是同一面，他们认为地球朝向"中心火"的也一直是同一面。中心火又被称为"宙斯之家"或者"诸神之母"。太阳也不是自身发光，而是反射中心火的光。除了地球之外，还存在一个叫反地球的天体，反地球与中心火的距离与地球相等。他们基于两个理由提出这样的假设，一个出自科学，另一个出自他们算术上的神秘主义。科学的理由源于准确无误的观察，他们发现，当太阳和月亮全都在地平线之上时，就可能发生月食。这是一种折射现象，但是他们当时并不知道什么是折射，他们以为月食是另一个天体的影子导致的，没有想到是地球的影子。另一个原因是，日、月、五大行星、地球和反地球，再加上中心火，组成十大天体，对于毕达哥拉斯派来说，"十"是一个带有神秘色彩的数字。

不将地球视作宇宙的中心，而只将它视作行星中的一个，不认为地球固定在一个位置，而认为它在太空中漫游，这相当于摆脱了人类中心说，是一种非常了不起的思想解放的表现。当人类看到惊人的宇宙真相，将科学讨论导向更正确的理论，就不会那么艰难了。各种各样的观察结果对此做出了贡献。生活年代稍晚于阿那克萨戈拉的恩诺皮德斯，发现了黄赤交角。太阳一定比地球大得多，在不久之后也变成了清晰的事实，那些否认地球是宇宙中心的人，也因此获得了事实依据。蓬托斯的赫拉克利特（与亚里士多德生活在同一时期）发现金星与水星都围绕太阳运行，同时采纳了地球每二十四小时围绕自转轴自转一周的观点。萨摩斯的阿利斯塔克大约比阿基米德年长二十五岁，他是所有古代天文学家中最值得讨论的一位，因为他很早就提出了完整的哥白尼假说：包括地球在内的所有行星都在围绕太阳运行，地球每二十四小时自转一周。

希帕克是第一位系统性地对三角学进行论述的人。他发现了岁差；估算出了太阴月的时长，误差不超过一秒；他改进了阿利斯塔克对日月大小和距离的估算；他编录了八百五十颗恒星，并标注了经纬度。他反对阿利斯塔克的太阳中心假说，采纳并改进了阿波罗尼奥斯创立的本轮理论；后来本轮理论在托勒密体系中得到发展，因而名声大噪。托勒密体系以天文学家托勒密命名，托勒密是一位活跃于公元二世纪中叶的天文学家。

公元前三世纪还有两位伟大的数学家——阿基米德和阿波罗尼斯。阿基米德是叙拉古国王的朋友，也有可能是他的表兄弟，他在公元前二一二年罗马人攻陷叙拉古城时惨遭杀害。阿波罗尼斯从青年时期就在亚历山大港生活。阿基米德不仅是一位数学家，还是一位物理学家，同时是流体静力学的研究者。阿波罗尼斯被世人提及的主要成就，是他对圆锥曲线的研究。我不打算深入讨论这两个人，因为他们出现的年代太晚，对哲学没有产生什么影响。

这两个人之后，虽然令人敬佩的研究工作在亚历山大港并没有断绝，但是伟大的时代还是走到了尽头。在罗马人的统治之下，希腊人丧失了政治自由带来的自信，与此同时，他们获得的是一种对前人没有任何实际用途的尊敬。罗马士兵杀死阿基米德，这是一个标志性的事件，在这个事件的背后，是整个希腊世界的原创思想走向衰亡，这一切都是罗马带来的。

第三篇

亚里士多德之后的
古代哲学

第二十五章

希腊化世界

古代希腊语世界的历史可以分为三个时期：自由城邦时期，腓力和亚历山大掌权后宣告结束；马其顿统治时期，克里奥佩特拉死后，罗马吞并埃及，马其顿最后的残余势力被彻底抹除；最后是罗马帝国时期。这三个时期各有各的特点，第一个时期的特点是自由和混乱，第二个时期的特点是征服和混乱，第三个时期的特点是征服和秩序。

第二个时期，就是为人所熟知的希腊化时代。在科学和数学方面，希腊人在这段时期取得了有史以来最优秀的成就。在哲学方面，伊壁鸠鲁学派和斯多葛学派于这一时期创立，怀疑主义被明确地总结为一种理论；因此，虽然不能与柏拉图和亚里士多德时期相提并论，但是对哲学而言，这仍是一段非常重要的时期。公元前三世纪之后，希腊哲学界几乎没有任何创新，直到公元三世纪新柏拉图主义兴起。与此同时，罗马世界正准备迎接基督教的胜利。

希腊人在野蛮人面前有非常强烈的优越感。希腊人和野蛮人从亚历山大时期开始互相影响：野蛮人学习希腊人的科学，希腊人从野蛮人那里学到的却是迷信。希腊文明的传播范围变得愈加广阔，同时变得不那么纯粹了。

从希腊化文化的角度来看，公元前三世纪最辉煌的成果，是一座城市，也就是著名的亚历山大港。和马其顿治下的欧洲和亚洲地区相比，埃及受战争蹂躏相对较少，而且亚历山大港所处的地理位置对商业发展极其有利。托勒密王朝推崇学术，他们的首都吸引了很多当时非常优秀的人才。数学被亚历山大学派垄断的局面，一直持续到罗马灭亡。

公元前三世纪，和亚历山大港有关的数学家和科学家，在才能方面可以和之前数百年间的任何希腊人相媲美，其所做的研究在重要程度上也不逊色于前人。但是，前人想将所有知识纳入自己囊中，提出的也是全方位的哲学理论，他们则不同，他们更像现代意义上的专家。欧几里得、阿利斯塔克、阿基米德和阿波罗尼斯只想做数学家，他们并不渴望在哲学方面有所开拓。这个时代有军人，有行政人员，有医生，有数学家，有哲学家，但是没有一个人能身兼上述所有职务。

古老的希腊城市中，或多或少保留了些许过往时代的公民精神，但是在亚历山大建立的新城中看不到一丝这样的痕迹，就连亚历山大港也不例外。新城市虽然在一定程度上也实行自治，但是与旧城市的传统并不一致。新城市的公民并不是从一个地方来的，他们是从希腊各地聚集到一处的。总的来说，他们都算冒险家。因此，亚历山大建立的城市，没有一座能形成强大的政治凝聚力。从王朝政府的角度来看，这种局面是有利的，但是从传播希腊文化的角度来看，这就成了短板。

　　非希腊的宗教和迷信，给希腊化世界带去的，主要是不好的影响。其实事情本可以不这样发展。犹太人、波斯人、佛教徒信仰的宗教，肯定优于希腊民众信仰的多神教，即便是最优秀的哲学家，去研究这些宗教也会有所收获。不幸的是，给希腊人留下深刻印象，充分刺激他们想象力的，却是巴比伦人和迦勒底人。我们会看到，就连大多数最优秀的哲学家也成了占星学的信徒。既然未来是可以预测的，人们自然开始相信必然和命运，这种信仰与当时流行的相信运气恰恰相反。毫无疑问，大多数人既相信命运也相信运气，而且从来没意识到，二者是相互矛盾的。

　　大众的认知混乱，不仅会导致整体智力水平下降，甚至会导致道德败坏。长时间的动荡，允许少数人在最大限度上保持高尚善良，但是对品行端正的公民日常坚守美德而言是有害的。如果到第二天，你所有的储蓄都会消失，那么节俭就会变得毫无意义；当你对他人诚实，而他人却一定会欺骗你时，诚实就会变得毫无用处；当任何初心都不再重要，无论怎样坚持都不一定成功时，坚守初心就成了无谓的坚持；如果顺从推诿才能保全性命和财富，就不会再有人为真理而辩；如果一个人的美德只是出于世俗的算计，在这样的世界上，他若有勇气就会变成一个冒险者，若是没有勇气，就会变成一个懦弱的趋炎附势的人，只求远离灾难。

　　恐惧代替希望，生命不再追求积极向善，只求避开不幸。形而上学隐没到背景之中，如今个人的伦理道德成了头等大

事。哲学不再是引领少数探寻真相的勇士前进的火把，它成
了一辆跟在为生存苦苦挣扎的人群后面，捡拾老弱病残的救
护车。

第二十六章

犬儒学派和怀疑派

在希腊化时代，一共出现了四大哲学流派。后面的章节将围绕其中最著名的两个学派——斯多葛学派和伊壁鸠鲁学派展开；在这一章我们要讨论的是犬儒派和怀疑派。

犬儒派的创始人是第欧根尼，其主要思想源于苏格拉底的门徒安提斯泰尼，苏格拉底的这位门徒比柏拉图年长十二岁，也是一位非常杰出的人物。安提斯泰尼过了年轻气盛的年纪之后，开始厌弃他之前珍视的东西，只保留了最淳朴的善良。他认为所有精练的哲学思想都没有任何价值；只要是人类能获知的，任何什么人都能获知。他信仰"重返自然"，并且在很大程度上贯彻了自己的信仰。若是"重返自然"，就不应该有政府，不应该有私产，不应该有婚姻，也不应该有全民信仰的国教。他不算是严格意义上的苦行主义者，但是他唾弃奢靡以及所有与虚假的感官愉悦有关的追求。他说："我宁愿愤怒，也不愿欣喜。"

安提斯泰尼的名声被他的弟子第欧根尼盖过了，第欧根尼决定像狗一样生活，因此被称为"犬儒"（cynic），cynic 就是犬的意思。他拒绝所有习俗惯例——无论是宗教、举止、穿着、居住、食物，还是礼仪方面。据说他住在一个桶里，但是吉尔伯特·默里说那是误传：实际上他住在一个大瓮里，那种大瓮是原始时代埋葬亡者用的。他像印度托钵僧那样，以行乞为生。他宣扬友爱，认为不仅人与人之间要互相关爱，也要爱护动物。很多故事传说都与他有关，而且在他活着的时候就已经如此。亚历山大拜访他的故事人尽皆知，据说亚历山大问他想要什么恩赐，他回答说："只要别挡住我的阳光就好。"

第欧根尼的教义绝不是所谓的"愤世嫉俗"，实际上恰好相反。他对"美德"极具热情，他认为，和美德比起来俗世的财产根本不值一提。他追求美德，以及摆脱了欲望的道德自由。在这方面，他的思想与道家、卢梭与托尔斯泰类似，但是比他们更加彻底。

虽然他与亚里士多德生活在同一个时代，但是他的学说更具希腊化时代的特征。亚里士多德是最后一位以乐观的态度面对世界的希腊哲学家；在他之后，所有哲学家都有这样或那样的逃避思想。第欧根尼本人是一个精力旺盛的人，但他的学说，却和所有希腊化时代的学说一样，迎合的是那些失去热情的人，这些人与生俱来的热情已经被失望消磨殆尽。这样的学说当然不能促进艺术、科学或治理水平的提升，除了会对强大的邪恶提出抗议，可以说毫无用处。

观察犬儒主义成为流行思潮时，社会会发生什么样的变化，是一件很有趣的事。公元前三世纪早期，犬儒学派风靡一时，尤其是在亚历山大港。他们发表了短小精练的布道讲义，指出没有物质财产的生活是多么轻松，朴素饮食会多么幸福，冬天不穿昂贵的衣服也会很温暖（真相是因为他们生活在埃及！），热爱故土以及因孩子或朋友死亡而感到悲伤是多么愚蠢。有人会想，谁会喜欢这样的布道？是那些希望把穷人的困苦当作假象的富人吗？还是那些想要鄙视成功商人的新穷人？或者是那些想要说服自己接受救济不算什么的谄媚者？流行的犬儒主义并没有教导人们远离世间的美好，只是教导人们不要去重视那些。对于借贷者，就意味着弱化对负债人的义务。由此我们可以看到"犬儒"在日常生活中意味着什么。斯多葛主义传承了犬儒派思想中的精华，总的来说是一种更完善、更全面的哲学。

怀疑主义作为一种学说，最早是由皮浪提出的。皮浪似乎在感官的怀疑主义基础之上，又增加了道德和逻辑方面的怀疑主义。据说，他认为人们没有任何理由喜欢一种行为，而不喜欢另一种。在实践中，这就意味着一个人无论在什么国家居住，都能顺应当地的风俗。古代的怀疑主义者奉行的完全是异教徒的规矩，有些祭司也是如此；怀疑主义使他们相信，不会有证据证明这样的行为是错误的，他们（未经哲学洗礼）的常识使他们相信这样的行为是实用的。

那些不具哲学思维的人，很自然地会受怀疑主义引诱。人们观察到，各学派之间存在各种各样的意见分歧，矛盾又很尖锐，于是断定所有人都假装掌握了实际上难以企及的知识。怀疑主义是懒惰之人的安慰剂，因为从怀疑主义的角度来看，愚昧的人和著名的学者智力水平相当。对于那些原本想要追寻真理的人来说，怀疑主义不会让他感到满意，但是和希腊化时代的所有学说一样，它给自己的定位就是解忧剂。为什么要担忧未来呢？未来完全是不确定的。何不享受当下？谁也不能确定未来会发生什么？正是因为上述原因，怀疑主义才会大肆流行开来。

　　读者应该能察觉到，作为一种哲学思想，怀疑主义并不是一种单纯的怀疑，应该说是一种武断的怀疑。科学家说："我认为是这样，但是我不能确定。"有求知欲的人说："我不知道是什么情况，但是我希望找出答案。"哲学上的怀疑主义者则说："谁也不知道是怎么回事，而且谁也不可能知道。"正是这种武断的成分，使怀疑主义成了人们攻击的目标。怀疑主义者当然会否认，他们武断地声称不可能获得知识，但是他们的否认无法令人信服。

　　皮浪的弟子蒂孟，提出了一些颇具智慧的论点，但是从希腊逻辑的立场出发，很难对这些论点予以回应。希腊人只承认存在推理演绎这一种逻辑，所有的推理演绎必须像欧几里得那样，从不证自明的一般法则出发。但是，蒂孟认为不可能找到这样的原则。所以，一切观点必须从其他角度加以证明，如此一来，所有的论证过程或者会陷入循环，或者成了一条无所附着的无尽链条。无论陷入哪种局面，都不可能证明任何观点。我们会发现，这样的论证，相当于一刀砍在了在中世纪占统治地位的亚里士多德哲学的根基上。

　　公元前一五六年，雅典向罗马派遣了一个外交使团，使团中有三位哲学家，其中就包括信奉怀疑主义的卡涅阿德斯。他认为这是一次大好机会，也不觉得应该因为自己的大使身份放弃这次机会，于是他开始在罗马讲学。那时候的罗马青年都想模仿希腊人的举止，渴望学习希腊文化，于是蜂拥而至，聆听他的讲学。他的第一堂讲学，详细讲解了亚里士多德和柏拉图对正义的看法，很多人大受启迪。他第二堂讲学却反驳了之前教导的一切，他这样做不是为了得出一个相反的结论，而只是为了表明，任何结论都不能保证绝对正确。那些拥有现代头脑的罗马青年非常乐于接受这样的思想。

　　在公元三世纪之前，怀疑主义对一些有教养的个人始终具有相当的吸引力，但是宗教变得越来越教条，救赎的思想日益鼎盛，怀疑主义与时代逐渐走向对立。怀疑主义有很强的说服力，会让受过教育的人对国教心生不满，却起不到任何正面效果，哪怕只是在纯粹的智力领域。从文艺复兴开始，对科学的信仰进驻了神学领域中怀疑主义的基地，但是在古代，不存在可以进驻怀疑主义基地的思想。古代世界，怀疑论者提出论点，无人可以应答，于是大家只能逃避。奥林匹斯诸神已经不足为信，东方宗教进驻的道路上已经没有障碍，众多宗教开始争夺迷信者的拥护，直到最后基督教大获全胜。

第二十七章

伊壁鸠鲁学派

斯多葛学派与伊壁鸠鲁学派创立的时代相同，是希腊化时期的两大新学派。两大学派的创立者芝诺和伊壁鸠鲁，大约同时出生，他们定居雅典，其分别成为各自学派领袖的时间，也不过相隔几年而已。因此，先谈哪个学派完全是出于个人喜好。我打算先谈伊壁鸠鲁学派，因为伊壁鸠鲁学派的学说完全是由创立者确立的，斯多葛主义却经过了长期的发展，一直到罗马皇帝马可·奥勒留统治时期，才固定下来。

伊壁鸠鲁生于公元前三四二或三四一年，童年在萨摩斯生活。他声称自十四岁便开始研究哲学，公元前三〇四年定居雅典直至离开人世。他在雅典的生活很平静，唯一的困扰是身体状况不佳。他有一所房子和一座花园（单独的花园，并非房子的附属），他在花园中讲学。他的三个兄弟和另外一些人，从一开始就是他学派中的成员，到雅典之后，群体日渐扩大。群体的生活非常简朴，日常饮食以面包和水为主，伊壁鸠鲁对这样的生活感到满意。

伊壁鸠鲁的哲学，和他那个时代所有哲学思想一样，主要是为了确保内心的安宁。他认为快乐是一件好事，并且一直坚持这样的观点，由此引发的后果也没有使他产生动摇。他说，心灵的愉悦就是对肉体享乐的一种沉思。相较于身体的享乐，心灵的愉悦胜在一个优势，那就是我们可以学会思考快乐，不必非要去思考痛苦，因此与控制身体的享乐相比，我们更能控制精神的享乐。

之前的一些享乐主义者，将享乐分为主动享乐与被动享乐，或者动态的享乐与静态的享乐，伊壁鸠鲁并不同意这样的观点。动态的享乐在于达到目的，之前的期望阶段是与痛苦相伴的。静态的享乐追求的是一种平衡状态，快乐源于事情所处的某种状态，如果事情不处于这样的状态，我们会渴望达到这种状态。我认为，有人或许会说，填饱肚子是一个过程，属于动态的享乐，但是填饱肚子之后的饱足感是一个持续的状态，这就属于静态的享乐。对于这两种愉悦，伊壁鸠鲁认为，追求第二种更稳妥些，因为第二种状态更纯粹，而且不必依靠痛苦去刺激渴望。当身体处于平衡状态时，就没有痛苦，因此我们应该以平衡为目标，追求安宁的快乐，而不是过分激烈的快乐。

如此一来，在实践上，他认为智慧的人应该追求的目标是没有痛苦，而不是拥有快乐。对财富和荣誉的渴望完全是徒劳，因为这类渴望会使那些原本可以感到满足的人不得安宁。他所理解的哲学，是一种用来追求幸福生活的实践体系；只需要常识，不需要逻辑或数学，也不需要柏拉图指定的任何精心训练。

虽然在别人看来，伊壁鸠鲁的伦理观是自私的，在道德方面有所欠缺，但他是真的这样认为的。对于人类的苦难，他一定怀有强烈的悲悯之心，另外他无比坚信，只要人们能采纳他的哲学，痛苦一定会大大减轻。这是一种病弱者的哲学，适用于一个几乎不可能通过冒险获得快乐的世界。生活就是要避免恐惧。避免恐惧的问题，将伊壁鸠鲁引入了理论哲学的世界。他认为，宗教和惧怕死亡，是恐惧的两大根源，二者彼此相关，宗教助长了死亡是一种不幸的观点。因此，他寻求的是一种可以证明神不能干预人间事务，灵魂会随身体一同消亡的形而上学。他构建了一套复杂的学说，用以矫正那些会激起恐惧的信仰。

伊壁鸠鲁是一个唯物论者，但不是决定论者。他追随德谟克里特的信仰，也认为世界是由原子和虚空构成的；但是，他不像德谟克里特那样，相信原子完全受自然法则支配。他认为灵魂是物质的，由呼吸和高温之类的原子组成。灵魂—原子分布在身体之中。感觉是身体投射出去的薄膜，在触碰到灵魂—原子之前会一直前行。这些薄膜在它们始发的躯体消亡之后，还可以继续存在；这是对梦的解释。死后，灵魂消散，它的原子当然会继续存在，但是不能再有感觉，因为它们与身体失去了联系。因此，用伊壁鸠鲁的话来说："死与我们无干，因为凡是消散了的，都没有感觉，而凡是无感觉的，都与我们无干。"

至于神，伊壁鸠鲁坚信神是存在的，因为如果神不存在，他就无法解释为什么神的概念会广泛存在。但是他深信，神不会自找麻烦去过问人间的事务。他认为，神都像理性的享乐主义者那样，遵循伊壁鸠鲁的规诫，不参与公共生活；政府没有存在的必要，他们的生活幸福而美满，生活中没有任何诱惑。当然，预言、占卜之类的活动纯属迷信，相信天意也是迷信。

因此，人们没理由惧怕自己会触怒诸神，没有理由害怕自己死后会在冥界受苦。虽然我们受自然力量的掌控，但是也拥有自由意志，而且在有限的范围内，我们命运是掌握在自己手中的。我们不能逃脱死亡，但是按照正确的理解，死亡并不是坏事。如果我们能遵守伊壁鸠鲁的准则慎重地生活，我们或许能在一定程度上免受痛苦的折磨。这是一种温和的信念，但是对于那些对家人疾苦感触较深的人来说，这样的信念足以激发他们的热情。

但是，恐惧死亡是一种根深蒂固的天性，因此伊壁鸠鲁的信条无论在什么时候都不可能具有太大的吸引力；一直以来，只有少数有教养的人会信奉这样的观点。即便是在哲学家之间，自奥古斯都时代之后，通常也是拒绝伊壁鸠鲁主义，拥护斯多葛主义。确实，伊壁鸠鲁死后，伊壁鸠鲁主义虽然日益衰弱，但是依然存续了六百年之久；但是，随着世间苦难给人们造成的压力越来越大，他们开始不断向哲学或宗教索要更强力的药剂。除了少数例外，哲学家全都躲到新柏拉图主义中去寻求庇护；没受过教育的人转而投向了各种各样的东方迷信。在那之后，越来越多的人投入了基督教的怀抱。早期的基督教把所有的美好都安置到了死后的生活中，给人们提供了一种与伊壁鸠鲁完全相反的信念。十八世纪末，一种与伊壁鸠鲁相似的学说，却被法国哲学家赋予了新生，后来被边沁和他的追随者带到了英国；就像伊壁鸠鲁反对当时的宗教一样，传播这些思想的人，也是想借此反对基督教。

第二十八章

斯多葛主义

斯多葛主义虽然和伊壁鸠鲁主义同时起源，但其经历的历史更长，教义本身的稳定性更弱。斯多葛主义的创立者芝诺，在公元前三世纪早期倡导的学说，与马可·奥勒留在公元二世纪后半叶倡导的学说截然不同。

芝诺对形而上学中的玄妙之处毫无耐心。他认为美德是重要的，他认可物理和形而上学有价值，但这种价值仅在于它们对塑造美德有所助益。他试图借助常识对抗那个时代的形而上学，在希腊，所谓的常识就是唯物主义。他怀疑感官是否可靠，这种困扰使他将自己的信念推向了另一个极端。

宇宙宿命论和自由意志论，是斯多葛学派始终坚持的主要信条。芝诺认为，不存在所谓的偶然，自然进程严格遵守自然法则。最开始只有火；然后其他元素——气、水、土，依次出现——才逐渐形成。但是早晚会发生一场无比巨大的火灾，于是所有的一切重新变成火。按照大多数斯多葛学派门徒的说法，这场大火不是最后的结局，只是一次循环的结束；整个过程将不断重演，永无休止。现在发生的一切以前就发生过，将来还要再发生，而且不止一次，还会发生无数次。

　　神与世界并不是分开的，神是世界的灵魂，我们每个人都包含一部分神圣之火。万事万物都是一个唯一体系的一部分，那个体系就是所谓的自然；个体与自然和谐时，生命就是美好的。从某个层面来说，每个生命与自然都是和谐的，因为生命本身就是自然法则造就的；但是从另一个层面来说，只有当个体的意志指向自然的目的时，人的生活才能与自然和谐。美德就是一种与自然和谐一致的人类意志。

　　在人的生命中，美德是唯一的美好；健康、幸福、财产之类的东西完全不值一提。既然美德属于意志管辖的范畴，那么人生中所有真实的好与坏，完全取决于自己。无论是谁，只要能将自己从世俗的欲望中解放出来，就能获得绝对的自由。明辨真理的圣人，将他珍视的一切都掌握在自己的手中，因为任何外部力量都不能剥夺他的美德。

　　阿索斯的克里安提斯是芝诺思想的直接继承者，承袭克里安提斯思想的克利西波斯是一位高产的作家，据说他写了七百五十部书。他将斯多葛学派主义系统化，同时注入了学究式的迂腐之气。克利西波斯认为，好人总是能感觉到幸福，坏人永远悲惨，而且好人的幸福与神的幸福别无二致。至于死后灵魂是否会继续存在，克里安提斯和克利西波斯却持相反意见。克里安提斯认为，所有的灵魂都会继续存在，直到下一次宇宙级的大火灾到来为止（万物都会被神吸收）；但是克利西波斯认为，只有那些有智慧的人的灵魂才能存续。

　　芝诺以及罗马的斯多葛学派，将所有理论研究都视作伦理学的附属。芝诺说哲学就像是一个果园，逻辑学是墙，物理学是树，伦理学是果实；或者就像一颗蛋，逻辑学是蛋壳，物理学是蛋白，伦理学是蛋黄。克利西波斯认为伦理学研究具有更大的独立价值。斯多葛学派中，有很多人推动了数学和其他科学的进步，或许这一切都是因为他们受了克利西波斯的影响。

历史上（在哲学领域并非如此），有三个与罗马有关的人物，比早期斯多葛学派的地位更重要，这三个人就是——塞涅卡、爱比克泰德与马可·奥勒留，他们的身份分别是大臣、奴隶、皇帝。

塞涅卡比亚里士多德更不幸，因为他的学生是罗马皇帝尼禄。他的死亡极具启发意义。起初在得知皇帝的决定时，塞涅卡准备留一份遗嘱。当被告知皇帝没有给他留太多时间的时候，他转过身对悲伤的家人们说：“别太在意，我给你们留下的远比这俗世的财富更有价值，我给你们留下的是高尚生活的典范。”或许他不是这样说的，但大意如此。然后他就切开了血管，叫他的秘书记下他临死前说的话。后人对塞涅卡的评价，根据的是他这些令人钦佩的箴言，而非他那些稍显可疑的行为。

爱比克泰德与塞涅卡完全不是一类人。爱比克泰德是希腊人，原本是以巴弗提的奴隶。以巴弗提是被尼禄释放的奴隶，后来做了他的大臣。爱比克泰德是个瘸子，据说是他做奴隶时受酷刑导致的。公元九〇年之前，他一直住在罗马，在那里教学，后来罗马皇帝多米提安用不着知识分子，就下令驱逐了所有哲学家。爱比克泰德因此前往伊庇鲁斯的尼科波利斯，在这里写作、讲学多年，直至去世。

　　若论等级地位，马可·奥勒留则身处另一个极端。作为一位皇帝，奥勒留严守斯多葛学派的行为准则。他的《沉思录》是写给自己的，显然并不准备发表，书中表明，他深感自己肩负的公职是个沉重的负担，强烈的厌倦感让他备受困扰。从行为来看，他是个认真勤勉的人，但是大多数时候碌碌无为。他是一个令人同情的人：在一系列需要抵制的世俗愿望里，对他最具诱惑力的，是希望到一个宁静的乡村过隐居的生活。可惜，他没有这样的机会。《沉思录》中的一些文章是他在军营中写的，他在外远征，征战的艰辛最终断送了他的性命。

　　斯多葛学派的伦理观可以做如下表述：从世俗的角度来看，有些事情被当作好事，但这是错误的；真正的好事，其实是一种为他人争取那些好处的意志。这样的说法并不存在逻辑上的矛盾，但是如果我们真的相信通常以为的好事其实毫无意义，那么这样的说法并不合理，因为在这种情况下，符合美德的意志，也可能带来完全相反的结果。

　　虽然斯多葛学派的重点是伦理问题，但是在他们的学说中，有两个方面在其他领域结出了成果。一方面是知识论，另一方面是有关自然法则和自然权力的学说。

　　马可·奥勒留在《沉思录》中表示，"一个政权，要有一套适用于所有人的法律，治理国家的时候要遵循人人平等和言论自由的原则，君主政府的最高理想应该是人民的自由"。这是罗马帝国不可能一直坚持下去的理想，但是这样的观念影响了立法，尤其是改善了妇女和奴隶的地位。基督教接收了斯多葛学派的许多思想，也包括这部分。到了十七世纪，人们终于迎来了对专制给予致命打击的时机，斯多葛主义中的自然法则和自然平等，披上基督教的外衣，获得了真实的力量。在古代，即便皇帝也无法赋予它们真正的力量。

第二十九章

罗马帝国与文化的关系

罗马帝国对文化发展史的影响来自方方面面，各方面的影响或轻或重，力度不尽相同。

第一，罗马对希腊化思想的直接影响。这方面不是很重要，影响也不算深远。

第二，希腊和东方对罗马帝国西半部的影响。这方面影响深远且持久，因为其中包括了基督教的信仰。

第三，罗马的长期和平，对传播文化以及使人们习惯了单一政府带来的单一文明而言至关重要。

第四，希腊化文明传到伊斯兰教国家，又通过穆斯林传至西欧。

首先，罗马对希腊化思想的直接影响。希腊人天生鄙视罗马人，但是鄙视中还带着畏惧；希腊人认为自己更文明，但是政治方面不够强大。公元前二世纪，希腊人普遍沉迷享乐，机敏聪慧，善于经营，对什么都无所顾忌。不过，还是有一些具有哲学思考能力的人，其中一些人用聪明摧毁了严肃，还有一些人完全隐退，回归到宁静的私人生活中。但是也有少数人极具洞察力，比当初亚里士多德分析亚历山大时的眼光还要独到，他们意识到，罗马的伟大来源于它的某些优点，而这些优点正是希腊欠缺的。

总的来说，对帝国中说希腊语的地区而言，罗马政府属于破坏因素。希腊语地区的思想与艺术因此走向衰落。几大公认的哲学学派——柏拉图学派、亚里士多德学派、伊壁鸠鲁学派和斯多葛学派———一直存在，直到查士丁尼下令关闭所有哲学学园。其实，自马可·奥勒留时代以来，除了公元三世纪的新柏拉图派，我们已经从这些学派中看不到丝毫活力；而且这些人几乎没有受到罗马的影响。

其次，希腊和东方对罗马帝国西半部的影响。这里要考虑的是两件完全不同的事：首先是希腊化艺术、文学、哲学，对最有教养的罗马人产生的影响；其次是非希腊的宗教和迷信在整个西方世界的传播。

1. 罗马人最初与希腊人接触的时候，就已经意识到，他们与希腊人相比，显得野蛮粗鲁。希腊人在很多方面比他们优秀无数倍。罗马人唯独在军事策略和社会凝聚力方面占有优势。布匿战争之后，罗马的年轻人开始羡慕希腊人。他们学习希腊语，模仿希腊的建筑，雇用希腊的雕刻家。罗马诸神与希腊诸神一一对应。他们还提出了罗马人特洛伊的说法，为的是与荷马的神话建立起联系。拉丁语诗人开始采用希腊语的格律，罗马的哲学家接纳了希腊哲学家的理论。到最后，罗马在文化方面完全成为希腊的寄生产物。他们铺设了宽阔平坦的道路，制定了系统性的法规，还有能征善战的军队；但是在其他方面他们一直在仰望希腊。

罗马的希腊化，使罗马人的举止日渐柔和。在布匿战争爆发之前，罗马人一直是耕牧民族，有农民的美德，也有农民的陋习：简朴、勤劳、野蛮、顽固、愚昧。他们的家庭生活建立在父权制基础之上，始终稳定牢固；妇女和年轻人完全处于从属地位。但这一切随着财富的突然涌入发生了变化。

希腊对西罗马帝国的文化影响，从公元三世纪开始迅速减弱，主要是因为文化从整体上开始衰落。文化衰落是多方面原因引起的，但是必须特别提到其中一个原因。西罗马帝国末期，政府军事专制的公开程度更胜从前，通常是军队推举一个成功的将军做皇帝；但是军队，即便是高阶军官，已经不再是由有教养的罗马人组成，而是由边境的半蛮族人组成。文化在这些粗暴的士兵看来毫无用处，文明的公民对于他们来说只不过是税收的来源。个体太贫困，不可能在教育方面投入太多，国家认为国民没有必要接受教育。如此一来，西罗马帝国就变得只有少数学者有能力阅读希腊文。

2. 与此相反，随着时间的推移，非希腊的宗教和迷信在西方的地位越来越稳固。随着罗马向西征服，西方对这些思想以及犹太和基督教义越发熟悉。

希腊和罗马的传统宗教，只适合那些对现世感兴趣，对俗世的幸福怀抱希望的人。亚洲经历过长时间的痛苦和绝望，于是炮制出了更成功的解毒药剂，也就是将希望寄托于来世；其中基督教带来的慰藉最有效。但是，基督教在成为国教的时候，就已经从希腊吸收了很多东西，基督教将这些，连同犹太教元素一起，在西方世代传递。

再次，政府与文化的统一。同样是伟大的时代，希腊时代的许多成就之所以没有像克里特文明那样失传，首先要感谢亚历山大，其次要感谢罗马。希腊的征服者，不论是马其顿人还是罗马人，都热爱希腊，他们并没有毁灭被征服者的文化。这些征服者头脑清醒，懂得欣赏被自己统治的文明，而且尽最大努力将文明保存了下来。

在罗马人心中，罗马帝国的本质以及目标，都是一个世界性的帝国。教会继承了这样的观念，奥古斯丁吸纳了晚期斯多葛学派的思想，开始奉行"任意审判世界"的准则。这样的观念之所以打动人心，完全要归功于罗马帝国表现出的世界性。查理曼时代之后，贯穿整个中世纪的基督教会和神圣罗马帝国，在人们心中都是世界性的，虽然人人都知道事实并非如此。一个人性的家庭、一个广泛的宗教、一个大一统的文化、一个世界性的国家，罗马几乎将这些概念完全化作现实，自那之后，这些观念始终萦绕在人们心头。

罗马在扩大文明疆域方面，发挥了重大作用。罗马军团凭武力征服了意大利北部、西班牙、法国以及德国西部地区，给那里带去了文明。这些地区用事实证明，它们像罗马一样，也能拥抱高水准的文化。正是由于罗马推动的文化传播，使得蛮族拨云见日，不至于永远身处黑暗之中。

最后，穆斯林作为希腊文化的传递者。公元七世纪，伊斯兰教先知的信徒们征服了叙利亚、埃及和北非；又过了一个世纪，他们征服了西班牙。阿拉伯人很快接受了东罗马帝国的文明，但是他们并非以倦怠消沉的心态接受，而是心怀国家崛起的希望。阿拉伯学者阅读希腊作者的译著，书写评述。亚里士多德在后世的名望主要归功于他们；在古代，亚里士多德的声望不能和柏拉图相提并论。

想想那些源自阿拉伯语的名词，如代数、酒精、炼金术、蒸馏器、碱、方位角、天顶，我们会深受启发。对我们来说，他们之所以重要，是因为他们是西罗马帝国保留下来的希腊传统的直接继承者。在西班牙，在一定程度上西西里也是如此，与穆斯林的接触使西方世界认识了亚里士多德，以及阿拉伯的数字、代数学与化学。与穆斯林的接触，引发了十一世纪的知识复兴，经院哲学由此形成。十三世纪之后，对希腊语的研究使得人们有能力直接阅读柏拉图与亚里士多德或其他古代希腊作家的著作。但是，如果阿拉伯人没能保留希腊传统，文艺复兴时期的众人或许不会察觉到古代知识的复兴会带来多么大的好处。

第三十章

普罗提诺

新柏拉图主义的创始人普罗提诺，是最后一位伟大的古代哲学家。他的一生几乎正好囊括了罗马历史上最多灾多难的时期，但是他没有去理会现实世界的毁灭和痛苦，相反，他转而去凝视一个美好的永恒世界。

普罗提诺对中世纪基督教和天主教神学产生了很大影响，因此从历史上来看，他还代表了一类重要的理论类型。人们之所以判定这是一种重要的哲学理论，是出于各种各样的原因。首先也是最确凿无疑的理由，是我们认为以他为代表的那种理论是正确的。其次，我们能从中发现美，在普罗提诺的思想中，你一定能发现美。

我要再次强调，一种哲学思想，可以因为很好地表达了人们在某种情绪或某种情况下易于相信的说法，而获得重要的地位。在普罗提诺生活的时代，不幸随时可能降临。幸福，如果还有可能获得，也必须通过思索那些远离感官的东西才能找到。有些人从世俗的角度来看是不幸的，但这些人却决心到理论世界中寻找更高级的幸福，普罗提诺就是其中之一，而且站在了很高的位置。

普罗提诺的形而上学，是从一种神圣的三位一体概念开始的。他的三位一体是指：太一、精神和灵魂。和基督教三位一体中的三个位格一样，三者彼此间不是平等关系；太一至高无上，其次是精神，最后是灵魂。

太一是一个有些模糊的概念，它有时候被称为神，有时候被称为善；太一高于存在，太一之后，排在第一位的就是存在。我们无法用陈述性的语言去阐释这个概念，只能说"太一就是太一"。我们提到神时，喜欢用"全"来表述，其实这是错误的，因为神是超越"全"的。万物都昭示着神的存在。但是，太一的存在可以与一切事物无关："它不在任何地方，任何地方都有它的存在。"太一是无法定义的，从这一点来看，沉默比任何语言都更接近真理。

普罗提诺称第二个位格为精神。普罗提诺说，精神是太一的"像"；它之所以产生，是因为太一在自我追求中有所观照；所观的就是精神。要想知悉神的思想，我们必须在自己的灵魂最接近神的灵魂时，研究自己的灵魂：我们必须撇开肉体，以及影响身体的那部分灵魂，还要撇开"渴望和冲动，以及其他无用的感觉"，这时剩下的才是"神的智慧"的"像"。

三位一体中，地位最低的是灵魂。灵魂虽然低于精神，却是一切生物的创造者；它创造了日、月、星辰，以及整个可见的世界。它是"神的智慧"的产物。灵魂是双重的：有一重专注于精神的内在灵魂，还有一重是面向外部的。向外的灵魂与一种向下的运动有关，并在向下的运动中生成"像"，也就是自然以及感觉世界。普罗提诺把自然视为最低级的界域，认为自然是灵魂忘记向上仰望精神时产生的。

物质是灵魂创造出来的，并不是一种独立的现实存在。每个灵魂都会迎来自己的时刻；时间一到，灵魂会下降，进入适合自己的躯体。灵魂离开身体时，如果它是有罪的，那么就必须进入另一具躯体，因为正义要求它接受惩罚。罪恶必须受到惩罚，但惩罚是自然发生的，因为犯罪者的错误会让他不得安宁。

灵魂是如何从离索的理智世界进入到血肉之躯中的？答案是通过欲望。虽然，有时欲望会表现出可耻的一面，但是它也有相对高尚的一面。灵魂最多只是"渴望根据它在知识原理（精神）中看到的模型阐述秩序"。也就是说，灵魂向内凝视，并且希望制造出一个无须向内看，就能被看到的东西——就像作曲家，一开始只是想象一段音乐，然后希望听到乐器将它呈现出来。

但是灵魂这种对创造的渴望，却带来了不幸的结果。只要灵魂生活在纯粹的本质世界中，它就不会与生活在同一个世界的其他灵魂分开；但是，灵魂一旦和身体结合，立马会接手一个任务，管理那些低于它的东西。因为接手了这个任务，它就和那些进入其他身体的灵魂分开了。

这样的说法，和柏拉图的学说一样，很难回避这样一种观点：创世是一个错误。灵魂的最佳状态，是对精神感到满足，对本质世界感到满足；如果灵魂一直处于最佳状态，它就不会去创造，只会凝神静思。创世的行为之所以可以被接受、谅解，是因为总的来说，这个被创造的世界是整条生产线上最优秀的产品，这从逻辑上是说得通的；这个世界是照着永恒世界创造的，因此在其中也可能存在永恒世界的美。

公元三世纪，以及蛮族入侵之后的数个世纪，西方文明几乎完全覆灭。幸运的是，虽然神学几乎成了唯一幸存的精神活动，但人们接受的思想体系，并不是单纯的迷信，其中还保留了不少希腊智慧著作中包含的学说（虽然隐藏得很深），以及大量斯多葛学派和新柏拉图主义者共同信奉的道德信仰。这些残留的精华，为后世的发展埋下了一种可能性。经院哲学的兴起，以及后来对柏拉图的重新研究成为一种刺激因素，于是文艺复兴开始，对其他古代人物的研究也陆续展开。

另一方面，普罗提诺的哲学思想，鼓励人们向内观而非向外看，这也是它的缺点：我们向内观的时候，可以看到神圣的精神；我们向外看的时候，看到的是可感觉到的世界的种种缺陷。这种主观主义逐渐增长，入侵了人们的情感和思想。科学发展停滞，不再受到重视，人们只认为美德是重要的。在接下来的数百年间，人们越发认为美德就只是善良的意志，不再觉得对理解物理世界那种渴望，或者通过完善机制改善世界，也属于美德的范畴。

普罗提诺既是终点又是起点——希腊人的时代至此结束，基督教的纪元由此开启。对于因几个世纪的失望而疲惫不堪，因数百年的绝望而精疲力竭的古代世界来说，他的学说或许是可以接受的，但是起不到任何激励作用。但是，对于粗鄙又能量过剩的蛮族社会而言，人们需要的不是激励，而是约束和管制。对于这样的世界来说，他的教诲是有益的，因为需要打击的罪恶不是慵懒，而是残暴。将他哲学思想中幸存的部分传承下去，在罗马时代末期，是基督教哲学家完成了这项使命。

卷二

天主教哲学

导言

就我讨论的范围来看，天主教哲学，指的是从奥古斯丁到文艺复兴期间，在欧洲占据支配地位的哲学思想。在基督诞生之后，奥古斯丁之前的几个世纪，在哲学才能方面，斯多葛学派和新柏拉图主义者比教父们表现更出色；文艺复兴之后，包括正统天主教徒在内，没有一位出色的哲学家想要继承经院派或奥古斯丁的哲学传统。

奥古斯丁在天主教发展的第一个伟大时代中占统治地位，柏拉图则在异教徒中占统治地位。托马斯·阿奎那标志着第二个伟大时代的巅峰，在阿奎那和他的继承者看来，亚里士多德远比柏拉图重要。但是，《上帝之城》中的二元论却完整地被保留了下来。教会代表上帝之城，哲学家在政治上维护教会的利益。哲学关注的是捍卫信仰，借助理性去和那些不认可基督教启示的人争辩，例如穆斯林。哲学家们借助理性，不只是以神学家的身份，还以思想体系创造者的身份去质疑批评，他们创造的思想体系以吸引信徒为目的，那些潜在的信徒信仰什么根本无关紧要。长远来看，诉诸理性或许是个错误，但是在十三世纪，它取得了巨大成功。

十三世纪在思想上是一个完整且有定论的综合体，但是因为各种各样的原因遭到了破坏。其中一个最重要的原因，或许是富商阶级的成长，最初是意大利，然后是其他地方。当时的封建贵族大多是无知、愚蠢、野蛮的；普罗大众站在教会一边，认为教会在智慧、道德以及阻止混乱的能力方面比贵族强。但是，新兴的商人阶级却和教士一样聪慧，在世俗事务方面见多识广，更有能力对付贵族。作为公民自由的拥护者，城市下层阶级更容易接受他们。民主趋势越来越明显，在协助教皇击败皇帝之后，人们便开始着手让经济活动摆脱教会的控制。

中世纪走向终结的另一原因，是法兰西、英格兰、西班牙等强大的君主制国家的崛起。国王们终结了国内的无政府状态，联合富商战胜贵族阶层。到十五世纪中叶，这些国家已经有足够的力量为了自身的利益，与教皇相抗衡。

在十一至十三世纪的时候，教皇享有的道德威望，完全是应得的；但是到了此时，教皇已经失去了过去享有的威望。一开始，教皇们住在阿维尼翁的时候，屈从于法兰西，然后发生了教会大分裂。他们在无意之中使西方世界相信，不加限制的教皇专制不但不可能，而且不值得向往。到了十五世纪，作为基督教世界的统治者，他们的地位已经变得不那么重要；在现实中，他们的地位和意大利贵族相差无几，甚至卷入了意大利复杂无耻的权力争夺中。

文艺复兴和宗教改革打破了中世纪的思想综合体，在那之后，至今没有成功发展出如此有条理、如此完整的思想体系。这种思想综合体的成长和衰落就是本书第二卷的主题。

为了解释清楚天主教哲学的起源和意义，我认为，除了与古代或现代哲学有关的部分，在一般历史上耗费更多笔墨，是十分必要的。天主教哲学本质上是一个组织机构的哲学，这个组织机构就是天主教教会。现代哲学，即便在脱离了正统教义之后，关注的问题，尤其是道德伦理和政治理论方面，在很大程度上还是来源于基督教的道德观点，以及天主教与教会关于国家的相关教义。在希腊和罗马的异教思想中，从来没有过基督教中的双重效忠，基督教从一开始就要求效忠上帝和恺撒，或者换成政治名词，要效忠教会和国家。

这种双重忠诚引发的大部分问题，在哲学家提供必要的理论解释之前，在实践中就已得到解决。一帮主教通过实践，为奥古斯丁的政治哲学提供了基础，其中将这方面推向巅峰的代表性人物是米兰大主教安布罗斯。然后便是蛮族入侵，社会陷入长时间的混乱，愚昧日益增长。从波爱修斯到安瑟伦这五个多世纪的期间，只出现了一位杰出的哲学家约翰·司各脱。十一世纪，教会的道德革新为经院哲学拉开了序幕，这次革新是对封建制度逐步将教会纳入管辖的一种反抗。想要了解经院学派，我们必须先了解格里高利七世，以及格里高利七世所抨击的罪恶。我们也不能忽略神圣罗马帝国的创立，以及它对欧洲思想的影响。

出于上述原因，读者会发现，接下来的章节中有很多与哲学思想发展貌似没有直接关系的教会史和政治史的内容。由于这不是一段万众瞩目的时期，即便是那些通晓古代史和现代史的人，对这段历史也不是很熟悉，因此我们更有必要介绍一下这段历史。几乎没有专业的哲学家能像安布罗斯、查理曼和格里高利七世那样，对哲学思想产生如此大的影响。因此在对主题展开充分讨论的同时，交代一些这些人物和他们所处时代的基本信息，是很有必要的。

第一篇

教父

第一章

犹太人的宗教发展

基督教哲学，在罗马帝国末期，传到了蛮族那里。蛮族承袭的基督教哲学包括三个组成部分：首先，是某些特定的哲学信仰，主要来自柏拉图和新柏拉图主义者，也有一部分来自斯多葛学派；其次，是来自犹太人的道德观念和历史观念；最后，是某些理论，特别是救世论，对于基督教来说这些都是新理论，其实有一部分可以追溯至俄耳甫斯主义以及近东地区的类似教派。

在我看来，基督教中最重要的犹太元素，包括以下几个方面：

1. 一部圣史，从创世开始，一直延续到未来，为上帝对待人类的方式做出解释。

2. 上帝对一小部分人尤其钟爱。在犹太人看来，这部分人是上帝的选民；在基督徒看来，是蒙拣选的人。

3. 有关"公义"的新观念。例如，救济他人的美德，就是基督教从晚期犹太主义那里继承来的；对洗礼的重视，可能来源于俄耳甫斯主义，或者东方异教徒的神秘信仰。但是，行善作为基督教的一种美德，似乎源于犹太人。

4. 律法。基督徒们保全了一部分希伯来律法，例如十诫，但除去了有关礼仪和仪式的部分。在实践中，信条对于他们来说，就如同律法之于犹太人。这就意味着，正确的信仰在重要程度上，至少与道德的行为是持平的，对道德的重视本质上源自希腊化思想。作为被拣选之人的排他性，源于犹太人的思想。

5. 弥赛亚。犹太人坚信弥赛亚会给他们带来现世的繁荣，帮助他们战胜世间的敌人；而且，他们相信弥赛亚会在未来出现。基督徒认为，弥赛亚是历史上的真实人物耶稣，耶稣又被认为是希腊哲学中的道（逻各斯）；另外弥赛亚让他的追随者战胜敌人的地方不是在凡世，而是在天国。

6. 天国。从某种意义上来说，来世是犹太人、基督徒和后期柏拉图主义者共有的概念，但是与希腊哲学家相比，基督徒和犹太人给这个概念赋予了更具体的形式。犹太教和基督教的教义认为，来世不是形而上学地有别于现世，而是会在未来出现的世界；那时善良的人将享受永恒的喜乐，邪恶的人将永受苦难的折磨。这种信念体现了一种人人都能理解的复仇心理。

想要了解这些信仰的起源，就不能忽略某些在犹太历史上真实发生过的事件，现在我们就来看看这些事件。

有关以色列民族的早期历史，除了《旧约》之外，不能通过任何其他来源加以确认，而且我们也不可能知道，从何处开始，其中记载的不再是纯粹的传说。从宗教观点上来看，以色列人和周边部族之间，最初似乎没有太大区别。最开始，耶和华只是一个钟爱以色列人的部落神，也没有否认这里还有其他的神，对其他神的崇拜也很常见。十诫第一诫说："除了我以外，你不可有别的神。"这条戒律源于他们被囚前不久的一次革新。那个时代的先知们先告诫众人，崇拜异教的神是有罪的。他们宣称，要想在当时连续不断的战争中获得胜利，必须获得耶和华的支持；如果他们崇拜别的神，耶和华就会撤回他的支持。他们创造了一种观念，即：除了唯一的信仰，其他信仰都是虚假的，主会惩罚对虚假偶像的崇拜。

犹太民族与其他古代民族的差别在于，犹太人有极其强烈的民族自豪感。其他民族被征服之后，无论是表面还是内心，都会接受这一事实。只有犹太人始终坚信他们是最优秀的民族，并且坚信他们的不幸源于上帝的愤怒，因为他们的信仰之心不够纯洁，没有严守仪规。

犹太教后来的一些特征，是在他们被俘期间形成的。献祭的仪式只能在神殿举行，由于神殿被毁，犹太教的仪式便再没有献祭一说了。这一时期，出现了犹太人会堂，开始强调安息日的重要性，重视被视为犹太人标志的割礼。禁止与外邦人联姻，也是在流亡期间开始的。各种各样的排外观念，都是在此期间发展壮大的。律法也是这段时期的产物，律法正是维护民族团结的主要力量。

犹太人的国家作为一个神权国家幸存下来，但是疆域非常狭小，仅限于耶路撒冷周围十至十五英里的区域。在亚历山大之后，这里成了托勒密王朝和塞琉古王朝的争议地带。犹太人的领土其实很少卷入战争，很长一段时间以来，犹太人可以自由地践行他们的信仰。

塞琉古国王安条克四世，粗暴地打断了他们这种宁静舒适又自以为正直的生活。公元前一七五年，他在耶路撒冷建了一座体育场，训练青年练习体育运动。担任神职的贵族阶级对犹太教规早已松懈，而且他们也感受到了希腊文明的魅力；但是他们却遭到了哈西典（"神圣"的意思）人的强烈反对，这个派别在农民之间有很大势力。公元前一七〇年，安条克四世开始对埃及作战，犹太人趁机起义。安条克四世决心彻底铲除犹太人的信仰，废除割礼，废止食物戒律。耶路撒冷的居民全部屈服，但是在耶路撒冷城外，犹太人却进行了极端顽强的抵抗。

在此期间，大量犹太人开始相信灵魂不灭的说法。他们过去认为，美德会在今生得到回报；但是最严守道德的人遭到迫害，表明事实并非如此。因此，为了捍卫神的公正性，必须相信奖惩会在这一世结束之后发生。并非所有犹太人都接受了这一教义；基督时代，撒都该人依然不肯接受这样的教义。但是那时候不相信的已经是少数，后来所有犹太人都开始相信灵魂不死。

安条克四世的迫害，在犹太人的历史上是一段非常重要的时期。流亡各处的犹太人日趋希腊化；在犹太本地的犹太人非常少，在这些人中间，那些有财有势的犹太人也都默许了希腊式的变革。若不是因为哈西典人英勇抵抗，犹太信仰或许就这样消失了。如果这件事真的发生了，无论是基督教还是伊斯兰教，都不会是现在的样子。

　　整个中世纪期间，犹太人没有参与基督教国家的文化发展，他们受到了十分严酷的迫害，除了为建造教堂提供资金以及其他类似的事，无法对文明做出任何贡献。在此期间，犹太人在穆斯林那里受到了人道的对待，让他们能够追寻哲学，进行启蒙性的思考。基督徒对犹太人的迫害，在宗教狂热期间尤甚。骇人听闻的大屠杀与十字军东征有关。与此相反，在伊斯兰国家，犹太人大部分时间并没有受到虐待。特别是在摩尔人统治下的西班牙，犹太人在知识领域做出了贡献。基督徒夺回西班牙的时候，摩尔人掌握的知识大部分都是犹太人传给他们的。犹太学者通晓希伯来语、希腊语以及阿拉伯语，他们了解亚里士多德的哲学，把他们的知识传授给学识较浅的经院学者。他们也传授了一些不可取的知识，如炼金术和占星术。

　　中世纪之后，犹太人仍然对文明做出过很大贡献，只是这里的犹太人只是个人，不再是一个种族。

第二章

基督教最初的四个世纪

犹太人的神学一直很简单。耶和华从一个部落神，发展成一个创造了天地的、唯一的、全能的上帝；当人们发现善良不能带来俗世的繁荣时，就将神的公义转托到了天堂，因此必须相信灵魂不灭。但是，犹太教义在演化过程中，没有掺入任何复杂的形而上学的成分；其中没有神秘，所有犹太人都能理解。

总的来说，犹太人的这种朴素思想，在对观福音（《马太福音》《马可福音》《路加福音》）中仍有体现，但是到《约翰福音》，已经不见踪影。在《约翰福音》中，基督已经等同于柏拉图主义和斯多葛学派中的逻各斯。与作为人类的基督相比，第四部福音书的作者对神学中的基督形象更有兴趣。教父们尤其如此，你会发现，在教父们的著作中，和圣约翰相关的内容，比其他三位福音书作者加起来还要多。保罗书信中也包含了很多神学方面的内容，尤其是在谈到有关救赎的问题时；与此同时，这些书信也表明，作者熟悉希腊文化。

在俄利根之前，希腊哲学和希伯来经典的结合，大致处于

杂乱无章、支离破碎的阶段。俄利根和普罗提诺生活在同一时代，他们都是阿摩尼阿斯·萨卡斯的学生，很多人认为萨卡斯是新柏拉图主义的创始人。俄利根的学说不但和普罗提诺的学说极其类似，而且实际上越过了正统教义的界限。虽然基督徒认可他教父的身份，后来他却因为固执地坚持四点邪说，遭到谴责：

1. 柏拉图教导的，灵魂先在性。

2. 不只基督的神性，基督的人性，也在道成肉身前就已存在。

3. 复活时，我们的身体会转化成超凡的形态。

4. 所有人最后都会得救，就连魔鬼也会得救。

俄利根最长的一部著作是《驳克里索》，其中已经体现了基督教哲学特有的双重论点。一方面，纯粹理性，只要正确加以应用，足以树立基督教信仰的几大基本要素，特别是上帝、灵魂不死和自由意志。另一方面，《圣经》不仅证明了这些基本要素，还提供了更多证明；《圣经》中通过先知预言弥赛亚的到来，通过奇迹，以及信徒因为坚持信仰得到恩赐，证明了神的启示。一直到文艺复兴之前，所有基督教哲学家都认可上述论点。

俄利根说，基督徒不该参与国家的政治活动，只可以参与"神的国度"也就是教会的活动。这样的教义导致，在西罗马帝国灭亡的时候，教会里的神父们以旁观者的姿态面对俗世的灾难，只将他们杰出的才能应用到打理教会、神学争论和宣扬隐修上。当今社会依然残留着这种教义的痕迹：很多人认为政治是"世俗的",真正的圣人不适宜参与政治。

在最初的三个世纪,教会机构一直发展缓慢,在君士坦丁皈依基督教之后才开始快速发展。基督教成为国教时,主教们被授予了司法权和行政权。教会也成立了中央行政机构,至少要处理有关教义的问题。君士坦丁因为阿里乌教派和天主教之间的纷争感到烦恼;他既然已经决定和基督徒共进退,就希望他们能团结一致。为了消除纷争,他召集了尼西亚大公会议,颁布了《尼西亚信经》,就阿里乌争论的问题,确立了正统的标准。

若论职位,教皇确实应该是教会中最重要的人物,但是到后期,教皇才开始掌管教会的权力。教皇权力的增长,是一个非常有趣的课题,我会在后面的章节展开讨论。

不幸的是,基督徒在掌握政治权力之后,就开始内讧。

在君士坦丁之前,有不少异端,但正统派无法惩处他们。基督教成为国教之后,权力和财富变成了神职人员争抢的大奖;选举纷争,神学争论,都是为了世俗的利益。对于神学家的争论,君士坦丁在一定程度上保持了中立态度,但在他死后,除了"叛教者"尤里安,他的继承者们都倾向阿里乌教派,直到公元三七九年,狄奥多西一世登上王位。

这段时期,有一位英雄人物——亚他那修,他一生都在勇敢地捍卫《尼西亚信经》的正统地位。

由于神学在当时对政治来说至关重要,从君士坦丁皇帝到迦克墩会议期间,是一段很特殊的时期。以下的两个问题接连扰动着基督教世界:先是三位一体的基本性质问题,然后是有关化身的问题。在亚他那修时代，只出现了第一个问题。阿里乌是亚历山大港一个有教养的神父，他宣称圣子和圣父并不平等，圣子是圣父所造。

在尼西亚会议中，阿里乌的主张受到绝大多数人的谴责。不同的神学家提出了不同的修正意见，得到了不同皇帝的赞许。亚他那修从公元三二八年开始担任亚历山大港的主教，一直到去世。因为勇敢捍卫《尼西亚信经》的正统地位，他经常遭到流放。他在埃及非常受欢迎，论战期间，埃及人一直是他的坚定追随者。君士坦丁堡和亚洲地区倾向阿里乌教派；埃及人是亚他那修的狂热信徒；西罗马帝国坚定拥护尼西亚会议的决议。

公元三三五年至三七八年间，几位皇帝或多或少都倾向阿里乌教派，除了"叛教者"尤利安，作为一个异教徒，尤里安对基督教内部的纷争持中立态度。公元三七九年，皇帝狄奥多西一世全力支持天主教，于是他们在帝国中获得了全面胜利。我们要在下一章讨论的安布罗斯、哲罗姆和奥古斯丁，其人生大部分时间都是在天主教胜利期间度过的。然而，紧接着西方又迎来了阿里乌教派的统治，哥特人和汪达尔人相继征服了大部分西罗马帝国。权力在他们手上延续了一个世纪，最后被查士丁尼、伦巴第人和法兰克人消灭。查士丁尼、法兰克人以及伦巴第人，都信奉正统教派。至此，天主教的信仰终于获得了决定性的胜利。

第三章

教会的三位博士

西方教会有四位博士，分别是安布罗斯、哲罗姆、奥古斯丁和教皇格里高利。前面三位属于同一时代，最后一位年代较晚。我将在这一章讲述前三位博士的生平和他们生活的时代，在下一章讲述奥古斯丁的教义，因为对于我们来说，他是三人中最重要的一位。

公元四世纪末，西罗马帝国首都是米兰，当时担任米兰主教的就是安布罗斯。与皇帝交谈时，他通常以平等者自居，有时甚至会摆出高于皇帝的姿态。通过他与朝廷的往来，我们可以对当时的国家政权和教会进行一番粗略的对比：国家虚弱无力，政权掌握在毫无原则、一心谋求私利的人手中，除了暂时的权宜之计外，没有任何政策可言；教会蓬勃发展，拥有无限可能，领导者随时准备为大众利益牺牲个人利益，他们制定了长远的政策，为接下来持续千年的胜利奠定了基础。

安布罗斯十三岁时被带到罗马，并在那里接受了良好的教育。他长大后开始研习法律，并取得了非常大的成就；三十岁时他被任命为利古里亚和艾米利亚的总督。不过，四年之后他便放弃了世俗的职务，战胜了一个阿里乌派的候选人，在欢呼声中就任米兰主教。

安布罗斯就任之后，要处理的第一件公共事务，是罗马的胜利女神祭坛和雕像问题。君士坦丁的儿子君士坦提乌斯移除了元老院内的胜利女神雕像，后来被"叛教者"尤利安恢复。格拉提安皇帝再次移除雕像，以罗马行政长官叙马库斯为首的元老院代表，提议再次恢复雕像。

为了反驳他们的提议，安布罗斯在给皇帝的书信中，阐述了以下观点：就像所有罗马人都有义务为他们的君主服役一样，皇帝也有义务服务全能的上帝。他说："让基督徒被迫对着神像的祭坛起誓，对于基督徒来说，是一种迫害。"他在下一封信中指出，教会收到的捐助和异教徒神庙的财富，被用在了完全不同的地方。"教会的财产被用来维持穷苦之人的生计。让他们算一算，神庙赎过多少俘虏，他们给过穷人什么食物，给那些流亡者提供过多少生活所需？"安布罗斯的争辩非常有说服力，而且基督徒确实在实践中证明了他的说辞。

安布罗斯的强势源于人民的支持。有人指责他煽动群众，他回应说："我可以不去刺激他们，但只有上帝能让他们平静下来。"他说，没有一个阿里乌派的信徒胆敢站出来与他争辩，因为市民中没有人信奉阿里乌派。当局正式命令他交出教堂，军队接到命令，如有必要，可以使用武力。最后士兵拒绝使用武力，皇帝被迫做出让步。这是一次争取教会自主权斗争的伟大胜利；安布罗斯向世人证明，在某些事务上，国家必须服从教会，并借机树立了新准则。那时设立的准则一直延续至今，仍然占有重要地位。

安布罗斯确实是一位出色的政治家，但是在其他方面，只能说极具他那个时代的特色。作为学者，他不如哲罗姆；作为哲学家，他不如奥古斯丁；但是作为政治家，他巧妙勇敢地巩固了教会的权力，绝对算是一流的杰出人才。

哲罗姆的成名，主要源于他的译者身份，拉丁语版的《圣经》出自他手，当今天主教会认可的官方版本就是他的译本。哲罗姆在书信中表达的情感源于罗马帝国的衰落，我所知道的人中，没有谁表达得比他更生动。据我所知，哲罗姆的书信，比任何其他作品，更为鲜明地表达了由于罗马帝国衰亡而产生的感情。在罗马遭到劫掠三年之后，他写道：

"世界沦为废墟。是的！但是说起来真是可耻，我们的罪依然存在，还日益繁盛。这座名城，罗马帝国的首都，被一场大火吞噬；世上的罗马人全都陷入流亡的境地。过去被人当作圣所的教堂，如今已化作一堆灰土；我们竟然还让心灵去贪图利益。我们就像明天便会死去一样生活；但是我们又在大兴土木，仿佛我们能永远活在这世上。我们的墙壁闪着金光，屋顶、柱头也是如此；但基督却以穷人赤身裸体的形态，饿死在我们的门前。"

上面这段话，出自他给朋友的一封书信，那位朋友决定让女儿去做修女，信中谈论的大部分是教育这样的女孩时应该遵守的戒律。让人感到奇怪的是，一方面，哲罗姆对古代世界的衰亡感触如此之深，另一方面他却认为保持童贞比战胜匈人、汪达尔人和哥特人重要。他的思想从来没有虑及治国举措，从来没有指出过财政制度以及依靠蛮族组成军队的弊端。

关于奥古斯丁，这一章我只打算讲述他作为一个人的种种；至于他作为神学家及哲学家的事迹，我会在下一个章节加以论述。

我们来看看奥古斯丁的早年经历。他十九岁那年，便已精通修辞学，受西塞罗作品的感召回归哲学。他尝试阅读《圣经》，却发现其中缺乏西塞罗式的庄重。于是他成为一名摩尼教徒，他的母亲为此十分伤心。有趣的是，奥古斯丁反对摩尼教教义，最初的理由与科学有关。有一位名叫浮士德的摩尼教主教，他是该教派中最有学识的，这位著名的主教想要打消他的质疑，于是约见他，与他辩理。但是，他发现浮士德完全不能解决他在天文学方面的问题。这一次，他决定去罗马。

在罗马待了一年之后，他被叙马库斯送到米兰，因为米兰曾请求派遣一位修辞学教师。他在米兰结识了安布罗斯，同时发现与摩尼教教义相比，他更认同天主教教义。他的母亲来到米兰和他一起生活，在他皈依的最后阶段，他的母亲发挥了很大作用。最后，经过激烈的内心斗争，他改变了信仰。他放弃教职、情人和未婚妻，隐居了一段时间，经过隐居期间的沉思，他接受了安布罗斯的洗礼。公元三八八年，他回到非洲，在那里度过余生。回到非洲之后，他每日忙于履行主教的职责，撰写了很多著作驳斥包括多纳徒派、摩尼教和伯拉纠派在内的各种异端。

第四章

奥古斯丁的哲学与神学

奥古斯丁是一位非常高产的作家，他的著作主要探讨的是神学问题。我不打算尽数罗列他的作品，只想探讨几部，即在内容或是历史地位方面，在我看来比较重要的作品。我想探讨的内容包括：

第一，他的纯粹哲学，特别是他的时间论；

第二，《上帝之城》中构想的历史哲学；

第三，为了驳斥伯拉纠教派，提出的有关救赎的理论。

1. 纯粹哲学

奥古斯丁最纯粹的哲学著作是《忏悔录》第十一卷。第十一卷探讨的问题是:《创世记》第一章中说，创世已经发生，奥古斯丁驳斥摩尼教时说，创世已经尽可能早地发生了。于是他想象出了一个反对者，与其争辩。

世界为什么没有在更早的时候被创造出来？因为不存在所谓的"更早"。世界被创造的同时，时间才被创造出来。上帝，

在超时间的层面，是永恒的；在上帝这里，没有之前和之后一
说，只有永恒的现在。上帝的永恒不受时间关系的影响，对上
帝来说所有时间都是现在。他并不先于自己创造的时间，因为
这样就意味着，他受限于时间了。实际上，他一直立足于时间
洪流之外。正是这样的思想，指引奥古斯丁写出了令人无比钦
佩的相对性时间论。

　　他提问说："那么，什么是时间呢？""如果没有人问我，
我是知道的；如果我想解释给那个问我的人听，我又不知道
了。"各种难题让他感到困惑不解。他说，过去和未来都不是
真实的，只有现在是真实的。现在只是一瞬，时间只有在流逝
的时候，我们才能加以衡量。不过，如此一来，时间就确实有
过去和将来一说了。至此，我们似乎陷入了矛盾。奥古斯丁唯
一能想到的避免这种矛盾的说法是，过去和未来只能存在于现
在的思想中："过去"必然等同于回忆，"未来"等同于期待，
回忆和期待都属于现在。他说，时间可以分为三类："过去事
物的现在，现在事物的现在，以及未来事物的现在。""过去事
物的现在是回忆；现在事物的现在是看见；未来事物的现在是
期待。"说时间可以分为过去、现在和未来三类，是一种不严
谨的表达。

　　他给出的答案，重点在于时间是主观的：时间在人的心
中，期待、思索和回忆就代表着时间。由此，没有被创造出来
的东西，就不会有时间，谈论创世之前的时间毫无意义。对于
这种认为时间只是精神层面的观点，我本人并不认同。但是显
然，这是一个说得通的理论，值得认真思考。我应该更进一步

说，与希腊哲学中的其他相关理论相比，奥古斯丁的时间论是
一个伟大的进步。

2. 上帝之城

公元四一〇年，哥特人洗劫罗马，异教徒很自然地把这场
灾难归咎于对古代诸神的背叛。他们说，信奉朱庇特时，罗马
一直强盛不衰；如今皇帝们背弃了他，他自然不会再庇护罗马
人。对于异教徒的这些议论，奥古斯丁不能置之不理。从公
元四一二年到四二七年陆续完成的《上帝之城》，就是奥古斯
丁给出的答复。但是，在写作的过程中，书中谈及的内容越
来越广，渐渐发展出一部覆盖过去、现在和未来的完整基督教
史纲。这是一部在中世纪，尤其是在教会与世俗贵族的斗争期
间，极具影响力的著作。

奥古斯丁将世界划为两座城，一座城永远与上帝同在，另
一座城将与撒旦一起永受折磨。书中一个有影响力的观点是，
奥古斯丁将教会与国家分开，并且明确指出，国家只有将所有
宗教事务交给教会管辖，才能成为上帝之城的一部分。从那以
后，这种说法正式成为教会的一条教义。整个中世纪期间，教
皇的权力越来越大，在教皇与皇帝的历次冲突中，奥古斯丁为
西方教会确立的政策主张都提供了理论根据。罗马皇帝和中世
纪大部分西欧君主的软弱，在很大程度上，使教会实现了《上
帝之城》中的理想。但是，东罗马帝国的皇帝仍然强势，因此
没有出现这样的趋势。和西方教会相比，东方教会臣服于国家
统治的姿态还是很鲜明的。

《上帝之城》几乎没有太多原创的思想。其中的末世论是犹太人提出的，然后通过《启示录》成为基督教的话题。有关预言和选民的说法源于保罗书信，但是与保罗书信相比，奥古斯丁做了更详尽、更具逻辑性的扩展。《旧约》明确区分了圣史和俗史。奥古斯丁把这些元素组合起来，再结合当时的历史，如此一来，基督教就能在不过分质疑自身信仰的前提下，理解西罗马帝国的衰亡，以及由此引发的混乱时期。

3. 伯拉纠之争

奥古斯丁神学思想中最有影响的部分，就是对伯拉纠异端思想的驳斥。伯拉纠相信自由意志，质疑有关原罪的教义，认为人类做出的道德行为，是因为他们想要努力践行自己的道德标准。如果人们行为正确，思想正统，那么他们就应该上天堂，以此作为对他们美德的嘉奖。

这些观点在今天看来似乎稀松平常，但在当时却引起了巨大的骚动。原因很大程度上是因为奥古斯丁的卖力反驳，使得这种观点被宣布为异端。奥古斯丁教导说，亚当在堕落之前，有过自由意志，本可以不去犯罪。但是他和夏娃吃了苹果，被腐败侵袭，还将腐败遗传给他们所有的后代，从此以后，没有人能凭借自己的力量避免犯罪。只有上帝的恩典才能让人保有善良。既然我们都继承了亚当的原罪，我们理应永受惩罚。所有未受洗礼而死去的人，即便是婴儿，也会下地狱，受无尽的折磨。我们没有理由抱怨，因为我们都身负邪恶。但是上帝会无条件地对一些人施与恩惠，在那些接受过洗礼的人中，有一部分人会进入天堂，他们就是蒙上帝拣选的人。他们进入天堂不是因为他们善良；我们全都是堕落的，只有上帝施与恩惠才能让我们免于堕落，而那恩惠只会施与蒙拣选的人。为什么有些人可以获救赎，剩下的只能受诅咒，这个问题不需要被解释；这是上帝不出于任何动机做出的选择。罚入地狱证明了上帝的公正；救赎，证明了他的仁慈。二者皆出于他的好心。

只有一个需要用理性去思考的问题，让奥古斯丁感到困扰。既然大多数人注定要遭受永远的折磨，所以造人是一件憾事，这件事并没有让他感到困扰。真正困扰他的是：如果按照圣保罗的教诲，原罪是从亚当那里继承来的，灵魂和肉体无疑都是由父母所生，可是有罪的是灵魂，不是肉体。就是这条教义让他无法理解，但是他说，既然《圣经》对此没有阐述，所以有关这个问题的正确观点，应该不是获得救赎的必要条件。因此他也没有做出解答。

最后几位杰出的知识分子，在黑暗时代来临之前，关心的不是拯救文明，也不是驱除鞑虏，或者改革政治管理的弊端，而是宣扬童贞的好处，以及未受洗的婴儿要受诅咒，这着实让人觉得奇怪。在得知这些就是教会给皈依的蛮族传授的教义后，再看欧洲接下来会进入有史以来最残酷、最迷信的时期，也就不会觉得奇怪了。

第五章

公元五世纪和六世纪

公元五世纪，蛮族入侵，西罗马帝国陨落。四三〇年奥古斯丁逝世，在那之后哲学几乎销声匿迹。这是一个大肆破坏的世纪，却在很大程度上决定了欧洲的发展路线。纵观西方世界，粗野的日耳曼人统治的王国，继承了罗马帝国中央集权的官僚政治。帝国中的驿站系统终止运行，条条大路日渐荒废，大规模商业活动因为战争而被迫中断，无论是政治还是经济方面，人们的生活重新回归本土化。中央的权威，只在教会系统中保留了下来，而且即便是在教会中，中央统治也是困难重重。

公元五世纪，日耳曼众部落入侵罗马帝国，其中最重要的一个族群是哥特人。匈人从东方攻打他们，他们被迫西进。一开始，他们想攻占东罗马帝国，结果以失败告终；然后他们转而向意大利进发。戴克里先执政时，日耳曼人就开始当罗马的雇佣兵，他们因此掌握了许多蛮族不知道的战斗技巧。

在日耳曼入侵期间，阿提拉率领匈人也打了进来。在这段混乱的时期，教会内部也因为化身问题陷入了纷争。争辩的双

方是两位主教——区利罗和聂斯脱里。争论的焦点是，基督的
神性与他的人性之间的关系：是有一神一人，两个"人"吗？
如果不是，他是只有一个本质，还是一个人有两个本质，即一
个本质是神，另一个本质是人？这些问题在五世纪出现之后，
引发的激情和狂热，上升到了令人难以置信的程度。

　　争论的结果是，聂斯脱里被判定为异端。他不但没有放弃
主张，还成了聂斯脱里教派的创始人，在叙利亚和整个东方世
界收获了大批信徒。数世纪之后，聂斯脱里教派开始在中国大
肆流行，甚至一度有机会成为法定宗教。十六世纪，西班牙和
葡萄牙的传教士在印度发现了聂斯脱里教派的教徒。君士坦丁
堡的天主教政府对聂斯脱里教派的迫害，引发了不满情绪，这
种情绪对伊斯兰教徒攻占叙利亚起到了帮助作用。

　　在文化史方面，公元六世纪出现了四位非常重要的人物：
波爱修斯、查士丁尼、本尼迪克特和大格里高利。我将在这一
章接下来的内容中，以及下一章，围绕这四个重要人物展开
讨论。

　　波爱修斯是个非同一般的人物。中世纪期间，人们阅读他
的著作，赞扬他的思想，将他当作一位虔诚的基督徒，人们几
乎把他当作一位教父来拥戴。但是，他在五二四年候刑期间写
的《哲学的慰藉》是一部纯粹的柏拉图主义著作；从书中，我
们虽然不能得出他不是基督徒的结论，却可以看出，异教哲学
对他的影响比基督教哲学更强烈。

　　这部书开篇先表明了作者的态度，波爱修斯认为苏格拉
底、柏拉图和亚里士多德是真正的哲学家；而那些被世俗大众

误以为是哲学之友的斯多葛派、伊壁鸠鲁派和其他学派都是哲学界的篡夺者。波爱修斯说，他遵从毕达哥拉斯的命令去"追随上帝"（不是基督的命令）。内心幸福和蒙上帝祝福都是有益的，但享乐不是。友谊是"非常神圣的"。他告诉我们说，不完美，是因为有缺陷，也意味着存在完美的范例。他同样用缺陷论解释恶，然后他转向了泛神论，基督徒应该对此感到震惊才对，但是因为某些原因，并没有发生这样的情况。他说，上帝的恩赐和上帝都是最好的，而且是同等地好。

与普罗提诺相比，这本书的笔调更接近柏拉图。书中完全找不到那个时代的迷信或病态的痕迹，没有对罪恶的妄想，也没有对不可得的过分强求。书中呈现出的是哲学的安宁——如此安宁，以至于如果这本书是作者在顺境中书写的，或许会有人说他自以为是。但是这本书是作者被宣判死刑后在狱中写的，和柏拉图笔下的苏格拉底的最后时刻一样令人赞叹。在波爱修斯之前两百年到之后一千年之间，我想不到任何一个欧洲学者能像他一样，不受迷信和狂热的侵蚀。他的优点不只是敢于否定，他高瞻远瞩，公正崇高。无论放在哪个时代，他都会是非同一般的人物；就他生活的那个时代而言，更令人惊叹。

查士丁尼是一个非常虔诚的人。他即位两年之后，就关闭了雅典的哲学学院，当时雅典还是异教徒的天下，从这件事上就能看出他的虔诚。被逐出雅典的哲学家们去往波斯，在那里受到了波斯王的礼遇。下令关闭哲学学院三年之后，查士丁尼开始了另一个更惊人的壮举——修建圣索菲亚大教堂。

查士丁尼希望最大限度地收复西罗马帝国的疆土。公元五三五年，他侵入意大利，先与哥特人展开战斗，迅速取胜。天主教徒欢迎他的到来，他成了罗马人抗击蛮族的代表。但是，哥特人卷土重来，战争持续了十八年之久。战争期间，罗马和意大利大部分地区遭受的劫难，远远超过了当初蛮族入侵之时。

罗马沦陷过五次，其中三次被拜占庭占领，两次落入哥特人之手，最后沦落为一座小城。非洲的领土也有同样的遭遇，查士丁尼也曾在一定程度上收复了非洲的领土。起初，人民欢迎他的军队；然后发现拜占庭行政腐败，苛捐杂税让人难以承受；到最后，许多人宁愿哥特人或汪达尔人回来重新统治他们。但是，因为查士丁尼信奉正统教义，罗马教会一直坚定地支持皇帝的统治，直到他去世。查士丁尼从来没有试图重新占领高卢，部分原因是距离遥远，还有一部分原因是法兰克人也信奉正统。

第六章

本尼迪克特与大格里高利

在我们涉及的这些时代，三类教会活动需要格外注意：首先是修道运动；其次是教廷的影响，特别是大格里高利担任教皇时期；最后是通过传教的方式，使不信上帝的蛮族皈依。我会在下面依次展开讨论。

大约四世纪初，埃及和叙利亚同时发起修道运动。修道运动有两种形式，即独居隐修以及入修道院。西方隐修制度中最重要的人物是本笃会的缔造者本尼迪克特。他二十岁时逃离罗马的奢靡和享乐，独自到一个洞穴隐居，在那里生活了三年。在这之后，他结束了隐居生活，于大约五二〇年创立了著名的卡西诺山修道院，并起草了"本笃会规"。

当时，信徒在苦修方面出现过一种毫无益处的竞争，最极端的修行者，会被视作最圣洁的。本尼迪克特终止了这种无意义的竞争，宣布教规之外的苦行，必须经修道院长准许才能实行。修道院长被赋予了极大的权力，当选之后终身任职。院长对修道士的统治，几乎无异于专制的暴君，修道士不能再像从前那样，只要自己愿意就可以离开现在的修道院，到别的修道院修行。虽然在后来的时代，本笃会信徒以博学著称，但是在初期，他们的阅读仅限于与有信仰有关的著作。

从教皇大格里高利于公元五九三年书写的对话集中，我们了解了很多有关本尼迪克特的信息："他在罗马长大，接受了人文学教育。但是当他看到许多人因为学习这些东西而沉迷于荒淫堕落的生活时，他撤回了刚刚踏足尘世的双脚，唯恐涉入太深，也同那些人一样跌入不敬神的深渊。因此，他放下书本，舍弃父亲的家财，带着一颗虔诚侍奉上帝的决心，去寻找一个能让他达成圣愿的地方。他就这样饱学而无知，不学而智慧地离开了。"

他马上获得了行奇迹的能力。他施的第一个奇迹，是通过祈祷修好了一个破筛子。镇上的人把筛子挂在教堂的门上，"许多年后，甚至直到伦巴第人入侵时，筛子还挂在那教堂的门上"。他丢弃筛子，走进一个洞穴，那里除了他的一个朋友谁也不知道，这个朋友偷偷用绳子把食物送入洞穴，绳上系着一个响铃，这位圣徒听到铃铛的声音就知道饭来了。本尼迪克特并非只施展过这一个奇迹。有一天，一个善良的哥特人用一把钩镰清除荆棘，镰头从镰柄脱落，跌入深水之中。本尼迪克特听说之后，手持镰柄放入水中，于是铁质的镰头浮出水面，与镰柄重新结合到一处。

大格里高利不仅谈到了本尼迪克特所行的奇迹，还会不时讲述一些他的事迹。他创建了十二所修道院之后，最后回到卡西诺山，那里有一座供奉阿波罗神的小神殿，仍然被乡民做异教崇拜之用。"已经到了那个时候，愚蠢的异教民众还会献上邪恶的祭品。"本尼迪克特毁掉祭坛，以一所教堂取而代之，并劝诫周围的异教徒改信基督。

大格里高利，是第一位以格里高利为名的教皇。他生于五四〇年前后，出自一个富有的贵族家庭。他本人在青年时代，就拥有一座宫殿和大量财产，接受过良好的教育。五七三年，他任职罗马行政长官，但是信仰在召唤他，于是他辞去行政长官的职务，拿出自己的财产建立修道院，做善事，他把自己的宫殿变成修士的住所，自己也做了本笃会的修士。他虔心冥想和苦修，导致身体受到了永久性的伤害。

教皇柏拉奇二世看中他的政治天才，将他派往君士坦丁堡，做教皇的全权代表。五七九年到五八五年之间，大格里高利居住在君士坦丁堡，在皇帝的朝堂上代表教廷的利益，与东罗马帝国的牧师探讨信仰时，宣讲教皇的神学思想。与西罗马帝国的神职人员相比，东罗马帝国的神职人员更倾向于异端。君士坦丁堡此时的大主教，持的是一种错误观点，他认为复活后的身体将会无法触及，多亏了大格里高利，皇帝没有被错误的信仰误导。但是，他没能说服皇帝出兵攻打伦巴第人，其实这才是他此次出使的主要目的。

五八五年到五九〇年，大格里高利在他的修道院做了五年院长。柏拉奇二世离世之后，大格里高利便继承了教皇之位。那是一个艰难的时代，但是对于有才能的政治家来说，混乱能给他提供大好的机会。伦巴第人在劫掠意大利；由于拜占庭的软弱，西哥特人的衰落，以及摩尔人的劫掠，西班牙和非洲陷入无政府状态；法兰克陷入南北战争；在罗马统治期间，不列颠一度信奉基督，但是撒克逊人入侵之后，又恢复了异教信仰。

　　大格里高利凭借自己的精力和判断，直击所有麻烦的根源。部分由于他个人的道德品质，部分由于当时的无政府状态，他成功维护了教皇的权威，他的权威不仅得到了全体西方教士们的认可，甚至得到了部分东方教士的认可。他主要通过与罗马帝国各地的主教和世俗统治者通信的方法行使主教的权力，有时也会使用其他手段。

　　在他撰写的教会法规中，包含了对主教们的忠告，在中世纪早期产生了巨大影响。大格里高利撰写法规的目的是指引主教们行使职责，而且确实达到了这样的目的。在查理曼统治时期，他给主教们授予圣职时，会同时赠予此书。阿尔弗雷德大帝把这本书译成盎格鲁—撒克逊语，在东罗马帝国流通的是希腊语版本。法规给主教们提供了明智的建议，例如建议他们不要玩忽职守，当然也有出人意料的建议。书中还告诉他们，统治者不应该受批评，但如果他们不遵从教会的建议，应该使他们感受到地狱之火的威胁。

　　我们谈论的是一段特殊的时期，这个时代的伟人虽然不及其他时代的伟人，但是他们对未来时代产生了更巨大的影响。罗马律法、修道院制度和教廷对后世长久而深远的影响，主要归功于查士丁尼、本尼迪克特和大格里高利。生活在六世纪的人，虽不如他们的前人那样文明，却比接下来四个世纪的人文明得多。而且六世纪成功创立的一套社会机构，最终驯服了野蛮人。值得注意的是，上述三人中，有两人是罗马贵族出身，第三位是罗马皇帝。大格里高利是真正的最后一批罗马人。他那发号施令的语气，虽然是职务使然，究其根源，却是源于罗马贵族天生的骄傲。在他之后很多年，罗马城再没有诞生过一位伟人，但罗马城却在衰亡中成功俘获了胜利者的灵魂：他们对彼得宝座的敬畏，正是源于他们对恺撒王座的敬畏。

第二篇

经院哲学家

第七章

黑暗时期中的罗马教皇制

从大格里高利到西尔维斯特二世的四百年间，教皇制经历了惊人的变迁。其间，教皇曾受希腊皇帝管辖，也曾臣服于西罗马帝国的皇帝，甚至一度要听命于当地的罗马贵族。尽管如此，八世纪和九世纪一些精明强干的教皇却抓住有利时机，建立起了教皇权力的传统。对于了解中世纪教会以及教会和国家的关系来说，七世纪到十一世纪是一段非常重要的时期。

教皇摆脱希腊皇帝实现独立，在很大程度上并不是因为他们自己的努力，应该归功于伦巴第人的武力。大约在公元七五一年，伦巴第人夺去了拜占庭帝国位于意大利的首都拉文纳。这次事件虽然让教皇暴露在来自伦巴第人的极大危险之中，却也使他彻底摆脱了希腊皇帝的控制。七三九年，伦巴第人在国王利乌特普兰德的带领下，企图攻占罗马，遭到教皇格里高利三世的强烈反抗，教皇向法兰克求援。七五四年，教皇司提反三世为了躲避伦巴第人，曾越过阿尔卑斯山会见丕平，并达成了一项后来被证明对双方都极其有利的约定。教皇需要武装护卫，丕平正好也需要一个只有教皇才能给予的东西：取代墨洛温王朝最后一个君主，获得国王的合法称号。作为回报，丕平把拉文纳和前朝总督在意大利的全部辖区赠予教皇。由于不可能指望君士坦丁堡当局会承认这次赠予，因此这次事件就意味着教皇从政治上脱离了东罗马帝国。

伦巴第人并没有臣服于丕平和教皇，但是在与法兰克人的战争中，他们屡次战败。七七四年，丕平的儿子查理曼进驻意大利，彻底击败了伦巴第人，查理曼自封为王，然后占领了罗马，在罗马确认了丕平的赠予。当时的教皇哈德良和利奥三世发现，全方位推进查理曼的计划，对他们有利。查理曼征服了德意志的大部分地区，通过强烈的迫害手段使撒克逊人改信了基督教，最终在自己手上恢复了西罗马帝国，于公元八百年的圣诞节，在罗马由教皇加冕为皇帝。

查理曼是个精力充沛的蛮人，在政治方面与教会结盟，自己却并不虔诚。他既不会读也不能写，却推动了一次文艺复兴。他生活放荡，过分宠爱自己的女儿，同时不遗余力地劝勉臣民过圣洁的生活。他和他的父亲丕平一样，巧妙地利用传教士们的热情，扩大他在德意志的影响力，确保教皇听从他的命令。教皇们自愿听命于他，因为当时罗马已经变成一座野蛮的城市，如果没有外界的保护，教皇连自身安全都无法保证，而且历次教皇选举早已沦为混乱的派系斗争。在查理大帝生前，似乎确立起了一套新秩序；但是在他死后，除了理论幸存了下来，其他的什么都没留下。

查理曼死后，加洛林王朝衰颓，查理曼建立的帝国走向分裂，最先获益的就是教廷方面。教皇尼古拉一世把教皇的权力提升到了前所未有的高度。他和东西两罗马帝国的皇帝，法兰克国王"秃头"查理，洛林王朝的国王洛泰尔二世，以及几乎所有基督教国家的主教们，都发生过争执；但是在这些争执中，他几乎全部获胜。在整个中世纪，王室的离婚事件，大多与教会势力有关。国王都是刚愎自用的人，他们认为不可解除婚姻的教规只适用于臣民。但是，由于婚礼只能在教堂举办，如果教会方面宣布婚姻无效，就可能引发继承权纠纷和王朝更迭的战争。因此，教会在反对王室离婚和非法婚姻事件中，占有极其强势的地位。在英格兰，亨利八世当政期间，教会一度丧失了这样的地位，但在爱德华八世当政之后又恢复了。

到了公元十世纪，此时的罗马，与大格里高利任教皇时已经完全不同，罗马已经不再是一座文明的城市。除了不时发生派系斗争，其他时候，一些豪门望族通过暴力和腐败的手段攫取统治权。这段时期，西欧极度混乱，也极度衰弱，基督教世界甚至已经面临彻底毁灭的风险。匈牙利人袭击了意大利北部，诺曼人入侵法兰克海岸，意大利和法兰克南部最大的危险，来自既不信基督也不敬教会的萨拉森人。

我们完全可以将公元一千年视作西欧文明跌入谷底的时间点。从这个时间点开始，文明开始爬升，一直持续到一九一四年。一开始的进步，主要应该归功于修道院的改革。在修道院秩序之外，神职人员大部分已经变得暴力、道德败坏和世俗化了；虔诚信徒施与他们的财富和权力，使他们腐化堕落。类似的事情屡见不鲜，就连修道院的秩序也受到了侵蚀。但是，每次道德的力量出现衰退时，都会有改革者用他们新生的热情，重新唤醒道德的力量。

公元一千年作为历史转折点，还有一个原因，穆斯林和来自北方的蛮族，在这段时间停止了对西欧的征战。哥特人、伦巴第人、匈牙利人和诺曼人相继出现，各部族依次改信了基督教，但是每一个部族的出现都削弱了文明的传统。西方帝国分裂成许多蛮族王国，国王对他们的臣属丧失了统治权，因此陷入了一种普遍的混乱状态，规模或大或小的暴力冲突层出不穷。最后，所有强悍的北方部族都改信基督教，获得了各自定居的领地。诺曼人是最后到来的，他们用事实证明，自己有能力拥抱文明。他们从萨拉森人那里夺回了西西里，保护意大利不受穆斯林的威胁。他们把当初被丹麦人分裂出去的英格兰重新拉回罗马世界。在诺曼底安顿下来之后，他们立即允许法兰克复兴，并提供了实质性的帮助。

第八章

约翰·司各脱

　　约翰·司各脱是九世纪最令人惊叹的人物，如果他生活在五世纪或者十五世纪，或许就不那么令人惊讶了。他是一个爱尔兰人，一个新柏拉图主义者，一个杰出的希腊学学者，一个伯拉纠派的信徒，也是一个泛神论者。他一生的大部分时间，都是在法兰克国王"秃头"查理的庇护下度过的。虽然他绝非正统，但是据我们所知，他没有遭到迫害。他将理性置于信仰之上，完全不在意教会的权威，反而是教会方面曾请他对争议做出裁决。

　　大约在八四三年，约翰应"秃头"查理的邀请前往法兰克，被任命为宫廷学院的院长。修道士戈特沙克尔和另外一位重要的神职人员——兰斯的大主教兴克马，针对预定论和自由意志展开了辩论。修道士戈特沙克尔支持预定论，大主教支持自由意志论。

　　约翰在自己的一篇专著《论神的预定》中，支持了大主教的观点，但是他的支持显然不够谨慎。约翰支持自由意志这件事本来不算什么，但是他论证中显示出的纯哲学特征却激起了某些人的愤怒。他坚称,独立于启示之外的哲学,具有同等的权威,甚至具有更高的权威。他认为,理性和启示是真理的来源,因此二者不能相互矛盾;如果貌似出现了矛盾,那么我们应该坚持站在理性这一边。他说,真正的信仰,即是真正的哲学;反过来,真正的哲学也是真正的信仰。

约翰的另一部作品,是一部翻译自希腊文的译著,原文是假借狄奥尼修斯之名写的。狄奥尼修斯是著名的作家,写过一部融合了新柏拉图主义的基督教著作。约翰的译作书写年代不详,不过可以确定一定早于公元五百年,同时晚于普罗提诺生活的年代。这部著作在东方广为流传,大受赞誉。约翰完整地翻译了这部作品,他在做这项工作的时候一定十分愉快,因为他的观点和那部作品的观点十分接近。那位假借狄奥尼修斯之名的作者,对之后的西方天主教哲学产生了巨大影响。

公元八六〇年,约翰的译作被呈递给了教皇尼古拉一世。教皇觉得受到了冒犯,因为这本书在发行之前,没得到他的授权许可,他命令国王查理送约翰去罗马,国王忽略了这个命令。实际上,关于这本书的内容,尤其是在译文中展现出的学识,尼古拉一世找不到任何可以指责的错处。教皇找他的图书馆长、杰出的希腊学学者阿纳西塔斯征询意见,阿纳西塔斯读过之后大为惊叹,没想到在遥远的野蛮国家,竟然有这样一位精通希腊学知识的人。

约翰最伟大的著作是《自然区分论》。这部著作若是放在经院哲学的年代,会被定义为"实在论";就是说,它和柏拉图的著作一样,主张共相早于殊相。他认为"自然"中不仅包

括"是"，也包括"非"。整个自然可以被分为四类：非被创造
的造物者，被创造的造物者，不创造的造物，不创造的非造
物。第一类，显然是上帝；第二类，是存在于上帝秩序之中的
各种理念；第三类，是存在于时间与空间中的事物；第四类，
出人意料的是，还是上帝，只是并非作为造物者的上帝，而是
作为万事万物的结局和目的。出于上帝的万事万物，都会努力
回归上帝；因此万事万物的终结和它们的开始是一回事。始一
和众多之间的桥梁是逻各斯。

　　他把很多事物都框定到了"非"的领域。例如，那些不属
于可理解的世界的有形实体以及罪——因为罪意味着神圣典范
的失力——都包括在"非"的领域之中。只有非被创造的造物
者，是最基本的存在，是万事万物的本质。上帝是万物的开
始、过程和终结。在万事万物的存在中，可以看到上帝的存
在；在万事万物的秩序中，可以看到上帝的智慧；在万事万物
的运动中，可以看到上帝的生命。上帝的存在是圣父，其智慧
是圣子，其生命是圣灵。但是，狄奥尼修斯的说法是正确的，
他说，没有一个名字是上帝真正的称谓。有一种所谓的确定神
学，说上帝是真理、善良、本质等，但是这种确定只不过是象
征性的真相，因为所有这些描述词都有反义词，而上帝没有反
义词。

　　被创造的造物者，这个类别的事物包括所有始因或者说原
型，或者说是柏拉图式的理念。所有的始因加在一起就是逻各
斯。理念的世界是永恒的，也是被创造的。在圣灵的影响下，
这些始因生出了一个特别的世界，这个世界的物质属性是虚幻

的。当说到，上帝从"无物"中造万物，这里的"无物"应该被理解为上帝自己，从这个层面来说，他超出了认识的范围。

创造是一个永恒的过程：一切有限事物的实质都是上帝。被创造出来的，并不是一种区别于上帝的存在。被创造出来的，存在于上帝之中，上帝用一种无法用语言描述的方式，在创造的事物中显示自己的存在。"神圣的三位一体热爱我们中的它自己（三位一体），以及它自己中的它的自己；它看见自己，推动自己。"

自由是罪的根源：罪起于人不去接近上帝，转而接近自己。在上帝这里，没有恶的立足之地，因为上帝没有恶念。恶没有根源，只能用"非"来描述，因为如果恶有根源，就会成为必然。恶是善的缺乏。

逻各斯是让众多回归始一，让人回归上帝的原则；因此它是世界的拯救者。通过与上帝结合，人的生命中促进回归的部分，就会变成神。

约翰不认可亚里士多德学派关于否认特定事物具有实体性的观点，他称柏拉图为哲学家的塔尖。但是，他关于存在的分类，前三类间接来源于亚里士多德的施动非被动、施动且被动、被动非施动的概念。约翰思想体系中的第四类，不创造的非造物，来源于狄奥尼修斯万事万物终将复归于上帝的说法。

综上所述，约翰·司各脱并非正统显而易见。他的泛神论，否认万事万物的客观存在性，违背了基督教义。他对从"无物"中创造万物的解释，任何思虑周全的神学家都不可能接受。他的三位一体说和普罗提诺的说法极其相似，没有保留三个位格的平等性，他想以此捍卫自己。他的这些异端思想展现了他的精神独立，在九世纪，这是非常令人惊叹的。

约翰的伪狄奥尼修斯译作，对中世纪思想产生了巨大影响。他自己的巨著《自然区分论》却影响不大。这部书屡次被斥为异端，后来到了一二二五年，教皇洪诺留三世下令焚毁这部著作所有抄本，所幸这个命令没有被有效执行。

第九章

公元十一世纪的教会改革

十一世纪的教会革新运动，可以追溯至九一〇年，阿基坦公爵"虔诚者"威廉创建克吕尼修道院。从创建之初，这座修道院除了教皇，不受任何外部权威控制；同时，修道院的院长有权管辖其他起源于这座修道院的分院。

这一时期的大部分修道院都很富有，戒律不严；克吕尼修道院虽然否定了极端的苦行主义，但是还在悉心维护规矩和体统。修道院制度的革新者需要巨大的勇气和魄力。他们的成功离不开世俗当权者的支持。正是这些革新者和他们的追随者，使得自教皇制起至全部教会的改革得以实现。

不过，教皇制的改革，最初主要是皇帝的工作。最后一位世袭的教皇是本尼狄克九世，据说他在一〇三二年时坐上教皇之位时，年仅十二岁。随着本尼狄克九世年龄渐长，他变得越发堕落，放荡程度就连罗马人都感到惊愕。他的无德行为愈发邪恶，最后竟然为了结婚决定辞去教皇职位。他把教皇的职位卖给他的教父，也就是后来的格里高利六世。格里高利六世的教皇之位虽然是花钱买来的，他却是一位革新家。他获得教皇职位的手段实在太过下作，无法为世人容忍。年轻的皇帝亨利三世是一位虔诚的革新家，他不惜牺牲大笔收入，坚决废止了圣职买卖，另一方面把主教任命权牢牢握在自己手中。一〇四六年，他来到意大利，指控格里高利六世买卖圣职，罢黜了他的教皇职位，那时这位年轻的皇帝才二十二岁。

亨利三世在位期间，始终把任免教皇的权限握在自己手中，不仅如此，他巧妙地将手中的这项权力应用到了推动改革的实践当中。亨利三世选立自己的亲戚——图勒的布鲁诺，担任教皇之职，也就是利奥九世。教皇在亨利三世的支持下，成了道德领域的权威。于是教皇开始要求摆脱皇帝的控制，然后更进一步，希望教皇的权力高于皇帝。历时达二百余年的大纷争由此开始，最后以皇帝落败告终。因此，长远来看，亨利三世改革教皇制的政策，或许有些缺乏远见。

下一位皇帝亨利四世在位五十年。他登基时尚未成年，由他的母亲阿格尼斯太后摄政。司提反九世做了一年教皇，他死后红衣主教们选出了一位教皇；与此同时，罗马人重新主张他们早已放弃的权力，也选出了一位教皇。太后支持红衣主教们，他们选出的教皇沿用尼古拉的名号，因此得名尼古拉二世。虽然他的统治只持续了三年，但是这三年很重要。他和诺曼人讲和，从而减轻教廷对皇帝的依赖。在他掌教期间，教皇的选举方式采用了一条教令的规定。但是在操作中，教皇实际上就是几位红衣主教选出来的，选举中没有皇帝参与的环节。经过一番斗争，这条教令才被接受，它是教皇摆脱世俗控制的关键一步。

　　一〇六一年，尼古拉二世去世，此时亨利四世已经成年，关于该由谁来接任教皇，他和红衣主教之间发生了争执。皇帝从来没有承认过有关教皇选举的教令，而且他并不打算放弃自己在教皇选举中的权力。这场争执持续了三年之久，最后红衣主教一方获得了胜利。

　　格里高利七世是历史上最杰出的教皇之一。他早就显现出了出众的才能，对教廷政策产生了巨大影响。他并不是一位饱学之士，但是奥古斯丁给了他很大启发，大格里高利是他心中的英雄，奥古斯丁的教义就是他从大格里高利那里学来的。他成为教皇之后，坚信自己是圣彼得的代言人。他认为皇帝的权威也是从神那里来的。教皇在道德方面的地位一定是至高无上的，因此如果皇帝无德，教皇当然有权废除皇帝。没有什么比反抗教皇更违背道德的了。他对以上几点深信不疑。

　　在格里高利七世担任教皇期间，开始了一场和"授职礼"有关的大纷争。主教被授予圣职时，会得到一枚戒指、一柄权杖，作为职权的象征。一直以来，这些都是由作为主教封建领主的皇帝或国王（取决于地区）授予的。格里高利七世坚持这些象征物应该由教皇授予。这场纷争，是教会脱离封建统治集团的一个步骤。这场纷争持续了很长时间，最后教皇方面获得了全面胜利。

　　现在我们来谈一谈十一世纪的知识复兴。十世纪哲学家基本绝迹，但随着十一世纪的到来，真正杰出的哲学家开始出现。这些人中最重要的有安瑟伦和罗塞林，当然还有其他值得提及的人物。这些人都是与革新运动有关的修道士。

　　安瑟伦最为人所熟知的一个身份是"本体论论证"的创立者。这是一种论证上帝存在的方法，他的论证如下：我们将"上帝"定义为"可以想象到的最伟大的存在"。如果一个思想中的存在并非真实存在，那思想中另一个和它完全一样，也在现实中存在的，就比它更伟大。因此思想中最伟大的存在必然真实存在，不然的话，就会有另一个更伟大的存在。因此，上帝存在。

　　神学家们从来没有认可过这个论证。托马斯·阿奎那驳斥了这个论证，并因此在神学家中树立起了自己的权威。但是这个论证到哲学家那里，却改变了命运。笛卡尔在形式上稍加改变，使其焕发了新生；莱布尼茨认为，只要附加一点补充，即上帝是可能存在的，就可以使这个论证成立。康德认为，他彻底推翻了这个论证。不过，在某种意义上，它为黑格尔及其追随者的哲学体系奠定了基础。

　　安瑟伦的哲学思想主要源于奥古斯丁，他从奥古斯丁那里获取了许多柏拉图的理念。他信奉柏拉图的理念论，并由此获得了上帝存在的另一个证据。通过新柏拉图主义的论证，他声称自己不仅证明了上帝存在，还证明了三位一体。安瑟伦认为，理性从属于信仰。他说，"我为了理解而相信"。他追随奥古斯丁的观点，也认为如果不相信，就不可能理解。

　　和之前的基督教哲学家一样，安瑟伦沿袭的是柏拉图而非亚里士多德的传承。正是出于这个原因，他的哲学思想并不具备托马斯·阿奎那达到巅峰的所谓"经院哲学"的特征。经院哲学可以说是从罗塞林开始的，罗塞林与安瑟伦生活在同一时代，比安瑟伦小十七岁。罗塞林标志着一个新的开始，这正是我们下一章要讨论的内容。

第十章

伊斯兰教文化和哲学

先知穆罕默德创立的宗教，是一种简单的一神教，并不包含复杂的三位一体论和化身论。这位先知从来没有声称自己是神，他的追随者也没有代他声称过。他恢复了一条犹太人的禁令，禁止供奉雕刻的偶像，还增加了禁止饮酒的戒令。为伊斯兰教征服更广阔的世界，是忠诚信徒的义务，但是不允许迫害基督徒、犹太人或拜火教徒——《古兰经》称他们为"圣书之民"，也就是说，他们是遵从同一圣典教导的人。

阿拉伯地区大部分是沙漠，土地的出产越来越无法满足人口所需。阿拉伯人最初的征战只是为了劫掠，后来发现敌人竟如此无能，才开始长期占领。这群生活在沙漠边缘的人，本已习惯了不毛之地的艰辛，突然发现他们竟成了全世界最富饶之地的主人，他们也能享受奢侈的生活，并且获得了古代文明留下的所有精致遗产，而这一切不过发生在短短二十年间。由于他们没有经过太多战争就获得了帝国的领土，因此也没有造成什么破坏，行政方面几乎未做更改。无论是波斯帝国还是拜占庭帝国，政府运作已经高度组织化。阿拉伯各部族起初对行政体系的复杂性一无所知，不得不让原来负责各个机构的训练有素之人继续服务。另外，普罗大众为了逃避贡赋，纷纷抛弃基督教改信伊斯兰教。

阿拉伯帝国是绝对的君主制国家，称君主为哈里发，哈里发是先知穆罕默德的继承人，也继承了他的许多神圣属性。哈里发名义上由选举产生，但是没过多久就变成了世袭。阿拉伯人，虽然打着一个新兴宗教的旗号征服了世界的大片土地，却不是一个十分虔诚的民族；他们征战的动机是劫掠财富，而不是出于信仰。正是因为他们缺乏宗教上的狂热，才导致一小撮战士毫不费力地统治了文明水平更高、信奉不同宗教的广大人口。

波斯人正好相反，他们从一开始就带着虔诚的宗教目的，以及目标高远的投机心理。波斯人改信伊斯兰教之后，在对伊斯兰教的理解中，加入了很多先知本人和他的亲信们从来没有设想过的，更引人关注的，更宗教、更哲学的东西。六六一年，穆罕默德的女婿阿里逝世，在那之后，伊斯兰教分成了逊尼派和什叶派两个派别。逊尼派规模较大；什叶派是阿里的追随者。波斯人一直属于什叶派。

独特的伊斯兰教文化，虽然起源于叙利亚，却很快在帝国的东西两端——波斯和西班牙，繁荣发展起来。两位伊斯兰教哲学家值得我们特别注意，一位是波斯人阿维森纳，一位是西班牙人阿威罗伊。穆斯林更熟悉阿维森纳，阿威罗伊在基督教徒中名声更大。

和之前的伊斯兰教哲学家相比，阿维森纳的哲学更接近亚里士多德，新柏拉图主义的东西很少。和后来的基督教经院派哲学家一样，他也对共相问题情有独钟。柏拉图说过，共相先于万物存在。亚里士多德持两种观点，他独自思考时持一种观点，与柏拉图辩论时持另一种观点。这使他成了评论家的理想素材。

阿维森纳发明了一个理念，阿威罗伊也重复过这个说法："思想使形式获得普遍性。"我们可以理解为，他不相信离开思想的共相。不过，这个观点过于简单了。他说，类属——也就是共相——既存在于万物之前，也存在于万物之中和万物之后。在上帝那里，类属存在于万物之前；在自然事物那里，类属存在于万物之中；在我们的思想中，类属存在于万物之后。显然，这样的说法为的是调和各种不同的理论。

阿威罗伊和阿维森纳，分别生活在伊斯兰世界的两端。阿威罗伊想增进阿拉伯人对亚里士多德的理解。之前，阿拉伯人对亚里士多德的理解一直过分地受到新柏拉图主义的影响。他对亚里士多德，就像对一个宗教创始人一样尊敬——远远超过阿维森纳对亚里士多德的尊敬程度。他认为，可以通过独立于启示之外的理性，证明上帝存在，这也是托马斯·阿奎那抱持的观点。谈到不朽时，他的观点似乎更接近亚里士多德，他认为并非灵魂不朽，而是心智（精神—努斯）不朽。但是，心智不朽并不能保证个体会永远存在，因为心智虽然是同一的，但它在不同的人身上会有不同的表现。这种观点自然会受到基督教哲学家的驳斥。

阿威罗伊在基督教哲学中的地位，高于他在伊斯兰教哲学中的地位。在伊斯兰教哲学中，他的思想相当于走进了死胡同，但在基督教哲学中，他却代表着一个开端。十三世纪初，米凯尔·司各脱把他的著作翻译成拉丁文，一部十二世纪后半叶的作品，这么快就有人翻译，还是挺让人感到惊讶的。他在欧洲的影响力非常大，不只经院派受到了他的影响，大量非专业的自由思想家也深受他的影响。这些思想家否认灵魂不朽，被称为阿威罗伊主义者。在专业的哲学家中，最开始推崇他的是方济各修会和巴黎大学。

从思想独创性的角度来看，阿拉伯哲学并不重要。阿维森纳和阿威罗伊之类的人物，从本质上来说都是评述者。总的来说，观点更具系统性的哲学家，其逻辑和形而上学理念来自亚里士多德和新柏拉图主义，数学和天文学理念来自希腊和印度，神秘主义的宗教哲学掺杂了古代波斯人的信仰。鼎盛时期的伊斯兰教文明，在艺术以及多项技术领域是值得称赞的，但在理论问题上，它没有表现出独立思考的能力。

作为传播者，穆斯林的重要性不容低估。在古代欧洲文明和现代欧洲文明之间，有一段黑暗时代。穆斯林和拜占庭人，虽缺乏创新方面所需的才智，却保住了文明的架构——教育、书籍和求知者所需的安逸。在西欧摆脱野蛮文明崛起时，穆斯林和拜占庭人都起到过促进作用——十三世纪主要是穆斯林，十五世纪主要是拜占庭人。他们作为激励因素催生出的新思想——经院哲学和文艺复兴，比他们自己创造的新思想更优秀。

第十一章

公元十二世纪

十二世纪，最引人关注的是以下四个方面：

1. 帝国与教廷之间持续不断的冲突；
2. 伦巴第诸城的崛起；
3. 十字军东征；
4. 经院哲学的发展。

1. 帝国与教廷之间的冲突

从教皇格里高利七世开始，一直到十三世纪中叶，欧洲历史都是围绕教会和世俗君主之间的权力展开的。格里高利七世在权力斗争中彻底失败，因此丢掉了教皇的职位。但是乌尔班二世以一种更适当的方式，延续了他的政策。乌尔班二世重申了反对世俗权力参与授职仪式的教令，要求主教由教士和民众自由选举产生。不过在实践中，如果世俗权力提名的人选确实优秀，他并不会故意去反对。

下一任教皇帕斯加尔二世，和乌尔班一样，也来自克吕尼
修道院。他继续为叙任权的问题与世俗权力斗争，在法兰西、
英格兰取得了胜利。一一〇六年，亨利四世死后，下一任皇帝
亨利五世继位。教皇建议皇帝放弃叙任权，作为交换条件，主
教和修道院院长放弃世俗财产。皇帝表示赞同，但是这项约定
刚公布，教皇就遭到了神职人员的强烈反对。当时皇帝正好在
罗马，于是他乘机逮捕了教皇，教皇迫于威胁，不但在叙任权
的问题上做出了让步，还为亨利五世加冕。十一年之后，教皇
加里斯都二世和亨利五世在一一二二年达成了《沃尔姆斯宗教
协定》，亨利五世被迫放弃叙任权，同时交出了勃艮第和意大
利地区主教选举事务的管辖权。

斗争的最后结果是在亨利三世时，处于从属地位的教皇自
此开始与皇帝平起平坐。与此同时，教皇通过派驻使节的手
段，对教会的统治越发严密。随着教皇权力的提升，主教们变
得相对不那么重要了。如今，教皇的选举已经摆脱了俗界的控
制，而且教士们的品行普遍比改革运动之前更加端正。

2. 伦巴第诸城的崛起

下一个阶段，与皇帝腓特烈·巴巴罗萨有关。这位皇帝认
为自己是罗马皇帝的继承人，想要得到他们所有的权力。但他
是德意志人，在意大利不得人心。伦巴第诸城虽愿意承认他正
式的统治地位，但是拒绝皇帝干预他们的内政。意大利北部的
城市和米兰团结一致，反对皇帝。

精力充沛的英格兰人哈德良四世，在巴巴罗萨即位两年之后当上教皇。起初，教皇与皇帝之间和平共处。教皇与诺曼人讲和之后，才敢在一一五七年冒险与皇帝决裂。教皇和伦巴第诸城与皇帝之间的战争持续了二十年。诺曼人大部分支持教皇。伦巴第联盟是反对皇帝的主要力量。

获得自由的城市纷纷崛起，是这场长期斗争最重要的成果。皇帝的权力与封建制度的衰落紧密相连；教皇的权力还在持续增长，但是教皇的权力主要来源于人民需要一个反抗皇帝的人，因此当君权不再构成威胁，教皇的权力势必大不如前；但是城市方面获得了新权力，这是经济发展的结果，也因此形成了新的政治形态。不久之后，意大利城市发展出了一种非教会文化，在文学、艺术和科学领域达到了非常高的水平。正是因为他们当初成功反抗了巴巴罗萨的统治，才使这一切成为可能。

3. 十字军东征

关于十字军，我们要关注的不是战争部分，十字军与文化的关系也相当重要。十字军东征自然是教皇带头发起的，因为东征的目的本来就与宗教有关；通过宣扬战争，激起宗教热情，教皇手中的权力越来越大。十字军东征对另一个完全不同的领域也产生了影响，那就是它促进了西欧和君士坦丁堡的学术交流。十二世纪和十三世纪初，许多希腊语著作被翻译成了拉丁语，这些都是交流的成果。

4. 经院哲学的发展

相对狭义的经院哲学，是从十二世纪初开始出现的。作为一个哲学学派，经院哲学具有某些明确的特征。首先，它被限定在众哲学家所理解的正统范围之内。其次，十二至十三世纪期间，人们对于亚里士多德的了解越来越全面，在正统教义的范围内，亚里士多德被越来越多的人视作至高无上的权威；排名第一的不再是柏拉图。第三，经院哲学家对辩证法和三段论推理深信不疑；经院哲学家并不神秘，他们普遍注重细节，好与人争辩。第四，由于人们发现亚里士多德和柏拉图的看法不一致，于是将这个问题提了出来。但是，共相问题并不是这段时期哲学家们关注的主要问题。

可以说，罗塞林是第一位严格意义上的经院哲学家。总的来说，罗塞林的主张是，一个由部分组成的"整体"，"整体"本身并非真实存在，只是一个词而已；真实存在的是组成这个整体的各个部分。这种观点会导致他变成极端的原子论者，或许他确实变成了极端的原子论者。总之，这个观点导致他在关于三位一体的问题上遇到了困难。他认为三个位格是三个截然不同的实体，我们只是出于习惯才没有说成三位神。他也不认可化身论，并提出了一个另类观点。按他的理解，不只是圣子化身为人，圣父和圣灵也曾化身为人。一〇九二年，他在兰斯放弃了所有异端主张。我们无法得知他到底是怎样理解共相的，但是可以清楚地知道他算是某种程度的唯名主义者。

他的学生阿伯拉比他更能干、更出色。阿伯拉最著名的著作是一一二二年写成的《是与非》。在这本书中，他辩证地谈及了许多正反两方面的观点，而且没有试图得出一个结论。这本书就像把人从昏睡中唤醒一样，在帮助人们摆脱教条方面发挥了很大作用。在阿伯拉看来，除了《圣经》以外，辩证法是通向真理的唯一道路。虽然没有一个经验主义者能接受这样的观点，但是它在消除偏见以及鼓励人们大胆运用智慧方面发挥了作用。他说，除了《圣经》，没有什么是不会出错的，就连使徒和教父也可能犯错误。

当时大多数学者并不像阿伯拉那样热衷于辩证法。那个时候发生了一场与这种枯燥的经院主义方法相反的神秘主义运动，运动的领导者是伯纳德。

作为一个宗教神秘主义者，伯纳德强烈反对教廷深度参与俗世事务，厌恶世俗的权力。他虽然宣扬过十字军东征，但是似乎不了解战争需要组织，不能单靠宗教热情。他抱怨人们看重"查士丁尼的法典，而不是上帝的律法"。教皇借助武力保护自己的领地时，他感到惊愕。他认为教皇的职能是高尚的，不应该试图进行实际的统治。不过，这样的观点也反映出了他对教皇的无限崇敬。伯纳德的活动带来的结果，当然是教皇在世俗领域的权力大大提升。

十二世纪期间，翻译家们渐渐提高了供西欧学者阅读的希腊语著作的翻译数量。这些译作主要来源于君士坦丁堡、巴勒莫和托莱多。其中，最有影响力的是托莱多，但是来自托莱多的译本通常不是从希腊语翻译过来的，而是翻译自阿拉伯语版本。一一二五到一一五〇年间，托莱多大主教雷蒙德创办了一

所翻译学院，培养了很多出色人才。十二世纪，虽然对希腊哲
学只有部分了解，但是学者们已经意识到，其中有很多有价值
的东西等待西方世界去发掘，对全面掌握古代知识的渴望冉冉
升起。有时人们会把正统教义的束缚想象得过于严重，其实不
然；人们一直有著述的权利，而且如果有必要，可以在公开的
充分讨论之后，撤回书作中的异端部分。

　　当时的大部分哲学家都是法兰西人，由于法兰西人是对抗
皇权的关键力量，因此教会方面很看重法兰西人。无论法兰西
人中有知识的教士提出什么样的异端邪说，也不妨碍他们几乎
都是政治上的正统派。我们可以把早期经院哲学当作一个整
体，从政治的角度来看，早期经院哲学是教会争夺权力斗争的
衍生物。

第十二章

公元十三世纪

十三世纪是中世纪的极盛时期，罗马帝国灭亡之后逐渐建立起来的综合体系已经完备到无以复加。十四世纪，各种制度和各派哲学土崩瓦解，十五世纪迎来了近代的开端，我们现在对近代的定义仍未改变。十三世纪的伟大人物都是真正的伟人：英诺森三世、弗兰西斯、腓特烈二世，以及托马斯·阿奎那，他们在各自的道路上成为各类人物的杰出代表。

十三世纪初的焦点人物是教皇英诺森三世，他是一位精明的政治家，永远有耗不完的精力，认为教皇理应拥有无上权力，但是缺乏基督徒的谦逊。征服了西西里的皇帝亨利六世，娶了诺曼人的女王位继承人康斯坦丝，他们的儿子是下一任国王腓特烈二世，英诺森三世接任教皇时，新国王腓特烈二世才三岁。王国陷入动乱，康斯坦丝需要教皇的帮助。她请教皇做年幼国王的监护人，通过承认教廷的优越权，换取了教皇承认他的儿子在西西里的统治权。关于教廷的优越权，葡萄牙和阿拉贡也做过类似表态。在英格兰，国王约翰顽强抗争，王国被英诺森三世剥夺教权，后来又重新回归教廷。

　　腓特烈二世是历史上最杰出的统治者之一，他的少年和青年时代是在困境中度过的。腓特烈二世幼时在巴勒莫长大，那里也发生过动乱——穆斯林频繁起义，比萨人和热那亚人纷争不断，所有人都在为了占领西西里岛打来打去。西西里的重要人物经常转变立场，谁出价高就支持谁。但是在文化方面，西西里却取得了巨大进步。阿拉伯、拜占庭、意大利和日耳曼文化在这里碰撞交融，这样的情况在别的地方从来没有发生过。当时在西西里，还有人用希腊语和阿拉伯语交流。腓特烈二世能熟练使用六种语言，用任何一种语言都能展现他的机智诙谐。他精通伊斯兰教哲学，与穆斯林关系友好。虔诚的基督徒对此大为不满。他是霍亨斯陶芬家族的成员，在日耳曼可以被算作日耳曼人，但在文化和情感上却是一个意大利人，受过阿拉伯和拜占庭的熏陶。与他同时代的人，先是用惊异的目光注视着他，后来逐渐变成了震惊；他们称他为"世界的奇迹和伟大的革新者"。他还在世时，就已成了许多传奇故事的主角。

　　英诺森三世去世后，洪诺留三世成为下一任教皇。一二二七年，洪诺留三世去世，格里高利九世继任教皇之位。格里高利九世是一位热忱的苦行主义者，认为什么事都没有十字军东征重要。腓特烈二世因为不参与十字军东征，被他给予破门处分开除教籍。腓特烈二世娶了耶路撒冷王的公主兼王位继承人，自称为耶路撒冷王。一二二八年，腓特烈二世去往耶路撒冷，当时他已经被开除教籍；这一次，格里高利九世比他之前拒绝参与东征时还要生气：十字军队伍怎能由一个被教皇开除了教籍的人领导呢？腓特烈二世抵达巴勒斯坦之后，和穆斯林讲和，成功劝服他们和平归还耶路撒冷。教皇因此更加恼怒。不管怎样，谁也不能否认他的成功。

一二四一年，格里高利九世去世；一二四三年，英诺森四世当选为教皇，这位教皇是腓特烈二世的死敌。英诺森四世拒绝接受皇帝的任何提议，为了反对皇帝不择手段。英诺森四世宣告罢免皇帝，组织十字军讨伐他，将支持他的人全部开除教籍。修士们在布道的时候反对他，穆斯林发动起义，那些表面支持他的重要人物也在暗中筹谋。所有这一切，导致腓特烈二世变得越来越残暴；密谋者受到严厉惩罚，囚犯会被挖掉右眼并斩下右手。腓特烈二世虽然能力出众，却无法成功，因为当时反抗教皇的力量是虔诚教徒和民主势力，他的目标与这些人不同，他似乎更想要恢复不信基督的罗马帝国。在文化方面，他是开明的；在政治方面，他却是退步的。他注定会失败，但是在历史上所有的失败中，他的失败却是最有意思、最引人关注的。

十三世纪初，教会因为叛乱陷入危境之中，其可怕程度丝毫不比十六世纪的险境逊色。教会得以摆脱这次危机，主要应归功于托钵修会的兴起；弗兰西斯和多米尼克为维护正统所做的贡献，甚至比最果决的教皇还要多。

弗兰西斯出身自一个富裕的家庭，年轻时并不反对日常享乐。但是有一天，他骑马从一个麻风病患者身边经过，忽然觉得一阵怜悯之情涌上心头，忍不住下马去亲吻那个可怜人。不久之后，他决定放弃所有财产，为传道和慈善事业奉献一生。他身边很快就聚集了一群追随者，成立了方济各修会，所有人都发誓要过清苦的生活。

　　多米尼克的事迹不像弗兰西斯那样吸引人。他和罗耀拉一样，都是甘为正统献身的热诚信徒。他的主要任务是打击异端，并以贫穷作为实现目标的手段。一二一五年，教皇英诺森三世建立多明我修会，修会迅速成功崛起。

　　和方济各修会的修士相比，多明我修会的修士更积极地参与宗教裁判所的工作。另外，由于他们积极投身学术，给人类做出了宝贵贡献。他们希望对亚里士多德的信仰和对基督的信仰能和平共处，并为达到这个目的竭尽所能。托马斯·阿奎那的权威实在不容挑战，以至于后来的多明我修会的修士在哲学方面没有取得多少成就。虽然和多明我修会的修士相比，方济各修会的修士更厌恶学问，但是在接下来这段时期，哲学界的伟大人物全都是方济各修会的修士：罗杰·培根、邓斯·司各脱、威廉·奥卡姆，全都出自方济各修会。修士们在哲学上的成就，是我们在接下来的几个章节要探讨的主题。

第十三章

托马斯·阿奎那

托马斯·阿奎那被视作最伟大的经院哲学家。在所有教授哲学的天主教教育机构中，他的哲学方法是唯一被当作正确方法去教授的；自一八七九年利奥十三世颁布敕令开始，至今依然如此。因此，阿奎那不仅是一位重要的历史人物，在现代社会仍具有很大的影响力。

阿奎那最重要的著作是《反异教大全》。他还写过一部《神学大全》，这部书和《反异教大全》同等重要，但是我们对它的兴趣却不及《反异教大全》，因为其中大多是以基督教真理为前提的讨论。以下是《反异教大全》的摘要。

首先，我们来思考一下"智慧"的意义。智慧本身与宇宙的目的相关，宇宙的尽头（也就是宇宙的目的）是智慧带来的美好结果，即真理。从这个层面来看，追求智慧就是最完美、最崇高、最有益处、最快乐的追求。

阿奎那说，他的目的是公告天主教信仰宣称的真理。他认为，把信仰中能通过理性证实的部分，和不能通过理性证实的部分分开，是很重要的。《反异教大全》分为四卷，前三卷很少援引启示，除非为了表明启示与理性推导的结论一致；只有第四卷讨论的是一些脱离启示就不能知晓的事。

第一步是证明上帝存在。凡是被推动的，一定是被某种事物推动的，由于不可能无止境地向前回溯，我们必然会回溯至某处的某事物，只施加推动力，而没有受到推动。这个非受动的始动者就是上帝。《神学大全》中给出了五种有关上帝存在的论证。第一，如上所述，上帝是不受动的始动者。第二，是对始因的论证，同样基于不可能无止境地向前追溯。第三，所有必然结果，一定存在最初的根源，和第二个论证大同小异。第四，世界上存在着各种各样的完美，追根溯源，一定能找到一种绝对完美的存在。第五，我们发现，即便是没有生命的东西，也有它存在的目标，由于只有生命体有内在的目标，所以无生命体的目标一定源于外部。

证明了上帝存在之后，我们现在可以谈论上帝了，但是在某种意义上，我们只能不断以否定的形式来谈论上帝。关于上帝的性质，我们唯一能知道的，是他不具备什么样的性质。上帝是永恒的，因为他是不受动的；上帝是不会变的，因为他不存在被推动的潜在可能。

上帝的本质就是他自己，否则的话，他就不是独一体，而是本质和存在的合成体。上帝是善良的，他自身就是仁慈的，是万善之善。他是智慧的，他智慧的行动就是他的本质。他通过自己的本质去理解，百分之百地理解自己。同时，上帝理解万物。他的理解不是一种习性，不是发散式的，也不是论证式的。上帝就是真理。

上帝有意志，他的意志就是他的本质，上帝意志的主要目标就是神的本质。而其主要对象就是神性本质。上帝用意志驱使自己的时候，也在驱使其他事物，因为上帝是万物的终点。上帝有自由意志，人们可以给上帝的意志找理由，却不能找原因。上帝不会去期待本身不可能发生的事，例如他不可能让悖论变成真理。上帝有喜乐和爱，但没有恨，并且具有沉思和积极的美德。上帝是幸福的，他的幸福就源于自身。

第二卷主要讨论的是人的灵魂问题。精神是非物质性且不朽的；天使只有精神而无肉体，但人是灵魂与肉体的结合。就像亚里士多德所讲，灵魂是肉体的形式，但阿奎那认为一个人有且只有一个灵魂，不能有三个或多个。一个人拥有的独一灵魂充斥其身体的各个部分。和人的灵魂不同，动物的灵魂并非不朽。阿奎那不认同阿威罗伊的主张，他认为心智是灵魂的一部分，个体灵魂的不同使心智并不具有同一性。关于共相问题的讨论也和心智有关。

第三卷主要讨论的是伦理问题。恶是无意识的，不是一种本质，而且引发恶的偶然因素是善的。万物都趋向于类似上帝，上帝是万物的终点。人类的幸福不在于肉体的欢愉、名誉、荣华、富贵、世俗权力以及满足身体需求的物品，也不在于感官。一个人最大的幸福不在于做出道德的行为，因为这只不过是手段而已；而在于对上帝的沉思。但是，大多数人对上帝的认知不够充分，通过论证得来的对上帝的认知也不够，从信仰得来的认知同样不够。

神的律法指引我们去热爱上帝，也要爱邻舍。上帝的律法

禁止通奸，因为父亲应该和母亲一起养育孩子。上帝的律法禁
止节育，因为节育违背自然；但是，律法并不禁止终生独身。
必须严格执行一夫一妻制；一夫多妻制对女性不公平，一妻多
夫则无法确认父亲的身份。乱伦也是必须要禁止的，因为乱伦
会使家庭生活变得混乱复杂。

第四卷讨论的是三位一体、道成肉身、教皇的无上地位、
圣礼和肉身的复活。这些内容不是写给哲学家看的，主要是写
给神学家，因此我只会简单地说几句。

认识上帝有三个途径：通过理性，通过启示，以及通过之
前只能通过启示认识的事物的直觉。关于第三个途径，阿奎那
几乎未做解释。一个有神秘主义倾向的作家，对第三个途径的
论述，肯定会远远超过前两个，但是从性质上来讲，阿奎那是
推理作家，不是神秘主义作家。

即便是邪恶的教士所行的圣礼也会奏效。这是教义上的一
个重点。很多教士罪孽深重，虔诚的人担心这样的教士不能主
持圣礼。这种情况十分尴尬，因为谁也不会知道自己的婚姻是
否得到上帝的祝福，自己的赎罪是否得到宽恕。这就会导致异
端出现和教会分裂，因为清教主义思想会试图建立一套独立
的、在道德上毫无瑕疵的神职体系。为了避免这样的结果，教
会方面不得不极力宣称，教士的罪不会使他丧失行使圣职的
能力。

最后，讨论的肉身复活。从总体框架上来讲，阿奎那的哲
学思想与亚里士多德一致。阿奎那的独创性，表现在对亚里士
多德的哲学做了适当调整，使其符合基督教教义，不过他改动

的内容非常少。和原创性相比，阿奎那在系统化方面有更突出的表现。即便《反异教大全》中的所有说法都是错的，依然可以说是一座宏伟的知识大厦。他十分了解亚里士多德，并且完全理解他的思想，之前的天主教哲学家没有人能达到这样的水平。

不过，前面提到的这些功绩也好，优点也好，似乎还是无法担起他享有的盛名。从某种意义上来讲，他所谓的诉诸理性并不诚恳，因为在他使用理性之前，就已经提前预设了结论。

阿奎那并不具备真正的哲学精神。他不像柏拉图笔下的苏格拉底，只会追随论证的指引。他不是在探寻结果，因为通过探寻得到的结果是不可能提前知道的。他在开始进行哲学思考之前，就已经知道真理，也就是天主教信仰中宣称的真理。如果他能对信仰的某些部分做出合理的论证当然更好，如果不能，他只需求助于启示。给预设的结论找论据不是哲学，而是诡辩。因此，我不认为他可以和古代或近代最出色的一流哲学家相提并论。

第十四章

方济各修会的经院哲学家

总的来说，方济各修会在严守正统方面不如多明我修会。两个教团之间有过尖锐的对立，弗兰西斯不愿意承认阿奎那的权威。方济各修会最重要的三位哲学家分别是：罗杰·培根，邓斯·司各脱，以及威廉·奥卡姆。

罗杰·培根学识广博，但缺乏系统性。为了让大家对他涉足的领域和方法有个大致的了解，我会对《大著作》中的部分内容加以总结。

他说，有四个原因会导致愚昧无知：第一，不坚定且不适当的权威树立的范例；第二，风俗的影响；第三，无识群众的见解；第四，通过炫耀表面的智慧，掩饰个人的无知。上述有害行为中，第四个引发的后果最恶劣，因为它会释放人类的邪恶。

罗杰·培根之所以受到现代人的赏识，是因为作为知识的一个来源，和论证相比，他更看重实验。他关注的方向和处理问题的方法，无疑和典型的经院哲学家完全不同。若论学识广博，他更像阿拉伯的著作家，这些人对他的影响，显然比对其他基督教哲学家的影响更深刻。他与中世纪基督徒哲学家完全不同，因此令人惊叹，但是他在自己所处的时代几乎没有什么影响力，而且在我看来，他的思想并不像有些人认为的那样科学。

邓斯·司各脱生于苏格兰，也可能是阿尔斯特，在牛津加入方济各修会，晚年在巴黎度过。他反对阿奎那，拥护无罪成胎论。他是个温和的现实主义者，相信自由意志，倾向于伯拉纠主义。他认为，存在与本质没有区别。他最感兴趣的是证据，这里的证据是指无须证明即可知晓的东西。证据可以分为三类：（1）不证自明的原理；（2）通过经验知晓的东西；（3）我们自己的行为。但是，若没有神的照耀，我们什么都不可能知道。

邓斯·司各脱认为，既然存在与本质间没有区别，"个体化原理"——使一个事物不同于另一个事物的原理——只适用于形式，而非质料。个体事物的各种属性中，有些是本质属性，另外一些是偶然属性；事物的偶然属性，是指那些不会因为丢失它而无法对之加以识别的属性。于是这就带来了一个问题：同一类别的两个个体，他们的本质是一直不同，还是说二者的本质有可能完全相同？司各脱认为，如果事物是不同的，他们一定是通过某种不同的性质加以区分的。显然，这个观点不同于阿奎那的观点，更接近柏拉图主义。

威廉·奥卡姆是继阿奎那之后最重要的经院哲学家。他先到牛津，后去巴黎。在巴黎，他一开始是邓斯·司各脱的学生，后来成了他的对手。

　　奥卡姆最著名的一句格言，从他的作品中找不到，但是这句格言让他获得了"奥卡姆剃刀"的称号。这句格言是："如无必要，勿增实体。"虽然这句话不是他说的，但是他确实说过意思大致相同的话："能以较少者完成的事情，若以较多者去做，即是徒劳。"也就是说，如能不依靠假设某个实体，就能证明一门科学中的真理，那就没有理由非要做出假设。我个人觉得，这是逻辑分析中最富有成效的一个原则。

　　在逻辑方面，奥卡姆是个唯名主义者，但是在形而上学方面显然不是，尽管十五世纪的唯名主义者曾奉他为学派的创始人。奥卡姆认为，逻辑是探寻自然哲学的工具，另外，自然哲学可以独立于形而上学。逻辑是对发散科学的分析；科学是关于事物的，但逻辑不是。事物是个体，但名词中包含了共相；逻辑研究的是共相，科学只会运用共相，但是不会去讨论。逻辑关注的是名词或概念，但不是指代心理状态的名词或概念，而是有真实意思的名词或概念。逻辑讨论的是大脑内部的事物，这些事物本身就是大脑编织出来的，如果不通过理性存在，这些东西就不会存在。一个概念是一个自然的符号，一个词是一个约定的符号。有时，我们说出一个词的时候指的是一个事物；有时，我们只是使用它这个词包含的意思。这两种情况必须区分开，否则我们就会得出错误的推论，比如："人是一个物种，苏格拉底是一个人，因此苏格拉底是一个物种。"

　　按照奥卡姆的理解，有关未来的命题，不能说对，也不能说错。他并没有试图调和这个观点和神无所不知之间的矛盾。在这里，和在其他地方一样，他始终让逻辑不受形而上学和神学的束缚。

　　由于坚持认为逻辑和人类知识的研究，可以不牵扯形而上学和神学，奥卡姆的著作促进了科学研究。他说，信奉奥古斯丁主义的人，错在先假定万物不可理解，人类不具智慧，然后说，是从无限遥远时空来的一道光，使知识成为可能。在这个问题上，他同意阿奎那的观点，但是强调的重点不同，因为阿奎那总的来说是一个神学家，奥卡姆在有关逻辑的问题上，总的来说是一个俗界的哲学家。在威廉·奥卡姆之后，再没有出现过伟大的经院哲学家。下一个属于伟大哲学家的时代，始于文艺复兴后期。

第十五章

教皇制的衰落

从十四世纪开始，天主教教会构建的社会综合体系开始土崩瓦解，外部事件对此起到的作用大于哲学。虽然教皇在与皇帝之间的斗争中取得了胜利，但是教会方面没有获得任何好处，因为在法兰西、英格兰出现了君主制国家。从政治的角度来看，教皇在十四世纪的大部分时期，只能算是法兰西国王手中的一个工具。除此之外，还有一个更重要的原因是，富商阶级渐成气候，世俗大众掌握的知识与日俱增。这两方面的变化都是从意大利开始的，而且在十六世纪中叶之前，与西方其他地区相比，一直遥遥领先。十四世纪时，意大利境内的北部城市的富裕程度，远远超过意大利境外的北方各个城市；特别在法学和医学方面，有学问的普通教徒数量与日俱增。这些城市全都具有一种独立自主的精神，由于此时皇帝已经不构成威胁，于是他们便调转枪头，开始反抗教皇。

卜尼法斯八世在《一圣教谕》中提出了之前任何教皇都没提出过的极端权力。他指定一三○○年为大赦年，凡是当年到访罗马，并在此举行某些特定仪式的天主教徒，都可以获得大

赦。这件事给教廷的金库，以及罗马市民的钱袋，带来了大量
财富。本来大赦年是百年一次，但是由于收益巨大，教皇把间
隔缩减到五十年一次，后来又变成二十五年一次，一直延续至
今。一三〇〇年的第一个大赦年，教皇的成功达到顶峰，我们
也可以将其视作教皇权力开始衰落的时间。

　　卜尼法斯八世是个意大利人，在阿纳尼出生。在他所处的
年代，教会内部已经存在一股强大的法兰西势力，他当选教皇
遭到了法兰西红衣主教的反对。关于国王是否有权对法兰西神
职人员征税的问题，他与法兰西国王腓力四世发生过激烈的冲
突。腓力四世曾派兵去抓捕他，想要在大公会议上罢黜教皇。
卜尼法斯八世在阿纳尼被抓，却逃到罗马，并于罗马逝世。在
那之后很长一段时间，没有教皇敢反对法兰西国王。

　　经过一段很短的空窗期，红衣主教在一三〇五年选立波尔
多的大主教为教皇，号称克雷芒五世。在教会内部，他一直代
表法兰西的利益，任职教皇期间从来没有去过意大利。他在里
昂接受加冕，一三〇九年定居阿维尼翁，此后大约七十年，这
里一直是教皇的定居地。教皇在政治上臣服于法兰西，那些仇
视法兰西国王的君主自然会仇视教皇。

　　很明显，如果教廷方面想继续做天主教会的实际领导者，
教廷必须通过重返罗马彻底摆脱法兰西的控制。因此，乌尔班
五世于一三六七年重返罗马；但是对于他来说，意大利的政治
局势过于复杂，于是他在临死前不久，回到了阿维尼翁。继任
的教皇格里高利十一世更加果决刚毅。对法兰西教廷的仇视，
导致许多意大利城市，特别是佛罗伦萨，开始极力反对教皇，

格里高利十一世通过重返罗马，反抗法兰西红衣主教，竭尽
所能挽救这种局面。即便如此，直到他离开人世，红衣主教团
内的法兰西派和罗马派也还是没有达成和解。按照罗马派的意
愿，应该选立意大利人巴尔托洛梅奥·普里尼亚诺为教皇，并
号称乌尔班六世。但是，许多红衣主教宣称，普里尼亚诺的当
选不合规范，并选立法兰西派、日内瓦人罗伯特为教皇，号称
克雷芒七世，执掌阿维尼翁教廷。

历时四十年之久的大分裂自此开始。显然，两位教皇中，
必定只有一位是合法的，因此必须找出一个凌驾于合法教皇之
上的权力。唯一的解决办法，就是召开一次大公会议。到了
一四〇九年，终于在比萨召开了大公会议，但是会议以失败告
终，而且失败的方式着实荒谬。会议以异端和分裂的罪名，宣
布同时罢黜两位教皇，并选出了第三位教皇，这位教皇很快就
死了；他的红衣主教团选出的继承者，是之前做过海盗的巴尔
达萨雷·科萨，号称约翰二十三世。事情发展到这一步，似乎
比之前还让人感到绝望。

从威克里夫的生平和他主张的教义，可以看出十四世纪教
廷权威的衰落。他是牛津大学最后一位重要的经院哲学家。他
不是一位进步的哲学家，而是实在论者，且不属于亚里士多德
派，而是信奉柏拉图主义。有些人认为上帝的教令是随意的，
但是他并不这样认为；他认为现实世界并不是所有可能世界中
的一个，而是唯一可能的世界，因为上帝会选择最好的。

一三七六年，威克里夫在牛津发表了一系列题为"论公民
统治权"的演讲，从那时起他便开始脱离正统教义。他提出一

个理论，认为只有正义之士可以享有统治权与财产权；不义的神职人员没有这些权力；一个教士是否可以保留他的财产，应该由世俗的权力做出判断。他进一步教导说，财产是罪恶的结果，基督和他的使徒们都没有财产，教士也不应该拥有财产。这些教义冒犯了除托钵僧侣之外的所有教士，却合了英格兰政府的心意，因为教皇经常向英格兰索取巨额的贡赋，根据这条教义，英格兰不应该给教皇钱财，这对于他们来说真是再合适不过来了。更何况教皇服从法兰西的指挥，而英格兰正在和法兰西交战。

威克里夫撰写过一些学术性的论著，他认为国王是上帝的代理人，主教应该服从国王。大分裂开始之后，他更进一步给教皇打上敌基督者的烙印。他把拉丁语《圣经》译成英语；并建立了贫苦教士团，团众全部是俗界信徒。他派遣贫苦教士团巡回布道，他们的任务主要是向贫民布道。最后，在攻击教士权力的时候，他开始否定变体论，称变体论是亵渎神明的愚蠢谎言。

令人惊讶的是，对比他的见解和他的民主活动，威克里夫经受的苦难并不多。牛津大学竭尽全力保护他，反抗主教。英国上议院谴责他的巡回布道团时，众议院拒不同意。

他的英格兰追随者，也就是罗拉德派，遭到了残酷的迫害，实际上已经覆灭。但是，由于理查二世的王后是波希米亚人，他的教义得以在波希米亚流传。虽然在波希米亚也遭到迫害，但是他的追随者一直延续到宗教改革时期。在英格兰，他的追随者虽然被迫转入地下，但是反对教廷的思想已经深入人心，因此也为新教的成长准备好了适宜的土壤。

卷三

近代哲学

第一篇

从文艺复兴到休谟

第一章

总说

历史上，在通常被称为"近代"的时期中，人们的思想见解和中世纪时期相比，在很多方面都发生了变化。其中有两点最重要：教会的权威日渐衰落，科学的权威逐步树立。近代的文化更世俗，更远离宗教。国家代替教会，渐渐成为控制文化的统治权威。国家的治理权最初主要掌握在各个国王手中；然后，和古希腊一样，民主或僭主逐渐顶替国王，成为国家的掌权者。国家的权力，以及国家行使的职能，在此过程中逐渐稳固。

近代的大部分哲学家，都认可科学的权威，由于科学的权威是理智层面的，与统治无关，因此和教会的权威是完全不同的概念。拒绝接受科学权威的人，不会因之受到惩罚；接受的人也不会受到任何谨慎论证的影响。科学是纯粹的以理服人。此外，科学的权威是零散的、部分的；天主教教义则不同，它是一套完整的体系，人的道德、希望以及宇宙的过去与未来，全都包括其中。科学权威只会对当时看起来经过科学确认的东西发表意见，而经过科学确认的领域，也不过像是在无知的汪洋上漂浮的一个小岛。除此之外，科学权威还有一点与教会权威不同：教会权威宣称自己的论断百分之百正确，并且永恒不变；科学的论断却是暂时性的，建立在概率基础上，而且可能需要做出调整。这些差异，导致人们形成了一种与中世纪天主教信徒完全不同的心态。

从教会的权威中解放出来之后，个人主义得到发展，甚至发展到了混乱的无政府状态。文艺复兴时期，人们的心中的自制力、才智、道德、政治观念，全都与经院哲学和教会统治紧密相关。近代哲学在很大程度上保留了个人主义以及主观倾向。从笛卡尔身上可以清楚地看到这样的倾向，他根据自身存在的确定性建立全部知识，并且认为"清晰"和"确切"是真理的标准。这种倾向在斯宾诺莎身上并不突出，但是通过莱布尼茨的"无窗单子论"又可以看得很清楚。洛克的哲学特征是绝对客观的，但是也不由自主地被这个主观的说法左右：知识其实是观念的相符与否——他特别讨厌这个观点，为了摆脱这种观点的操控，他甚至甘愿陷入自相矛盾的境地。贝克莱抛弃物质概念之后，只能拿上帝当救命稻草，才没有陷入完全的主观主义，后来的大多数哲学家则认为这不属于逻辑论证。到休谟那里，经验主义哲学登峰造极，成了没有人可以反驳、同样也没有人可以接受的怀疑主义。康德和费希特的心态，以及他们的学说，都是主观的；黑格尔借受斯宾诺莎的影响，救了自己。卢梭和浪漫主义运动，把主观主义从认识论扩张到了伦理学和政治学领域，从逻辑上来讲，最后一定会导致巴枯宁式的彻底无政府主义。

　　与此同时，科学作为技术，在务实者中树立起一个完全不同的形象，理论哲学家中从来没有人这样看待科学。技术会给人带来力量：现在的人们不再像之前那样，只能受环境的摆布了。但是，技术赋予的是社会性的力量，而不是个体力量。科学技术需要很多组织起来的个体，在一致的指挥下共同合作。从这个角度来看，科学趋向于反无政府主义，甚至反个人主义，因为它需要一个严谨的社会结构。和宗教不同，科学在道德上是中立的：它向人们保证可以创造奇迹，但是不会告诉人们会创造出什么样的奇迹。从这一点来看，它就不够完美。在实践中，科学技术会发展出什么样的结果，在很大程度上取决于偶然的机会。既然科学技术需要庞大的组织，组织中的领导人就可以在一定范围内随心所欲地摆布它。权力带来的刺激感，因此达到了前所未有的高度。受科学技术启发的哲学，是权力的哲学，往往会把一切非人类的东西视作有待加工的原材料。权力哲学不考虑结果，只会重视过程中的技巧，这也是一种愚蠢至极的形式。在我们生活的这个时代，权力哲学是最危险的哲学形态，理智的哲学应该提供一剂解药，消灭这种愚蠢的疯狂。

　　古代世界从罗马帝国中找到了结束混乱的出路，但是罗马帝国是纯粹的实体，不是一个理念。天主教世界从教会中找到了结束混乱的出路，教会确实是一个理念，但是从来没有在现实中很好地呈现出来。无论是古代世界还是中世纪的解决方案都不能让人完全满意，一个是因为不能理想化，另一个是因为不能现实化。就目前来看，现代世界似乎正朝古代世界的方向发展：社会秩序靠强制维持，秩序代表的是权力的意志，而非平民的愿望。至于怎样才能塑造一个能长期持续且令人满意的社会秩序，只有将罗马帝国的巩固和奥古斯丁《上帝之城》中的理想主义结合起来，才能解决这个问题。要想实现这一点，就需要一种新哲学。

第二章

意大利文艺复兴

文艺复兴时期，哲学领域没有取得太多伟大的成就，但是为了给伟大的十七世纪做好必要的准备，有些事还是要讲。首先，文艺复兴运动摧毁了死板的经院思想体系，这套体系早就成了束缚智慧发展的枷锁。文艺复兴恢复了对柏拉图的研究，因此最起码需要独立思考，该在柏拉图和亚里士多德之间选择谁。无论选择了谁，至少文艺复兴推动了纯粹的一手知识的推广，使人们可以摆脱新柏拉图主义者，以及阿拉伯注释家们的二手解读。更重要的是，在文艺复兴的激励下，人们养成了一种习惯，那就是把智力活动当成愉快的社会冒险，不再当成一种隐居冥想，冥想的目的不过是维护早就确定了的正统理念。

文艺复兴不是一种大众流行运动，它是由开明的赞助人，尤其是美第奇家族和崇尚人文主义的教皇支持，由少数学者和艺术家参与的运动。如果没有这些赞助人，文艺复兴或许不会取得这么大的成就。十四世纪的彼得拉克和薄伽丘，从精神上已经属于文艺复兴的参与者，但是由于他们所处时代的政治环境，他们对当时的影响不如十五世纪的人文主义者。文艺复兴时期的学者对教会的态度，很难三言两语描绘清楚：有的公开宣告自己是自由思想家，不过即使是这些人，通常也会接受"终傅"，在感觉死亡将近时与教会和解。

大多数人文主义者保留了在古代社会大受欢迎的迷信思想。在他们看来，魔法和巫术或许是邪恶的，但是并非不可能存在。一四八四年，英诺森八世下了一道猎巫敕令，结果导致女巫在德意志和其他地区遭到恐怖迫害。占星术受到自由思想家的格外重视，风靡程度前所未见。摆脱教会的控制之后最初起到的效果，不是让人们开始理性思考，而是让人们对古代各种各样的无知思想敞开心扉。

在道德方面，解放带来的效果最开始也只能用灾难来形容。人们不再尊重旧日的道德规范，大多数城邦统治者都是通过叛变获得统治地位的，然后靠无情的残暴的手段维持统治。教皇的腐化堕落已经显而易见，但是无人出手制止。意大利统一的好处谁都清楚，但是统治者们无法结成统一的联邦。受异族统治的危险近在眼前，但是每个意大利城主都做好了在与其他城主发生纷争时向外部势力求援的准备，就连奥斯曼土耳其也没有被排除在他们的求援名单之外。我几乎想不到有什么罪行，是文艺复兴时期的人不常犯的；或许只有一个例外，那就是他们很少毁坏古代抄本。

在道德领域之外，文艺复兴取得了很多伟大功绩。在建筑、绘画和诗歌方面，文艺复兴的盛名延续至今。文艺复兴运动造就了非常伟大的人物，如达·芬奇、米开朗琪罗以及马基雅维利。文艺复兴运动把那些受过良好教育的人从中世纪文化的狭隘中解放出来，即便他们仍是古代崇拜的奴隶，却能让学者们意识到，几乎所有领域享有盛名的权威们，曾持有各种各样的见解。通过复兴希腊时代的知识，文艺复兴创造了一种精神氛围。在这种氛围中，世界可能再度取得希腊时代的成就，天才们也可以自由地繁荣发展——从亚历山大时期开始，人们就已经不知道自由为何物了。文艺复兴时期的政治条件有利于个人发展，但是不稳定，这一点和古希腊也很类似，不稳定和个人主义紧密相关。稳定的社会体系是有必要的，但是迄今为止，人类设计出的任何一个稳定体系，都会妨碍艺术或才智的发展。为了取得文艺复兴程度的伟大成就，我们愿意忍受多少谋杀，或者多大程度的混乱？过去，很多；现在，要少得多。虽然随着社会组织的增加，这个问题变得越来越重要，但是目前看来，我们还没有找到解决问题的答案。

第三章

马基雅维利

文艺复兴虽然没有造就重要的理论哲学家，却造就了一位无比卓越的政治哲学家——马基雅维利。马基雅维利的政治哲学，既符合科学，也符合经验主义，他以自己亲身经历的事件为基础，讨论的是达到指定目的的手段，至于目的是好是坏，不在他的考虑范围之内。

他最著名的著作是《君主论》，这部书希望从历史以及从当时发生的事件中阐述公国是怎样建立、怎样维持以及怎样覆灭的。十五世纪的意大利为马基雅维利提供了许多大大小小的实例。这里几乎没有合法的统治者；很多时候，就连教皇也是通过贿赂当选的。当时的成功法则和后来逐渐稳定之后不大相同，没有人会对残忍和背叛感到震惊，但如果是在十八世纪或十九世纪，那样的人连取得成功的资格都没有。或许我们这个时代的人，之所以更欣赏马基雅维利，是因为现代很多引人注目的成就，其达成的手段，在本质上和文艺复兴时期意大利各君主使用过的手段没什么差别。

《君主论》非常明确地表示，君主不应该遵循公认的道德标准。如果君主总是善良，就会走向灭亡；他必须像狐狸一样狡猾，像狮子一样凶猛。书中的第十八章，章节名为"关于君主的守信之道"。书中说，如果守信能换取相应的利益，君主应该守信；如果不能，就不该守信。君主有时候必须不守信用。

"但是，必须好好包装自己的性格，要做最伟大的伪装者、伪君子；人的头脑如此简单，早就做好了服从当前需要的准备，行骗的人总是能找到让他们骗的人。我只举一个离我们较近的例子。教皇亚历山大六世除了行骗，什么事都没做过，他脑子里什么都没有，只想着寻找行骗的机会；他最会保证，最会发誓，没有人不曾见过他信誓旦旦的样子；但是，他每次都在骗人，他太了解怎么骗人了。因此，君主没必要恪守所有美德，但是有必要看起来是一副具备所有美好品质的样子。"

他继续说，最重要的是，君主必须看起来十分虔诚。

希腊和罗马共和时代的政治思想，在希腊是从亚历山大时代开始，在罗马则从奥古斯都时代开始，就已不复存在了。然而，它们在十五世纪又重新获得了现实意义，观察其中的发展过程，是一件很有意思的事。新柏拉图主义者、阿拉伯人、经院派学者，对柏拉图和亚里士多德的形而上学有浓厚的兴趣，但是没有一个人在意他们的政治著作，原因是城邦时代的政治制度已经完全消失了。在意大利，城邦发展与知识复兴同步进行，因此人文主义者能从共和时代的希腊人与罗马人的政治理论中有所收获。对"自由"的热爱，以及分权制衡的理论，从古代流传下来，融入了文艺复兴思想，并在很大程度上又通过文艺复兴传递到了现代，总的来说，是直接从古代传下来的。

马基雅维利对这个问题的论述，至少在重要程度上，和《君主论》中更著名的"政治无道德"旗鼓相当。

现在我们试着把马基雅维利学说中"道德的"部分和"不道德的"结合起来。接下来我表达的不是我自己的观点，是马基雅维利明里暗里表达过的意见。

政治能带来一些好处，其中有三个好处尤其重要：民族独立，国家安全，以及秩序井然的政治体系。最优秀的政治体系是在君主、贵族和民众之间，按照各自真实的能力，分配相应的合法权利。在这样的政治框架中，即便发生革命也很难成功，因此可以保持稳定；为了保持稳定，向民众多让渡一些权利是智慧的做法。只要能实现目的就行。

但是，使用什么样的政治手段，也是需要考虑的问题。用注定失败的方法追求某个政治目标，只能徒劳无益；如果目标是好的，我们必须选取适当的手段去实现它。选择什么样的手段，可以通过纯粹的科学方法加以解决。"成功"的意思是达成你的目标，不管是什么目标。如果成功是一门科学，我们可以研究恶人的成功，也可以研究圣人的成功，实际上恶人的成功更适合做研究，因为从数量上讲，恶人成功的案例远多于圣人。可一旦它成为一门科学，这门科学对圣人的价值和对恶人的一样了。如果圣人投身政治，必然也会和恶人一样，想要取得成功。

归根结底，这是一个关于力量的问题。为了达到某个政治目的，必然需要这样或那样的力量。这是一个简单明了的事实，只不过被"正义必胜"或者"邪恶的胜利不会长久"之类的口号掩盖了。即便认为正义的一方真的获胜了，那也是因为那一方的力量更强。确实，力量常常取决于见解，见解有赖宣传才能发挥力量。还有一个事实：在宣传上，使自己看起来比敌人更具道德，会成为一种优势；有一个方法可以让你看起来道德高尚，那就是真的道德高尚。出于这个理由，公众认为更具道德的一方最终获胜的情况，有时确实会发生。我们不得不承认马基雅维利是正确的，道德不仅在十一、十二、十三世纪教会力量成长的过程中发挥了重要作用，也是十六世纪宗教革新取得成功的重要因素。但是，这样的成功其实存在重大缺陷：首先，掌握权力的，能控制宣传，有能力使他们的党派只是看起来是道德的；其次，在混乱时期，明显的欺诈行为却屡屡成功，马基雅维利就生活在这样的时期。在这样的时期，犬儒主义会迅速扩张——只要付出代价，什么恶行都能得到宽恕。据马基雅维利自己说，即便是在这样的时代，在无知的公众面前摆出一副道德的面孔，也是适宜的。

这个问题还能更进一步。在马基雅维利看来，几乎可以肯定，文明人全是不择手段的利己主义者。他说，如果一个人现在想建立一个共和国，他会发现，和大城市的市民相比，到山民中去做这件事更容易，因为大城市的市民已经被腐化了。如果一个人是不择手段的利己主义者，他最智慧的行动路线，还是要依赖他操纵的民众。相较于依赖对道德漠不关心的群众，如果政治家依赖的是道德高尚的民众，他们的表现会更好；相较于在政治家控制下有严格审查制度的社会，在罪行一旦出现就会被广泛传播的社会里，政治家的表现也会更好。当然，凭借伪善总是能取得一定程度的成功，但是通过适当的制度，那类人取得成功的可能性会大大降低。

第四章

伊拉斯谟和莫尔

北方各国的文艺复兴运动发起得比意大利晚。伊拉斯谟和托马斯·莫尔爵士是北方文艺复兴运动的典型代表。他们是亲密的朋友，有很多共同之处：两人都学识渊博，都鄙视经院哲学；都以从教会内部开启宗教改革为目标，对新教徒的教派分裂感到惋惜；都十分诙谐幽默，写作技巧高超。在路德发起反抗之前，他们是思想领域的领袖，但是在那之后，双方的情绪都很激动，世界对于他们来说太过暴力。于是莫尔殉教，伊拉斯谟也在穷困潦倒中丧失了影响力。

不论是伊拉斯谟还是莫尔，都不是严格意义上的哲学家。我之所以要谈论这两个人，是因为能通过他们勾勒出那种前改革时代的氛围，那时候普遍要求温和改良，怯懦的人还没有被极端派吓得倒向反动。他们还是反对经院主义的典型代表，这些人的特征是厌恶神学和哲学中与体系相关的一切。

伊拉斯谟的著作中，现在还有人会阅读的，只有一部《愚人颂》。这部书以愚人的口吻，兴致勃勃地歌颂自己，内容覆盖了人生的各个方面，也包括了所有的阶级和职业。

在某些篇章中，讽刺变成了谩骂，愚人凭此道出了伊拉斯谟的严肃见解。这些篇章讨论的是教会滥用权力的问题，大肆嘲笑神学家们关于三位一体和道成肉身的争论、变体论、经院哲学各流派、教皇、枢机主教和主教。愚人对各类修道会的攻击尤其猛烈，说他们是"脑子有病的蠢货"，跟宗教信仰一点儿关系都没有。

这本书在结尾处，伊拉斯谟提出了一个严肃见解，真正的信仰就是一种形式的愚痴。全书一共提到两类愚痴，一类是假借赞美之名的嘲讽，另一类则受到作者真心的赞美；受到真心赞美的愚痴，是基督教在其淳朴中体现的愚痴。这样的赞美，和伊拉斯谟对经院哲学的厌恶，以及对使用非古典拉丁语的学者博士们的厌恶，是一致的。但是其中还有更深刻的一面：真正的信仰是发自内心的，而不是经过头脑思考得到的，所有复杂的神学理论全是多余的。这种观点越来越普及，现在已经被新教徒普遍接受。从本质上来讲，这种观点表达了北方情感主义思想对希腊唯智论的拒绝。

若论为人，托马斯·莫尔比伊拉斯谟更值得钦佩，但是在影响力方面与之相去甚远。他能被人们记住，几乎完全是因为他写的《乌托邦》。

乌托邦和柏拉图的理想国一样，所有东西尽归公有，因为凡存在私产的地方，公益就不能振兴，离了共产制度，就不会有平等。乌托邦中有五十四座城镇，除了首都之外，其他城镇的格局全部相同。所有人的穿着都差不多，只有男女、已婚未婚之分。所有人不分男女，每日工作六小时，午饭前三小时，午饭后三小时。所有人八点上床睡觉，睡八个小时。清晨有讲演，虽然不是强制性的，还是有很多人去听。晚饭后，娱乐一小时。因为没有人无所事事，也没有无用的工作，工作六个小时就足够了。有的时候，治安官发觉生产过剩，会宣布暂时缩减每日工时。

有些人经过选举成为学者，只要他们能让大家满意，就可以免除其他工作。政府工作人员全部从学者中挑选。政体采用间接选举的代议民主制。政府的领袖是经选举产生的终身制君主，如果是暴君，人民也可以把他废黜。

乌托邦里的家庭生活是族长制；已婚的儿子住在父亲家中，受父亲管束，除非父亲已经老迈昏聩。如果一个家庭人口太多，多出的孩子要迁到别的家庭。如果一座城市发展得太大，要把一部分住民转移到另一座城市。如果所有城市都已经很大了，就在荒地上建造一座新城市。奴隶负责宰杀供人食用的牲畜，以防公民变得残忍。乌托邦里有为病人设的医院，环境非常好，生病的人很愿意进医院。虽然被允许在家吃饭，但是大多数人都会去公共餐厅吃饭。

关于婚姻，如果结婚的时候已经失去童贞，无论男女，都要受到严厉的惩罚；任何家庭成员做出不当行为，家长都会因为照顾不周招致恶名。夫妇不论哪一方有通奸行为或"无可容忍的乖张任性"，则可以离婚，但是犯错的一方不能再婚。有时离婚只是因为双方想离婚，这种情况也会得到批准。破坏婚姻关系的人，会被罚做奴隶。

乌托邦有对外贸易，主要是为得到铁，因为岛上没有铁。

贸易的目的也与战争有关。他们会因为三个目的诉诸武力：受到侵犯时，保卫国土；从侵略者手中夺回盟友的土地，交还他们；解放一个受暴政压迫的民族。在打仗的时候，他们会给杀死敌国君主的人以重赏，活捉君主的人，或者对自愿归降的君主本人，奖赏则更多。他们怜恤敌国的平民，"知道这些人是受君主和将领的疯狂暴怒驱使而被迫参战"。乌托邦的女人和男人一样，都可以上战场打仗，但是政府不强迫任何人参战。"他们心思巧妙，设计发明战斗器械。"可见他们对战争的态度，比逞凶斗勇的更明理，虽然在有必要的时候，他们也会表现出极大的勇敢。

至于道德方面，按照书中的描述，乌托邦的居民认为幸福在于快乐。不过，这样的观点不会引发不良后果，因为他们认为在来世，善良的人会受奖赏，邪恶的人会受惩罚。乌托邦的居民信奉很多宗教，所有宗教都能受到宽容对待。这里几乎人人都信仰神和灵魂永生，少数无信仰的人不算公民，不能参与政治活动，除此以外倒也不会有什么麻烦。有些信仰虔诚的人戒肉食，不会婚姻；人们会认为这些人圣洁，但不智慧。年老寡居的女性也可以做教士。教士数量不多，其地位虽然尊贵，但没有实权。

奴隶都是因犯下令人发指的罪行而被判刑的人，或是在自己的国家里被判死刑，但是乌托邦居民同意收容做奴隶的外国人。如果有人患上痛苦的不治之症，人们会建议病人自杀；如果他不肯自杀，则会受到细心周到的照料。

莫尔的《乌托邦》在很多方面都体现了惊人的开明思想，

我指的是关于战争、宗教包容、反对滥杀动物以及支持轻刑这
些方面。但是必须承认，莫尔的乌托邦和其他大多数乌托邦一
样，其描述的生活一定无比枯燥，让人难以忍受。幸福生活一
定是多姿多彩的，乌托邦里的生活完全没有多样性可言。这是
所有计划性社会制度的固有缺陷，现实社会是这样，想象出的
社会也是如此。

第五章

宗教改革运动和反宗教改革运动

宗教改革运动和反宗教改革运动一样，都代表了文明程度较低的民族对意大利的思想统治的反抗。宗教改革运动，也涉及政治和神学方面的反抗：教皇的权威被否定，之前因为掌握司钥权获益良多，现在人们不再为此买单。反宗教改革运动，反对的只是意大利文艺复兴带来的思想自由和道德自由；教皇的权力不仅没被削弱，反而进一步增强了。与此同时，人们也可以清楚地看到，教皇的权威与波吉亚家族和美第奇家族的自由散漫水火难容。简单来讲，宗教改革是德意志主导，反宗教改革是西班牙主导；一次又一次的宗教战争，其实就是西班牙和敌国的战争，这些战争正好发生在西班牙势力处在鼎盛时期。

在宗教改革运动和反宗教改革运动中，出现了三位伟大的人物：路德、加尔文和罗耀拉。从思想形态上来讲，无论是和稍早于他们的意大利启蒙思想家，还是和伊拉斯谟以及莫尔之类的人物相比，这三位伟大人物的思想都属于中世纪哲学。从哲学的角度来看，宗教改革开始之后的一个世纪，是思想史上寸草不生的荒漠。路德和加尔文又回到了奥古斯丁的道路上，不过只保留了他思想中涉及灵魂与上帝关系的部分，而没有保留与教会有关的部分。他们的神学思想，意在削弱教会的力量。他们废除了原来那通过做弥撒就能把人的灵魂从炼狱中解救出来的炼狱说。他们还否定了赎罪说，而教皇的大部分收入都来源于此。按照预定论的说法，死后灵魂的名誉与神父的行为毫无关系。这种革新思想，在与教皇的斗争中起到了积极作用；同时也预防了新教教会像天主教会在天主教国家掌握巨大权力那样，掌握新教国家的权力。新教神学家和天主教神学家一样偏执，但是他们手中没有掌握那么大的权力，因此不可能造成那么大的伤害。

几乎从一开始，关于国家在宗教事务中的权限问题，新教徒之间就存在分歧。只要君主信奉新教，路德就愿意承认他是那个国家的教会领袖。在英国，亨利八世和伊丽莎白一世大力宣扬他们在这方面的主张；德意志、斯堪的纳维亚以及荷兰那些信奉新教的君主也是如此。当时本就存在王权扩张的趋势，路德的声明进一步加速了这种趋势。

但是，新教徒十分看重宗教改革中和个人主义相关的各个方面，他们当初不愿意顺从教皇，现在自然也不愿意顺从国王。德意志的再洗礼派遭到镇压，但是他们的教义传播到了荷兰和英国。克伦威尔与"长期议会"展开了多方位的斗争；在神学领域，这种斗争部分体现在针对国家是否有权裁决宗教事务这一问题上赞成派和反对派之间的争斗。人们对宗教战争逐渐厌倦，越来越认可宗教包容的理念，这种理念成为一场运动

的思想源泉之一，这场运动后来发展成了十八、十九世纪的自
由主义思潮。

　　新教一开始的发展速度非常惊人，后来遭遇挫折，主要
是因为罗耀拉创立了耶稣会。罗耀拉当过军人，他仿照军队
模式，创立了自己的教团。所有耶稣会成员必须无条件服从
会长，还要坚信自己在参与反对异端的战争。耶稣会成员守纪
律、有能力，全身心地投入事业，而且善于宣传。他们的神学
思想与新教徒正好相反：他们否定新教徒格外强调的那部分奥
古斯丁教义；他们信仰自由意志，反对预定论；认为不能仅凭
信仰就得到救赎，而必须在信仰的同时，还有实际的功德。耶
稣会凭借传教士的热情，树立自己的威望，特别是在远东地
区。他们注重教育，因此牢牢抓住了年轻人的心。只要不涉及
神学，他们提供的教育是最好的；我们在后面会提到，笛卡尔
从耶稣会学校学到了大量他在其他地方学不到的数学知识。在
政治方面，耶稣会是一个团结守纪的团体，不惧危险，不畏辛
劳；他们敦促信奉天主教的君主实施残酷迫害，西班牙军队四
处征战时他们紧随其后，甚至在享受思想自由近一个世纪的意
大利重新建立起宗教裁判所。

　　在知识界，宗教改革和反宗教改革一开始带来的全是恶
果。三十年战争让所有人明白了一件事，那就是无论是新教还
是天主教，谁都不可能全面获胜，因此必须放弃中世纪的那种
对统一教义的期盼。人们逐渐意识到，人人都有自由思考的权
利，即便是对那些触及根本的问题，也可以自己思考、自己判
断。宗教信条因国而异，因此人们就可以通过侨居海外逃脱迫

害。由于厌恶神学领域的斗争，有才能的人逐渐把注意力转移到俗世学问方面，尤其是数学和自然科学。虽然路德成功之后的十六世纪是哲学的荒漠，十七世纪却孕育了一批最伟大的人物，他们取得了自希腊时代以来最值得瞩目的发展，而宗教改革和反宗教改革带来的种种后果，正是这种转变发生的部分诱因。十七世纪取得的进展从科学开始，下一章我们要讨论的就是科学的崛起。

第六章

科学的兴盛

　　现代世界与之前数百年的区别，几乎全都要归功于科学。从精神面貌的角度来看，世界从十七世纪开始进入现代。在步入现代的过程中，科学领域出现了四位伟大的奠基人：哥白尼、开普勒、伽利略和牛顿。

　　哥白尼是一位波兰教士，信仰纯粹的天主教正统教义。他年轻的时候到意大利游历，在一定程度上受到了文艺复兴思想的熏陶。他很早就开始相信，太阳位于宇宙的中心，地球在做两种运动：每日运行一周的自转，以及每年运行一周的绕日公转。由于担心受到教会的谴责，他迟迟没有公开发表自己的观点，但是他会尽量让这些观点被更多人知道。在他去世的同一年，他的主要著作《天体运行论》才得以发表。

　　虽然哥白尼曾听闻过毕达哥拉斯的学说，但是他似乎并不知道阿利斯塔克提出过太阳中心说，其实在哥白尼的推论假设中，没有一点是希腊天文学家不曾想到的。他的成果之所以重要，就在于他让地球丧失了在空间领域中的优越地位。从长远来看，这导致人类无法再像基督教神学那样，给自己赋予在宇宙中的重要地位。但是哥白尼不会承认他的学说产生了这样的后果，他对正统的信仰是虔诚的，他反对认为他的学说与《圣经》相互矛盾的观点。

除了对宇宙的想象产生了巨大影响，新天文学还存在两个伟大的价值：第一，承认从古至今一直被人们相信的东西，有可能是错的；第二，科学真理要通过耐心搜集事实与大胆推测事实对应的法则相结合进行验证。哥白尼的后继者在这两方面，都比哥白尼本人发挥得更充分，但是对于这两方面的价值，他在自己的工作中也已经有了相当高水平的体现。

一个人如果没有很高的天赋，凭毅力能取得多大的成就？关于这个问题，最著名的示例就是开普勒。开普勒取得的伟大成就，是发现了行星运动三定律。他在一六〇九年公开发表了其中两条定律，一六一九年发表了第三条定律。他发表的行星运动第一定律说的是：行星沿椭圆轨道运动，太阳位于椭圆轨道的一个焦点。第二定律是：一颗行星和太阳的连线，在相同的时间内，扫过的面积相等。第三定律是：一颗行星公转周期的平方，与行星和太阳之间平均距离的立方成正比。

发现第一定律，认识到行星沿椭圆轨道运行，大多数人都意识不到，那时候的人需要付出多大努力，才能摆脱传统思想的束缚。从毕达哥拉斯开始，圆形轨道论就开始统治天文界，用椭圆代替圆，就表示要抛弃对圆形的美学偏好。圆是完美的形状，一层层天球是完美的物体——它们原本就是众神，即便是柏拉图和亚里士多德，也认为它们和众神存在密切关系。完美的物体在运动中必须呈现出完美的形状，这似乎是显而易见的事。不仅如此，既然天体自由运动，没有受到推力也没有受到拉力，它们的运动一定是"自然的"。我们很容易认为，圆形存在某种"自然的"属性，但是对椭圆就不会产生这样的感觉。如此一来，必须先抛弃许多根深蒂固的成见，才能接受开普勒第一定律。古代世界，从来没有人预见过这样的假说，就连萨摩斯的阿利斯塔克也是如此。

　　可能除牛顿之外，伽利略算是现代科学最伟大的奠基人。伽利略是重要的天文学家，但是他作为力学奠基人的身份或许更重要。伽利略首先确定了加速度在力学中的重要性。"加速度"的意思是速度的变化，既包括速度大小的变化，也包括速度方向的变化。人们之前一直认为，天体做圆周运动，地上的物体沿直线运动，这两者都是"自然的"；人们也认为地上运动的物体若不加干预，会逐渐停止运动。伽利略不认可这样的观点，他认为任何物体若是不加干预，都会一直沿直线匀速运动下去；运动发生任何改变，无论是速度还是方向，必须通过作用在运动物体上的"力"做出解释。牛顿将这条运动法则定义为"第一运动定律"，也叫惯性定律。

　　第一个提出自由落体定律的，也是伽利略。有"加速度"概念作为基础，自由落体定律因此变得非常简单。自由落体定律说的是，当一个物体自由下落时，抛开空气阻力的作用不谈，它的加速度是恒定的；进一步来说就是，无论大小、轻重，所有物体的加速度都是一样的。伽利略通过实验证明，相同的物质，大的和小的之间下落速度不存在可测量的差异。在他之前，人们一直认为，大铅块的下落速度要比小铅块快很多，但是伽利略用实验证明，事实并非如此。在伽利略生活的年代，他无法做出精准的测量；尽管如此，他依然总结出了正确的自由落体定律。

牛顿沿着哥白尼、开普勒和伽利略铺就的道路，一路走向最后的圆满胜利。牛顿从自己的运动三定律出发，证明开普勒的三条定律等同于表达了这样一种观点：所有行星，在任何时刻都有一个趋向太阳的加速度，这个加速度与行星和太阳之间距离的平方成反比。牛顿把"力"定义为引起运动变化，也就是加速度的起因。他因此提出了万有引力定律：一切物体与其他物体之间都存在相互吸引的力，两个物体之间的引力与质量的乘积成正比，与距离的平方成反比。根据这个公式，可以推导出有关行星的所有定理：行星及其卫星的运动、彗星轨道、潮汐现象。后来人们发现，行星微微偏离椭圆形轨道的原因，也可以通过牛顿定律推导出来。

我打算用这一章剩下的篇幅，简单说一说看起来像是伴随着十七世纪的科学发展而来的哲学信念。首先要注意的是，物理定律中几乎消除了万物有灵论的所有痕迹。没有生命的物体，一旦开始运动，就会一直运动下去，除非被某种外因制止。此外，促成运动变化的外部原因，只要是可以得到确认的，一定是具有物质属性的。不管怎么说，太阳系是靠本身的动力和本身的运动法则保持运行的，不需要外力干涉。这里似乎仍然需要上帝让这个机制运转起来，按照牛顿的说法，众多行星是上帝亲手抛出去的；但是，上帝在完成这个动作之后，就颁布了万有引力定律，万物即可自主运行，无须上帝的干预。尽管当时大多数科学家都十分虔诚，他们的工作成果却常常对天主教正统教义造成不利影响，所以神学家为此感到不安倒也合情合理。

科学带来的另一个后果是，对于人类在宇宙中的地位，人们的观念发生了深刻变化。在中世纪的时候，人们认为地球是宇宙的中心，万事万物的目的都与人类有关。到了牛顿时代，人们发现地球只不过是一颗小小的行星，它附属的恒星也没有多么特别；天文距离如此之遥远，相较之下，地球不过是针尖那么大。这样庞大的构造，看起来实在不像是完全为了这针尖上的某种小生物的利益设计的。此外，从亚里士多德以来，"目的"一直是科学概念的构成部分，现在却被驱逐出科学程序之外。任何人都仍然可以为了宣告上帝的荣耀，相信天堂存在，但是谁也不能让这种信仰干预天文计算。世界或许有存在的目的，但是这些目的不能再用于科学解释了。

按理说，哥白尼的理论会伤害人类的自尊心，实际上它却产生了相反的效果，科学的辉煌胜利让人类的自尊重新焕发新生。逐渐走向死亡的古代世界，一直沉迷于一种罪恶感，又把这种压迫遗传给了中世纪。因为上帝会惩罚骄傲，因此在上帝面前要谦卑、正直，要小心翼翼。瘟疫、洪水、地震、土耳其人、鞑靼人和彗星，让黑暗世纪陷入混乱，让人们感觉只有谦卑再谦卑，才能逃避这些现实，或者避开灾祸的威胁。但是当人类取得这么多成就之后，便不可能继续保持谦卑了：

自然及其法则隐没在黑暗之中。

上帝说"要有牛顿"，于是世界一片光明。

第七章

弗朗西斯·培根

弗朗西斯·培根的哲学思想，虽然有很多令人不太满意的地方，但作为现代归纳法的奠基人，同时又是尝试将科学研究程序逻辑系统化的先驱，他的重要地位经久不衰。

培根的最重要的著作是《论学术的进步》，这部著作在很多方面具备明显的现代特征。人们普遍认为，他是"知识就是力量"这句格言的原创者，虽然之前也有人表达过同样的意思，但是他重新强调了这个观点。实用性是培根哲学思想的整体基础：通过科学发明和科学发现，让人类能够驾驭自然的力量。他主张哲学和神学应该分开，而不应该像经院主义那样，将二者紧紧地捆绑在一起。他认可天主教正统信仰，但他不是那种会在宗教问题上和政府争执的人。虽然他认为理性可以证明上帝存在，但他还是把有关神学的一切视作只能通过启示获知。实际上，他认为因没有启示的帮助，教条在理性面前显得非常荒谬时，信仰才迎来了最伟大的胜利。然而，哲学只能依靠理性。因此，他拥护"双重真理"，既拥护理性的真理，也拥护启示的真理。

有一系列具有科学思维的哲学家曾经强调过，归纳与演绎是方向相反的两种思维方式，培根是其中的第一人。和他的大多数后继者一样，培根也试图找出某种比"简单列举归纳"更好的归纳法。我们可以通过一则寓言，来说明什么是简单列举归纳。从前，有一位户籍官，他必须记录某个威尔士村庄所有户主的姓名。他询问的第一个户主名叫威廉·威廉姆斯；第二个户主、第三个户主、第四个户主……都叫这个名字。最后他自言自语道："真够烦人的，看来他们全都叫威廉·威廉姆斯，我就这么登记，然后放个假。"但是他错了，有一家户主名字叫约翰·琼斯。这就说明，如果毫无保留地相信简单列举归纳，我们可能误入歧途。

培根相信，他有方法做出比这更好的归纳。他希望首先得出具有最基础的普遍性的一般法则。积累一定数量的一般法则之后，他希望能以此为基础，推导出具有二级普遍性的法则，依此类推。得出的法则必须放到新环境中加以检验，如果在新环境中依然合理，就说明它在这个范围内得到了证实。有些实例具有特殊的价值，因为它们能让我们在两种理论中挑选一个；就之前的观察来看，每种理论都可能正确，我们称这类案例为"特权"实例。

培根不仅鄙视演绎推理，对数学的评价也很低，大概是他认为数学欠缺实验性。他对亚里士多德的敌意堪称恶毒，但是对德谟克利特评价很高。虽然他不否认自然的历程展现了神的意志，却反对在对现象做实际调查时，掺杂目的论的解释。他认为，一切都应该解释为，有效原因产生的必然结果。

对于自己的方法，培根给出的评价是，它展现了怎样去整理以科学为基础的观察资料。他说，我们不应该像蜘蛛那样，从自己身体里吐丝织网；也不应该像蚂蚁那样，只知道收集；我们应该和蜜蜂一样，收集完了再整理。这样评价蚂蚁似乎不太公平，但是确实形象地勾勒出了培根要表达的意思。在培根的哲学思想中，最著名的部分是他罗列出了自己口中的"假象"，他用假象指代导致人犯错的心理恶习。他列举了四种假象。"种族假象"是人性当中固有的；他特别提到，人们总是期望能在自然现象中发现更多规律，实际上并不存在那么多规律，但人们的这种期望已经成为习惯。"洞穴假象"指的是特定研究者特有的个人偏见。"市场假象"与语言暴力有关。"剧场假象"与公认的思想体系有关；其中最值得注意的例子，自然是亚里士多德和经院派学者给他提供的。

由于缺乏对假说的强调，因此培根的归纳法是有缺陷的。他希望只对资料做有序整理，就能让正确的假说显现出来，但是这种情况很少发生。一般来说，制定假说的架构，是科学工作中最难的部分，必须要有很强的能力才能完成。到目前为止，人们还没有找到能借助规则创造假说的方法。通常情况下，提出某种假说是收集事实必须要做的准备工作，因为选择事实时需要找到方法来确定相关性。如果没有挑选事实的方法，仅仅是面对一大堆事实，就已经让人不知道该怎么办了。

在科学中，演绎发挥的作用，比培根以为的大。当一个假说必须得到验证，从假说到某个能通过观察得到验证的结论，往往要经过一段漫长的演绎推理过程。这种演绎推理通常是数学推演，从这方面来看，培根低估了数学在科学研究中的重要性。

第八章

霍布斯的利维坦

霍布斯的国家理论值得认真考虑，因为它比之前任何理论都更具现代思想的特征，就连马基雅维利也不例外。《利维坦》中表达的政治见解是极端的保王党思想，霍布斯的声誉主要建立在这部著作上。

书的第一部分把人视为个体，讨论了霍布斯认为必须要掌握的一般性哲学。感觉是由物体的压力引起的，颜色、声音等都不在物体中。物体内部的性质中，与我们的感觉相对应的是运动。他引用了第一运动定律，把它应用到了心理学方面：想象是一种逐渐衰退的感觉，想象和感觉都是运动。睡眠时的想象就是做梦，异教徒的信仰是他们不能区分梦境和清醒生活导致的。相信梦境有预兆性，是一种错觉，因此相信巫术和鬼也是一样。

他然后开始谈论各种热情。"尝试"可以被定义为行动的开始，是非常小的起步；如果它指向某个目标，就是"渴望"，如果它避开某个目标，就是"厌恶"。爱和渴望是一样的，恨和厌恶是一样的。我们称渴望对应的事物是"好的"事物，厌恶对应的事物是"坏的"事物。还有关于各种热情的定义，这些定义大多基于与竞争相关的人生观。例如，大笑对应的是突然胜过别人的得意。对无形力量的恐惧，如果被公开认可，就是宗教；不被认可，就是迷信。因此，什么是宗教，什么是迷信，全凭立法者的决定。

意志只不过是仍在考虑中的渴望或厌恶。也就是说，意志其实就是渴望和厌恶，只不过是冲突中最强大的渴望或厌恶。这种观点显然和霍布斯对自由意志的否定有关。

和大多数为专制政府做辩护的人不同，霍布斯认为人生而平等。在政府尚未出现的自然状态下，人人都希望保有自由，但是又想控制别人。这两种渴望都受自我保护心理的支配。这两种渴望形成的冲突会导致战争，而在这种战争中，所有人都既是自卫方，又都是进攻方，这种"所有人对所有人的战争"，使人生变得"充满恶意、残酷又短促"。在自然状态下，没有财产，没有正义或不正义，只有战争，"在战争中，力量和欺诈是两大基本优势"。

书的第二部分，讲的是人类如何通过结成服从中央权威管辖的团体，逃脱这些邪恶。人类通过社会契约结成团体。按照设想，许多人聚集起来，同意挑选出一个统治者，或者一个统治机构，对他们行使权威，结束普遍的混乱。这是一种解释性的虚构，用来解释为什么人类甘愿自由受限并屈从于权威，以及为什么人应该屈从于权威。霍布斯说，我们热爱自身的自由，同时热爱控制他人，这会导致普遍战争；人类给自己加上约束，目的是自我保护，免受战争的伤害。

霍布斯思考过，人类为什么不能像蚂蚁和蜜蜂那样协作。他说，蚂蚁、蜜蜂的协定是自然协定，但是人类只能通过协商，达成人为协定。这种协定必然会给一个人或者一个机构授予权力，否则便无法实施。政治协定是人民之间达成约定，服从多数派选择的统治权。人民在做出选择之后，他们的政治权利即告终止。政府一经选定，除去那些政府发现让它留在人民手里，对统治有好处的权利，人民即刻失去其他所有权利。人民没有反抗的权利，因为统治者不受任何契约束缚，只有被统治者要受契约束缚。如此结合起来的群体被称为政治联合体。"利维坦"是一个凡间的神。

霍布斯也承认，统治者有可能是专制暴虐的，但即便是极端专制暴虐的统治，也好于无政府的混乱状态。更何况在很多方面，统治者和被统治者的利益是一致的。被统治的群体越富裕，统治者也就越富裕。被统治的群体遵纪守法，统治与被统治双方都更安全。造反之所以是错误的，一方面是因为造反经常失败，另一方面是因为，如果造反成功，就相当于树立了一个坏榜样，告诉别人也可以去造反，

书的第三部分，题为"论基督教体系的国家"，其中说明了不存在大一统教会的原因，因为教会必须依附世俗政府。在各个国家，国王应该是教会首领；不应该承认教皇的最高统治权，也不应该认为教皇不会犯错。

第四部分"论黑暗王国"，主要是对罗马教会的批判。霍布斯憎恶罗马教会，是因为罗马教会把宗教权力置于世俗权力之上。其余内容是对"空洞哲学"的攻击，这种通常指的是亚

里士多德的哲学。

关于该怎样看待《利维坦》这部著作，现在我们可以试着做出判断了。这不是一个简单的问题，因为这部书的优缺点交缠得十分紧密。

把霍布斯和之前的政治理论家进行对比，他的长处立马会清晰地浮现出来。他完全摆脱了迷信，他的讨论从来不会述及亚当和夏娃堕落之时发生了什么。他的讨论清晰，富有逻辑。他的伦理学，对也好错也罢，表达得很清楚，没有牵扯任何含混的概念。除了马基雅维利，他是政治理论方面第一位真正的现代思想家，而在他之前的马基雅维利和他相比，局限性太强。至于他的错处，则在于其政治思想过于简化，而非这些思想缺乏现实基础或不切实际。

我们不去批评霍布斯的形而上学或伦理学，他还有两个方面让人觉得不满。首先，他总是把国民利益当作一个整体看待，默认全体公民中，大部分人的利益是一致的。在战争时期，国民的利益确实是一致的，尤其是战事激烈的时候；但是，和平时期不同阶级之间的利益可能会存在非常大的冲突。在这种情况下，要说避免无政府状态的上策是提倡君主的绝对权力，有时可能确实如此，但是绝不可能任何时候都是对的。通过分享权力，做出让步，或许是防止爆发内战的唯一方法。

在关于国与国的关系问题上，霍布斯的思想也很狭隘。除了战争和征服以及偶尔的间歇，《利维坦》中完全没有谈及国与国之间的关系。按照霍布斯的想法，这是不存在国际政府的自然结果。国与国之间的关系处于自然状态，而所谓自然状态，就是所有人对所有人开战。只要国际间处于无政府状态，我们就不可能知道，各个独立国家产能的提升，是否符合全体人类的利益，因为各个国家在提升各自产能的同时，必然会提升战争的凶残程度和破坏力。如果霍布斯提出的支持政府的论据成立，那么这条论据对于支持国际政府而言也应该成立。只要民族国家存在，国与国之间有战争，只有保持各国产能低下，才能保护人类。如果各个国家都提升战斗素质，却没有阻止战争的手段，世界必将走向毁灭。

第九章

笛卡尔

人们通常将勒内·笛卡尔视作现代哲学的奠基人，我觉得很公正。他是第一位具有超高哲学才能，见解受新时代物理学和天文学影响的人。笛卡尔两部最重要的纯哲学著作，分别是《方法论》和《沉思录》。两部著作有很多重叠的地方，因此没必要分开来谈。

在两部书的开篇，笛卡尔先阐述了一种后来被称为"笛卡尔怀疑论"的思考方法。笛卡尔从对感官的怀疑开始。他说，我正穿着晨衣坐在炉火旁边，我能不能怀疑这件事？能，因为我光着身子睡觉的时候，有时会梦到自己坐在炉火边。而且，精神病人有时会产生幻觉，因此我也可能处于同样的状况。

但是，有些事是我无法质疑的：不管是多么狡猾的恶魔，如果我不存在，就没有恶魔可以蒙蔽我。我可能没有身体——这或许是一种幻觉，但是思想不一样。"我想把一切都想成是假的，那么那个在想的我，一定是个什么东西；'我思故我在'这个真理，如此坚不可摧，如此确定，怀疑论者所有最夸张的假设都不能把它推翻。因此我认为，我会毫无顾忌地将它视作我所探寻的哲学思想的第一法则。"

　　这段话是笛卡尔认识论的核心，包含了他哲学思想中最重要的信息。自笛卡尔之后，大多数哲学家都很重视认识论，这在很大程度上要归功于笛卡尔。"我思故我在"表达了思想比物质更确实，而我的思想比其他人的思想更确实的意思。因此，源于笛卡尔的所有哲学思想都具有主观主义倾向，将物质视作根据思想中已知的、只能通过推理去认知的东西——前提是，如果物质是可认知的。

　　现在，已经打好了一个坚实的基础，笛卡尔开始着手重建知识大厦。我的存在，已经得到证实，这个结论的根据是"我思故我在"——因此当我思考的时候，我就存在——这个事实推导出来的。如果我停止思考，就没有我存在的证据了。我是思考这个动作的主体，是一个实体性的存在，我的全部的本能或本质就在于思考，它的存在不需要空间或质料。因此，灵魂与肉体完全不同，灵魂比肉体更被容易认识；即便没有肉体，"我思故我在"依然成立。

　　笛卡尔在使用"思考"这个词时，采用了它非常广泛的含义。他说，进行思考的主体，就是那个怀疑、理解、构想、肯定、否定、意欲、想象和感受的主体，梦里的感受，就是一种思考的表现形式。由于思考是大脑思维的本质，大脑必定一直在思考，即使熟睡时也如此。

　　笛卡尔又回到我们对身体的认识这个问题上。他用从蜂巢里取出来的一块蜂蜡举例。在感官层面，有些东西显而易见：尝起来是甜的，闻起来有花香味，有一种特定的颜色、大小、形状，质地偏硬，温度偏凉，敲一敲能发出声响。但是，如果你把它放在火旁，虽然还是蜂蜡，这些性质却全都变了，可见呈现给感觉器官的那些性质并不是蜂蜡本身。蜂蜡本身是由延展性、柔韧性和流动性构成的，这些性质是通过大脑思维理解的，而不是通过想象理解的。蜂蜡这个事物本身是不可感知的，因为它均等地在各种感觉器官面前呈现出了蜂蜡的形态。对蜂蜡的认知"不是视觉或触觉或想象，而是大脑思维的洞察"。我的感觉器官接触到了蜂蜡，据此可以认定我自己存在，但是不能认定蜂蜡存在。认知外部事物必须通过大脑思维，而不是感觉器官。

笛卡尔说，最常见的错误，就是以为自己的观念和外界事物是一样的。观念似乎可以分为三类：（1）与生俱来的观念；（2）外来的观念；（3）自己创造的观念。我们会自然而然地以为，第二类观念与外界事物一致。我们这样以为，部分是因为天性指导我们这样认为，部分是因为这类观念的出现是独立于意志的（也就是通过感觉器官获得的），因此认为外界事物把自己的样态印在我们的脑海中，似乎是合理的。但是，这些理由足够充分吗？当我说"天性指导我们"时，表达的不过是我有这样认为的倾向，并不是说我借着自然之光看到了它。借自然之光看到的无法否定，但如果只是倾向，也可能指向虚假的方向。至于由感官形成的观念是无意识的，根本无须争论，因为梦就是无意识的，虽然它并非来自外界事物。因此，认为感官形成的观念来自外界事物的理由，无法令人信服。

笛卡尔对上帝存在所做的证明，没有太多原创思想，主要出自经院哲学。上帝存在得到证明，剩下的就容易了。既然上帝是仁慈善良的，他就不会像笛卡尔为解释怀疑设想的那个狡猾的恶魔那样行事。上帝让我如此强烈地倾向于相信物体存在，如果物体并非真实存在，上帝岂不是在愚弄我；因此物体必然存在。此外，上帝必定还给予了我纠正错误的能力，我应用"清晰和确切是真理的标准"这一原理时，就会使用这项能力，这使我能够掌握数学。我如果记得必须单凭大脑思维去认识关于物体的真理，不应该通过大脑思维和身体协作去认知，我也能掌握物理学。

批判怀疑作为一种哲学方法是非常重要的，虽然笛卡尔本人应用这个方法的时候十分不以为然。从符合逻辑的角度来看，很明显，怀疑必须在某处停止，这种方法才能带来正向的结果。如果既要符合逻辑认知，又要符合经验认知，必须有两个止点：明确无疑的事实，以及明确无疑的推理原则。对于笛卡尔来说，明确无疑的事实是他自己的思想——这里用的是"思想"这个词最广泛的意思。"我思"是他的原始假设。这里的"我"其实不合逻辑，他应该把原始假设改成"有思想存在"才对。从语法的角度来看，用"我"这个词当然更合适，但它描述的不是可以作为论据的已知事实。不将外部事物作为目标，而把思想视作原始的经验实体，笛卡尔的这一决断非常重要，对后来所有的哲学思想产生了重大影响。

从柏拉图开始，出于信仰原因经基督教哲学得到发展的心物二元论，到笛卡尔这里总算完全成形，或者说基本成形了。关于物质世界的全部理论，笛卡尔坚持严格的决定论。笛卡尔本人只承认了一个小例外——人的灵魂，虽然不能改变生命精华的动量，但是可以通过意志改变生命精华的运动方向。不过他承认的这个小例外，与他自己哲学体系中的精神相悖，也不符合力学定律，因此被人抛弃了。由此引发的结果是，物质的一切运动皆由物理定律决定；相应地，精神事件必定也是可以确定的。这样一来，自由意志就成了摆在笛卡尔面前的棘手问题。

笛卡尔在两种思想间摇摆不定，一方面是他从现代科学中习得的思想，另一方面是他从拉弗莱什那里学到的经院思想。这使他陷入矛盾之中，但是也使他收获了比其他纯粹地尊崇逻辑的哲学家更丰硕的思想成果。自圆其说，或许只会让他成为一个经院新学派的创始人；自相矛盾，却使他成为两个背道而驰的重要哲学流派的先行者。

第十章

斯宾诺莎

斯宾诺莎是伟大哲学家中最高尚、最受人敬爱的。若论才智，有不少人比他优秀；若论道德，却无人能及。斯宾诺莎的《伦理学》讨论了三个截然不同的主题。《伦理学》从形而上学开始，转而论述与热情和意志有关的心理学，最后论述了在前面的形而上学和心理学基础之上建立起来的伦理观。

斯宾诺莎的形而上学体系认为，只有"神或自然"是实际存在的，而具有限定属性的一切，都不能独立存在。笛卡尔承认神、思维和物质实际存在；其中，思维由思想定义，物质由延展性定义。斯宾诺莎完全不认同这样的看法。在他看来，无论是思想还是延展性，都是神的属性。除此之外，神还具有无数其他属性，因为神的任何方面都是无限的。具有限定属性的事物，都被它们物理或逻辑范围定义，也就是说，被它们不具备的属性定义："所有确定属性都是否定性。"唯一完全被肯定性定义的只有神，他是绝对不受限的。于是斯宾诺莎便走上了完全纯粹的泛神论道路。

在斯宾诺莎看来，万事万物都必然受绝对的逻辑支配——

在精神领域，不存在自由意志；在物理世界，不存在偶然。发生的一切，都是神本质的显现，神的本质是不可理解的。但是这个观点无法解释有关罪恶的问题，批评者们毫不迟疑地指出了问题所在。斯宾诺莎回答称，在人们的行为中，那些肯定性的确实都是好的，只有那些否定性的才是不好的。只有具有限定属性的造物，才存在否定性；只有百分之百以肯定性真实存在的神才不具有否定性。因此如果我们不将在我们看来是罪的事件看作一个整体，而只将它看作整体的一个部分，那么恶其实并不真的存在。

《伦理学》是按照欧几里得的风格写的，有定义、公理和定理；根据公理推导出的一切，都应该被视作经过了演绎推理的严格论证。斯宾诺莎哲学体系的本质是，认为万事万物都可以得到证明，这同样是他伦理学和形而上学思想的本质，因此证明就成了一种必要活动。我们不能接受他的方法，是因为我们无法认同他的形而上学。我们无法相信是逻辑把宇宙各部分联结在一起，因为我们认为科学法则是通过观察，而不是单凭推理发现的。但是在斯宾诺莎看来，几何学方法必不可少，而且与他学说中最本质的部分密不可分。

用斯宾诺莎的形而上学讨论过思维的本质和起源之后，我们再来看他的情感理论。我们对此会得出一个惊人的推论："人的思维对神永恒无限的本质有足够的认识。"但是《伦理学》第三卷中提到的热情，会分散我们的注意力，模糊我们对整体的理智见解。第三卷中的心理学完全是利己主义的心理学。按照斯宾诺莎的看法，"自我保护"是各种热情的根本动机；但是当我们意识到，我们自身内部真实的、肯定性的部分，使我们变成一个整体，而不是在维持分离的外观时，自我保护也会改变它的性质。

《伦理学》最有意思的部分是书中的最后两卷，分别题为"论人的奴役或情感的力量""论理智的力量或人的自由"。发生在我们身上的事有多少是由外部因素决定的，我们就受到了多少束缚，因此我们能在多大程度上靠自己做出决断，就能拥有多大程度的自由。斯宾诺莎和苏格拉底、柏拉图一样，认为所有的错误行为，都是错误认知引发的。斯宾诺莎从来不谈无私精神，他认为，在某种意义上，追逐私利，尤其是自我保护，操控着所有人的行为。"只要思维在理性的指导下构想一个事物，思维受到的影响是均等的，无论其构想是现在的、过去的、还是未来的事物。"

这很难用语言表述清楚，但是这种理念是斯宾诺莎哲学体系的本质，我们应该多花些时间好好想一想。按照一般人的理解，"结局圆满就意味着万事大吉"；如果宇宙正渐渐往好的方向发展，我们会觉得这比宇宙往崩坏的方向发展好，即便在两种情况下，宇宙中的善、恶总和是一样的。和成吉思汗时代的灾难相比，我们更关注眼前时代的灾难。按照斯宾诺莎的想法，这是不符合理性的。在神的眼中，时间没有意义，无论发生了什么，都只是永恒世界的一部分，发生在哪月哪日都一样。智慧的人，会在人类的限定属性允许的情况下，尽可能以神的视角，Sub specie æternitatis（在永恒的相下）看这个世界。

你或许会表示反对，我们更关心未来的不幸，因为我们或许能防止灾祸发生；我们不那么重视过去的灾难，是因为我们无能为力，这有什么不对呢？斯宾诺莎的决定论对此做出了解答：是无知，让我们以为能改变未来；会发生的事一定会发生，未来和过去一样，不可更改。这就是为什么"希望"和"恐惧"会受谴责：这两种情绪都建立在认为"未来是不确定的"这种错误认识之上，因此都是缺乏智慧导致的。

如果我们尽量从神的视角看这个世界，我们就能将万事万物看作整体的部分，当成终极至善至美的必要组成。因此"对恶的认识，是不充分的认识"。神不认识恶，因为在神的眼中没有恶，自然不需要去认识恶；将宇宙的各部分，视作一个个独立的个体，才会看到恶的假象。

斯宾诺莎的观点，旨在把人从恐惧的压制下解放出来。"自由的人绝少想到死，他的智慧不是对死的默念，而是对生的沉思。"斯宾诺莎非常彻底地践行了这句箴言。"我们是自然整体的一部分，我们遵循自然法则。如果我们对此有清晰、透彻的理解，我们的本质中由理智定义的部分，也就是更好的那部分，就一定能无言地承受降临到我们身上的一切，并努力坚持下去。"人只要不甘当更大整体的一部分，他就处在束缚之中；但是，只要人通过理解，掌握了唯一的现实，认识到整体，他就是自由的。这一学说的种种含义在《伦理学》的最后一卷得到了扩展。

对于所谓的"逻辑一元论"来说，斯宾诺莎的形而上学是一个非常好的例子。逻辑一元论指的是，宇宙作为一个整体，是一个单独的实体，从逻辑上来讲，任何部分都不能独立存在。斯宾诺莎认为，可以通过一些不证自明的公理，用逻辑推导出宇宙和人生的本质；对待发生的事件，我们应像对待"二加二等于四"这个事实一样，默认接受，因为它们都是逻辑的必然结果。这一整套形而上学的思想都不可能被人认可，因为它与现代逻辑和科学方法相悖。

但是，当我们谈到斯宾诺莎的伦理学，我们会觉得——或至少是我觉得——有些东西还是可以接受的。大致来讲，斯宾诺莎想要说明，为什么我们能过上崇高的生活，即便我们承认人类能力有限。人类能力确实有限，在这种情况下，斯宾诺莎的格言或许是最合理的了。比如说"死亡"：凡是人能做到的事，没有一件能让人长生不死，因此我们把时间浪费在恐惧、悲叹死亡终将到来这件事上，纯属徒劳。无法摆脱对死亡的恐惧，就是一种束缚；斯宾诺莎说"自由的人绝少想到死"，这句话果然没错。应该避免焦虑或恐惧，应该冷静地采取必要手段，让我们的心思尽可能地转移到其他事物上。这样的想法，适合其他所有纯属个人层面的不幸。

斯宾诺莎让我们思考全局，或者至少思考比我们的悲痛更大的事，这其实是一个非常实用的观念。甚至有些时候，当我们意识到，我们反思人类的生活，以及其中包含的邪恶与苦难，只不过是天地万物中微小的组成部分，内心便会觉得安慰。这类反思或许不足以构成宗教信仰，但是在这个痛苦的世界，它能给那些头脑清醒的人一些帮助；对于那些因为完全陷入绝望，无力面对生活的人来说，它也是一剂救命的良药。

第十一章

莱布尼茨

　　纵观人类历史，站在智慧巅峰的人屈指可数，莱布尼茨就是其中之一；但是作为一个人，他并不值得赞扬。他最优秀的思想，不是那种会给他赢得名望的，他会把这种想法记录下来，不做发表。他发表的，都是精心设计，用来从王公后妃那里赢得赞赏的。结果就形成了莱布尼茨具有代表性的两种哲学体系：一种是他公开发表的，乐观、正统、不切实际，而且肤浅；另一种是近代编订者从他的手稿中一点一点发掘出来的，其中呈现的哲学思想，深刻渊博、条理清楚，以斯宾诺莎主义为主，极富逻辑性。

　　在《单子论》和《以理性为基础的自然与神恩典原则》中，可以找到莱布尼茨的流俗哲学。和笛卡尔及斯宾诺莎一样，莱布尼茨的哲学也是以"实体"概念为基础，但是关于思维和物质的关系，以及实体的数量，他和两人的看法截然不同。莱布尼茨相信有无数个实体，他称之为"单子"。每个单子都具有一些物理特性，但这只是从抽象的角度来看；实际上，每个单子都是一个灵魂。由此莱布尼茨否认了物质实体，以一个无限的灵魂族群代之。

　　他认为，单子之间不可能存在因果关系，即便有时候看起来有因果关系，也只不过是欺人的表象。按照莱布尼茨的表述，单子是"没窗户的"。莱布尼茨认为，每个单子映照宇宙万物，不是因为宇宙万物对单子产生影响，而是因为神给了它一种性质，自然形成这样的结果。一个单子中的变化和另一个单子中的变化之间，存在一种"前定和谐"，因此产生了彼此相关的假象。

　　单子形成了一个等级体统，有些单子映照宇宙万物更清晰、明确，这方面的能力比其他单子优秀。所有单子都存在不同程度的认知混乱，混乱程度与单子的等级相关。人的身体完全由单子组成，但是有一个占主导地位的单子，就是所谓人的灵魂。

　　和斯宾诺莎相比，莱布尼茨允许他的思想体系中大量运用自由意志的概念。他有一条"充足理由律"，根据这条原则，如果没有理由，什么都不会发生；但是当我们谈到自由人，他们行动的理由"有倾向但无必要"。人类做事总是有动机可寻，但是人类行为的理由，在逻辑上却不具有必要性。神的行为也有同样的自由。神永远为最好的结果而行动，但是从逻辑上，他这么做没有受到任何强迫。莱布尼茨同意托马斯·阿奎那的观点，神不能做出违反逻辑法则的行为，但是他能裁定什么是符合逻辑的，这给他留下了极大的选择空间。

　　有关可能存在许多世界的说法，是莱布尼茨哲学最典型的特征之一。如果一个世界不违反逻辑法则，这个世界就可能存

在。可能的世界有无数个，神在创造这个现实世界之前，全都
考虑过。神出于好心，决定创造这些可能的世界中最好的，也
就是善超过恶最多的那个世界。他本来可以创造一个完全没有
恶的世界，但是这样的世界，不如现实世界好。这是因为，从
逻辑上来讲，有些大善与某种邪恶密切相关。自由意志就是大
善，但是神赋予自由意志，同时下令不应有罪恶发生，从逻辑
上说不通。最终创造的这个世界虽然有恶，但是善超出恶很
多，跟其他可能的世界相比，现实世界善超出恶的量最大，因
此它是所有可能世界中最好的。世界有恶存在，不能成为不认
同神性善的理由。

接下来，我要谈的是莱布尼茨的秘传哲学。我们在他的秘
传哲学中，为他流俗哲学中有一些看似主观、不切实际的论
点，找到了解释。

在笛卡尔、斯宾诺莎和莱布尼茨的哲学中，"实体"是基
本概念，它出自"主语和谓语"这个逻辑范畴。有些单词可以
当主语，也可以当谓语；有些单词在任何时候都不能做谓语，
只能当主语，或者关系中的一方，这类词就是用来指代实体
的。实体除了具备这个逻辑特性，还永恒存在，除非被神的全
能毁灭。

莱布尼茨对逻辑的重要性坚信不疑，不只是在逻辑本有的
领域，逻辑作为形而上学的基础也很重要。莱布尼茨的哲学，
以"矛盾律"和"充足理由律"这两个逻辑前提为基础。这两
个定律都离不开"分析命题"。所谓"分析命题"就是主语中
包含谓语的命题，如"所有白种人是人"。矛盾律宣称，所有

分析命题都是真命题。充足理由律宣称,所有真命题都分析命题。比如说,"我开展一次旅行","我"这个概念,必然从始至终包含在这次旅行的概念中,这次旅行是对"我"的描述。他继续解释了实体间不存在相互作用,而是从自己的视角映射宇宙万物,达成一致。实体之间之所以不存在互动,是因为发生在每个实体上的每一件事,都是其自身概念的一部分,只要那个实体存在,这便是永久确定的。

莱布尼茨在他的隐秘思想中,就哲学家如何用逻辑做形而上学的关键,做了一个完美示范。莱布尼茨把主语—谓语式逻辑和多元论相结合的时候,制造了一个矛盾,因为"有许多单子"这个命题并不属于主语—谓语形式。要想不自相矛盾,认为所有命题都属于这种形式的哲学家,应该和斯宾诺莎一样,是一元论者。莱布尼茨否定一元论,在很大程度上是因为他对动力学感兴趣,他认为延展性有复制的意思,因此不可能是单一实体的属性。

莱布尼茨是一个不甚出色的作家,他对德国哲学的影响,是把德国哲学变得迂腐枯燥。在康德的《纯粹理性批判》出版之前,莱布尼茨的门徒沃尔夫,在德国大学中占支配地位。沃尔夫遗漏了莱布尼茨思想中最有意思的东西,自己创造了一种枯燥的、教授式的思维方式。在德国以外,莱布尼茨的哲学几乎没什么影响力。

第十二章

哲学上的自由主义

自由主义在政治和哲学领域的兴起，为研究一个非常普遍、非常重要的问题提供了素材，这个问题是：一直以来，政治和社会环境对优秀的原创思想家们的思想，会产生什么影响？反过来，这些人对日后的政治和社会发展又会产生什么样的影响？

早期的自由主义，是英国和荷兰的产物，带有特定的明确特征。它代表了宗教宽容，本身属于新教思想，但不是狂热的那种，属于不拘泥于教义的类型；它认为宗教战争是愚蠢的；它重视贸易和工业，支持正在崛起的中产阶级，不支持君主和贵族；它十分尊重财产权，尤其尊重个人通过劳动积累的财产。

早期的自由主义乐观向上，充满活力，又很达观贤明，因为它代表的是一种处于发展中的势力。这股势力看起来不会经受太大的挫折就会取胜，一旦胜利就会给人类带来非常大的好处。早期自由主义反对中世纪的一切思想，无论是哲学思想还是政治思想，因为中世纪的理论是用来赋予教会和国王权力的，而且为迫害辩护，阻碍科学的发展。早期自由主义想终结政治和神学方面的斗争，为东印度公司和英格兰银行、万有引力定律和血液循环的发现这类振奋人心的商业和科学企事业释放能量。

在我们开始谈论细节之前，最好思考一下十七世纪到十九世纪自由主义运动的一般模式。这种模式起初很简单，后来逐渐变得越来越复杂。自由主义运动的整体特征，从某种广义的层面来讲，属于个人主义，但是个人主义这个词如果不进一步定义，其内涵就会含混不清。在中世纪，虽说基督教伦理中原始的个人主义倾向，在神秘主义者那里依然保有活力，但是包括大多数哲学家在内的大部分人的观点，都被由教条、法律和习俗构建而成的牢固综合体控制，这导致一个社会机构，也就是天主教会，控制了人们的理论信念和道德实践——什么是真理，什么是善良美好，不是通过个人思考，而是通过一个委员会的集体智慧判定。

这套系统的第一个重大突破口，是新教攻破的。新教曾提出，大公会议也会犯错。由此，判定真理不再是社会的公事，成了个人的私事。由于不同的人会得出不同的结论，因此会形成冲突，于是神学领域的决议不再寄望于主教会议，而改到战场上去寻求。由于没有哪一方可以把另一方彻底消灭，大家也都认清了这个事实，最后必须找到一种方法，让知识和伦理方面的个人主义，与社会秩序达成和解。这是早期自由主义试图解决的一个主要问题。

与此同时，个人主义渗透到了哲学领域。笛卡尔思想的基础，也就是他认为确凿无疑的"我思故我在"，使知识基础因人而异，因为每个人认知的出发点都是自身的存在，不是他人也不是社会。他强调清晰明确的观点可靠，也表达了同样的意思，因为通过内省，我们才能发现自己的想法是否清晰明确。从笛卡尔开始，大部分哲学思想或多或少都带有个人主义色彩。

一个新运动，逐渐发展成了自由主义的对立面，这一运动自卢梭开始，从浪漫主义运动和国家主义中获得力量。在该运动中，个人主义从知识的领域扩张到了情感领域，个人主义中的混乱无序开始浮出水面。经卡莱尔和尼采发扬光大的英雄崇拜，明显带有这类哲学思想的特征。其中融合了各种元素：有对早期工业主义的厌恶，对工业主义带来的丑陋后果的憎恨，以及对残酷现实的强烈反感；有对中世纪的怀念，当然他们怀念的是理想化的中世纪，因为憎恨现代世界，才会美化过去的世界。教会和贵族的特权虽然日渐衰落，但是还有拥护者，他们还试图把这件事和工薪阶级反抗工厂主压榨结合起来。其中还涉及在民族主义之下，打着为自由而战的旗号，强力主张反抗权的叛逆者。拜伦是参与这项运动的诗人，参与运动的哲学家包括费希特、卡莱尔和尼采。

但是，不可能人人都做英雄领袖，也不可能所有人的意志都能得以伸张，和所有其他形式的无政府主义一样，这种思想一经采用，一定会导致最成功的英雄建立起专制统治。专制一经确立，他就会强迫他人接受他主张的伦理道德，因为他的权力就是从那里来的。因此，这一整套人生理论，都是自我否认。在将理论变成现实的过程中，实践采纳的理论，与他们的追求完全不同，他们最后建立起来的，是个体受到严重压迫的专制国家。

　　最早对自由主义哲学做出综合性论述的是洛克。洛克虽然不是见解最深刻的，却是影响力最大的现代哲学家。在英国，洛克的观点与最智慧的那群学者达成了高度一致，因此除了理论哲学之外，人们很难寻踪索迹来探寻他的影响路径；另一方面，在法国，洛克的思想在实践中推动了对现有政权的反抗。我们能清楚地看到，在理论方面对当时风靡的笛卡尔主义的反抗活动中，洛克的思想对反抗活动的发展发挥了非常大的作用。这是一个普遍原则的完美示范，这里的普遍原则说的是：在政治、经济先进的国家发展起来的哲学，在它的诞生地只不过是对流行见解的阐述和系统化，但到别的地方，或许会成为革命激情的源泉，而现实的革命都是革命激情引燃的。矫正发达国家政策的至理名言，主要通过理论家，让欠发达国家的民众知晓。在先进国家，实践激发理论；在欠发达国家，理论启发实践。这种差异，也是外来观念很少能像在本土那样获得巨大成功的原因之一。

第十三章

洛克的认识论

我们可以将洛克视作经验主义的奠基人，所谓经验主义指的是，我们所有的知识（或许应该将逻辑和数学排除在外）都来源于经验。据此，《人类理解论》第一卷就表示了对柏拉图、笛卡尔及经院哲学家的反对，提出了不存在固有观念或准则的观点。在第二卷，洛克开始详细阐述，经验是如何产生各种观念的。

洛克认为，我们的观念有两个来源：（1）感觉；（2）对我们思维活动的知觉，我们可以称之为"内感"。由于我们只能通过观念来思考，而且所有观念都来自经验，因此，显然我们的任何知识都不可能先于经验。

他说，知觉是"迈向知识的第一步，也是最初级的知识，是获得所有知识材料的入口"。在洛克生活的时代，人们认为思维先于经验知道各种事物，洛克提出的知识完全依赖知觉，是一种革命性的新学说。自柏拉图时代之后，一直到笛卡尔和莱布尼茨，几乎所有哲学家都说过，我们的最可贵的知识，大部分并非来源于经验。因此，洛克彻底的经验主义，是一个大胆的革新。

　　经验主义和唯心主义都要面对一个问题，到目前为止，哲学还没有找到满意的解决方案。这个问题就是，我们如何了解自己以外的其他事物，以及我们自己思维的运作。洛克探讨了这个问题，但是很明显，他的意见无法让人感到满意。他在文章中提道："既然头脑中的思想和推理，除了自身观念，没有其他直接作用的客体，所以显然，我们的知识只包括这些观念。"他又说："知识是对两种观念一致或不一致的知觉。"据此，就知识而言，我们每个人必定是被封闭在自身范围内，与外界断绝所有联系的。

　　不过，这是一个悖论，洛克不会和悖论产生任何关系。因此，在另一个章节，他提出了一套完全不同的理论，与前面的理论大相径庭。他说，我们有三种关于真实存在的知识。我们对自身存在的认知是直觉知识，我们对神存在的认知是论证知识，我们对提交给感官的事物的认知是感觉知识。除了（1）凭直觉；（2）凭推理，检验两个观念是否一致；（3）"凭感觉，感知特定事物的存在"之外，我们不可能掌握别的知识。

　　关于洛克的道德原则，我谈论的不是他实际的道德倾向，而是他的一般理论，即关于人如何做事以及应该怎样。他认为，所有人的行为，都受追求自身幸福和快乐的渴望驱动。每个人在追求个人幸福的时候，都应该强制性地让他为群体幸福做出贡献。但是这也无法令人满意，因为不可能所有的立法者都是英明而有道德的，而且由人组成的政府不可能全知全能。

　　洛克不得不承认一个显而易见的事实，虽然人们会为了获得最大的快乐而精心计算，但是人不可能一直按照算计好的方式行事。和将来可能获得的快乐相比，我们更重视当前的快乐；和遥远未来的快乐相比，我们更重视短期未来的快乐。因此，即便追求快乐或者说避免痛苦是我们行动的动机，那也必须加上一句：快乐的吸引力和对痛苦的恐惧，与发生的时间有关，时间越久远，它们的作用力越弱。

按照洛克的理解，只有从长远来看，自身利益和群体利益才可能一致，因此人应该尽可能遵循长远利益的指引，这一点就变得非常重要了。也就是说，人应当深谋远虑。深谋远虑仍然是一项需要宣扬的美德，因为每一次道德崩塌，都是因为缺乏深谋远虑。强调深谋远虑，是自由主义的特征。这件事和资本主义的兴起密切相关，因为深谋远虑的人会变得富裕，短视的人或者变得贫困，或者无法摆脱贫困。这又和某种新教的虔诚信仰有关：为进天堂而严守美德，和为了值得买的东西而存钱，两者在心理上极其相似。

简而言之，洛克的论证是这样的："我们只想获得快乐。但是实际上，很多人想获得的不是快乐本身，而是能在近期获得的快乐。这件事与我们所说只想获得快乐相互抵触，所以是邪恶的。"几乎所有哲学家，在他们的伦理学体系中，都会先提出一个错误的信条，然后指出，邪恶的行为方式，正好可以证明该信条是错误的；如果那个信条是正确的，就不会出现这种情况。洛克为此提供了一个示范。

第十四章

洛克的政治哲学

1. 世袭原则

一六八八年的光荣革命刚结束，洛克就写了两篇《政府论》，第二篇在政治思想史上的地位尤其重要。他在第一篇《政府论》中，批评了权力的世袭制。这是一篇针对罗伯特·费尔默爵士《先祖论：或论国王的天生权力》做出的回复。

罗伯特·费尔默爵士是一位君权神授的忠实拥护者。他说，国王不受任何人控制。按照他的说法，神起初把王权授给亚当，亚当又将之传给他的后世子孙，最后传到当代的各位君主手中。他坚定地表示，现在的国王们"就是，或者号称是，人类初始先祖的继承人，人类全部由他们孕育而来"。

费尔默认为，政治权力完全来自父亲对子女的权威。洛克轻松推翻了他的论证。洛克指出，若论家长权，母亲的权力应当和父亲相等。他着重强调了长子继承原则的不公，但是如果世袭制是君主制的基础，就无法避免这种不公。对于"现在的君主实际上都是亚当的后代"这种说法，洛克觉得十分荒谬。亚当只可能有一个后代继承人，但是谁也不知道他是谁。他问，费尔默是不是认为，如果能找到那个真正的继承人，所有在位君主都应该把王冠摆在他的脚下？如果承认费尔默有关国王的观点是正确的，那当下所有国王都是篡位者，顶多有一个不是。这样说来，现在的君主们根本无权要求正受他统治的臣民服从。

世袭原则几乎已经在政界消失。奇怪的是，在民主国家，虽然政治领域摒弃了世袭原则，经济领域却没有受到丝毫影响。我们仍然会自然而然地认为，人应该把财产留给儿女。政治王朝消失了，但是经济王朝还在。我不是在对这两种权力的不同遭遇表示支持或反对，我只是指出存在这个现象，而且大多数人没有意识到这种现象的存在。巨大的财富是能支配他人生活的，但是你很自然地认为财富应该世袭。想到这里，你就能更好地理解，罗伯特·费尔默爵士这类人怎么会对王权有同样的看法了；同时也会明白，和洛克有同样想法的人，其代表的革新是多么重要了。

2. 自然状态与自然法则

洛克对自然状态及自然法的看法，总的来说并非原创，只是复述了中世纪学院派的学说而已。在洛克的著作中，这段话最像是对自然状态的定义："众人按照理性生活在一起，世间不存在一个拥有裁决权、高于所有人的人上人，这或许就是自然的状态。"

这描述的不是野蛮人的生活，而是由一群有道德的无政府主义者组建的空想社会，他们不需要警察或法院，因为他们遵循"理性"。"理性"和"自然法"表达的是一个意思，自然法由那些人们认为源于神的行为法则组成。

反对自然状态最大的理由在于，在自然状态存续期间，所有人都会成为自己诉讼案中的法官，因为人必须自己捍卫自己的权利。对于这样的弊端，组建政府正好可以作为补救办法，但组建政府不是自然的补救办法。按照洛克的说法，通过一项契约组建起政府，人就会脱离自然状态。并非所有契约都会结束自然状态，只有意在组建政治统一体的契约才可以。现在，各个独立国家的政府，彼此之间正处于自然状态。

洛克的自然法观念，有些部分令人感到惊讶。例如，他说依据自然法，正义战争中的俘虏应该成为奴隶。他还说，所有人天生有权惩罚侵害他本人和他财产的人，甚至有权因此杀人。

财产在洛克的政治哲学中，占据非常重要的地位，而且按照他的说法，财产是设立民政统治机构的主要原因：

"人类聚合成团体，把自己置于政府之下，最主要也是最重要的目的是保护他们的财产；在自然状态下，要想保护财产，需要的成本太高。"

洛克这一整套自然状态和自然法理论，在一个方面说得很清楚，在其他方面却非常难以理解。洛克是怎么想的，解释得很清楚，但是，他是怎样产生这些想法的，却说得不明不白。洛克的伦理学属于功利主义，但他讨论"权利"时，却没有做功利方面的考量。

3. 社会契约

在洛克的契约论中，政府为契约的一方，如果政府不履行契约中的义务，就应当受到抵抗。从本质上来讲，洛克的学说多少带有几分民主色彩，但是这种民主中的民众是有限定条件的，没有财产的人不被视作公民。

洛克对政治权力的定义是：

"在我看来，政治权力就是制定法律的权力，可以借助上至死刑的一切处罚，管理和保护财产，动用社会力量执行这些法律，保护国家免受外国伤害，所有这一切只是为了公共利益。"

按照洛克的说法，在自然状态下，每个人都是自己的诉讼案中的法官，由此生出种种不便当，政府是补救办法。但是，如果最高统治者是争端的当事人，政府就不能成为补救办法，因为最高统治者既是法官又是原告。对于这些方面的考虑形成一种意见：政府不能不受限制，而且司法部门应该独立于行政部门之外。这样的论点，后来在英国和美国取得了非常重要的进展。

洛克说，所有人天生有权惩罚侵害他本人和他财产的人，甚至有权因此杀人。在政治社会，也只有在政治社会，人们会将这种权力转交给社会或法律。

君主专制不属于民政统治，因为不存在中立威权裁定君主和臣民之间的纠纷。实际上，君主与臣民的关系依然处于自然状态，希望一个生性暴力的人，因为做了国王就变得有道德，实属妄想。

依照洛克的说法，契约规定政府的权力只能为公众利益服务，绝不能越界。我在前面引用了一段概括政府权力的话，最后一句就是"所有这一切只是为了公共利益"。但有一个问题洛克似乎没想到：公共利益应该由谁来判定？显然，如果由政府判定，政府一定会只制定对自己有利的决策。洛克大概会说，这样的决策由多数公民判定。但是很多问题必须当机立断，不可能一一确认公民的意见，战争时期是战是和，或许是最重大的问题。在这种情况下，唯一的改进办法，就是给舆论或舆论代表赋权——让他们有权在事后对那些行为有负众望的行政官吏做出惩处。

契约创建政府的理论，当然是进化论出现之前的说法。政治和麻疹、百日咳一样，一定是逐渐发展起来的。不过，它也和这两种病一样，可能突然传入像南洋诸岛那样的新地域。在开始研究人类学之前，人们完全不知道政治萌芽期涉及的心理机制，也不知道是什么神奇的理由导致人们采用了那些后来才被证明有价值的制度和风俗。但是作为一种为政治辩护的法律虚拟，社会契约理论还是有几分道理的。

4. 财产

接下来，我会按照出现的先后顺序罗列出洛克关于财产问题的主要论断。

首先，按照洛克的说法，所有人都能通过劳动生产获得私人财产，或者至少应该获得。至于农业生产，洛克所属的学派认为，小农自耕制是最好的制度。他说，一个人能耕种多少田地，就可以保有多少田地，但不能贪多。他似乎完全没意识到，不经历流血革命，欧洲没有一个国家能实现这种规划。无论是什么地方，大部分农田都是贵族的财产，贵族们强迫农民缴纳固定比例的作物（通常要上交一半），或强征说变就变的地租。

　　劳动价值理论包括两方面，一方面是伦理，另一方面是经济。也就是说，该理论一方面主张产品价值应该与为此付出的劳动成正比，另一方面认为商品的实际价格受劳动付出的影响。洛克也承认，后一种说法大致正确，但并不准确。他说，百分之九十的价值是劳动创造的，但是剩下百分之十从何而来，他未做表述。他说，是劳动给所有东西分别标注了不同的价值。他以印第安人占据的美洲土地为例，说这些土地几乎没有价值，因为印第安人没有去耕种它们。似乎他并没有意识到，只要有人想在上面劳动，即便还没真进行，土地就已经拥有价值了。如果你有一片荒漠，有人在其中发现了石油，你什么都不用干，就能把这块土地卖出一个好价钱。他没有想到这类情况，只想到了农业，在他那个时代，这样想实属自然。洛克赞成的小农自耕制，并不适用于这种大规模的开采活动，因为开采需要昂贵设备和大批工人。

　　洛克的有些见解特别古怪，我不知道要怎样描述，才能让它们听起来合乎情理。他说，人不能拥有太多李子，而"太多"的定义是：家人没吃完之前，李子就烂掉了。但只要是合法所得，拥有多少金子、多少钻石都可以，因为金子和钻石不会变质。他没想到，拥有李子的人，在李子坏掉之前，可以把它卖掉。

洛克花了很多笔墨，描述贵金属不会腐坏的特性，他说，贵金属是货币的来源，也是财富不均的来源。他以一种看起来既抽象又空洞的方式，表达了对经济不平等的悲叹，但是他当然不认为，采取一些措施防止财富不均是明智的做法。富人，主要是作为艺术和文学的赞助人，推动了文明的进步。毫无疑问，他和他那个时代的人一样，对此留下了深刻印象。

5. 约制与均衡说

认为政府的立法、行政和司法职能应该彼此独立，是自由主义的特征；在英国，三权分立原则出现于反抗斯图亚特王朝的过程中，至少关于立法和行政两方面，是洛克明确提出的。他说，立法和行政必须分离，以防滥用权力。当然，我们必须要知道，他口中的立法机构指的是议会，而行政权就掌握在国王手中；不管他在逻辑上指向什么，至少在情绪上表达的就是这个意思。据此可知，他认为立法部门是有道德的，而行政部门通常是邪恶的。

他说，立法部门必须是最高职能机构，但是必须可以被社会罢免。言外之意，立法部门应该像英国下院那样，定期通过民众投票选举产生。如果认真看待"立法部门可以被民众罢免"这个条件，实际上是对洛克时代，英国宪法允许国王和上议院拥有部分立法权的谴责。

洛克说，所有组织框架良好的政府，立法部门和行政部门都是分开的。这又会面临一个问题：如果两个部门出现冲突怎么办？按照洛克的说法，如果行政部门不按照规定，在未召请立法部门监督的情况下行使职权，那么行政部门就相当于站在了人民的敌对面，人民可以借助暴力撤销行政部门。从洛克以及和他同时代的大部分思想家那里，我们可以看到他们抱持着这样一个信念，即任何一个正直的人都知道什么是公正的，什么是合法的。这种信念显然没有考虑到党派偏见的力量，而且任何党派都有偏见；也没有考虑到，人们很难建立一个可以对棘手问题做出权威判决的法庭，无论是外部法庭，还是人们心中的法庭。在实践中，如果足够重要，这类问题并不是正义和法律能裁定的，而是由权力独自裁决。

洛克虽然没有明说，但是在某种程度上他也承认这是事实。他说，在立法部门和行政部门的争端中，有些案件，天下没有法官可以做出判决。既然上天没有明确的指示，实际上就意味着，只有通过战争才能做出裁决，因为人们认为，上天会把胜利赐给相对正确的一方。任何与划分政治权力有关的学说，都离不开这类观点。若是在宪法中加以体现，只能通过妥协和常识，以求避免发生内战。但是，妥协和常识是一种思维习惯，无法通过宪法文本加以体现。

总的来说，在工业革命之前，洛克的政治哲学是适当且实用的。工业革命爆发之后，洛克的政治哲学逐渐开始无力应对一些重大问题。大企业掌握的财产，增长到洛克无法想象的程度。国家的各种必要职能——例如，在教育方面——大大增加。国家主义导致经济权力和政治权力结成同盟，有时甚至结为一体，战争成为竞争中使用的主要手段。独立的公民个体，已经不再有洛克思想中提到的权利和独立。我们的时代是一个组织化的时代，其中的冲突是组织与组织之间的冲突，不是个人与个人之间的冲突。如洛克所说，国与国之间仍然处于自然状态。必须先制定一个新的国际间的"社会契约"，我们才能享受到政治应允的好处。一旦国际政府建立起来，洛克政治哲学中的大部分思想就又能找到用武之地了，但不包括与私有财产有关的那部分。

第十五章

洛克的影响

从洛克的时代到今天，在欧洲一直存在两种哲学类型，一类是洛克的哲学思想和方法，另一类哲学有两个来源，先是笛卡尔，后是康德。我们来研究一下两个哲学流派之间的差别，我们可以用大陆派和英国派做大致区分。

首先，从方法上来讲，英国哲学和大陆哲学相比，更详细、更零散。在认可普遍原理时，英国哲学会通过应用进行检验，加以归纳总结，然后得出经过现实经验证明的结论。方法上的差异和其他方面的差异密切相关。先说形而上学。关于上帝存在，笛卡尔提出了形而上学证明。斯宾诺莎的上帝，建立在泛神论基础之上，本质上也是形而上学的。莱布尼茨的形而上学与他们同源。

洛克开拓的哲学在形而上学方向还没有得到充分的发展，关于上帝存在这个问题，他承认笛卡尔的论证是成立的。贝克莱提出了一个全新的论证；但是休谟——到休谟，这种新哲学已经基本成形——完全否定了形而上学，认为在形而上学涉及的那些题目上下功夫，做推理演绎，什么也发现不了。经验主义学派保留了同样的观点，与之相反的观点，略经修改，出现在了康德和他的弟子们的学说中。

在伦理学方面，两个学派之间也存在类似的区别。

洛克认为快乐就是善，这是十八、十九世纪经验主义者的普遍观点。与之相反，反对经验主义的人蔑视快乐，认为快乐是低下的，他们的各种伦理体系，看起来更显得高尚。霍布斯重视权力，斯宾诺莎在一定程度上认可霍布斯的观点。在斯宾诺莎的思想中，存在两种不可调和的伦理观，一个是霍布斯的伦理观，另一个是善在于与上帝的神秘合一。在伦理学方面，莱布尼茨没有做出重大贡献，但是康德把伦理学摆到首位，放在最重要的位置，甚至以伦理学为前提确立了他的形而上学。康德的伦理学之所以重要，是因为它是反功利主义的、先验的，而且具有所谓的"高贵"属性。

这些伦理学方面的差异，通常和政治学上的差异有连带关系，虽然不是百分之百如此。洛克对自己的见解，总是抱着一种不确定的态度，完全没有权威主义的做派，他所有的问题都能经过自由讨论得出结论。这导致他本人和他的追随者都信奉改革，但是要特别强调，他们信奉的是逐步改革。他们不喜欢整体的大计划，更愿意根据每个问题的实际情况进行考虑。和对待哲学一样，他们同样以尝试和实验的态度对待政治问题。另一方面，反对他们的人认为自己能"看透可悲的格局"，更愿意"打破格局，按照内心的渴望加以重塑"。他们或许会以革命者的身份打破现有格局，那种希望当权者加强权力的人，也可能做出打破现有格局的举动；无论是哪种情况，为了追求大目标，他们不会避忌暴力，甚至会斥责热爱和平的人卑鄙可耻。

反对洛克学派的人，大多赞扬战争，信奉英雄主义，蔑视舒适和安逸。与之相反，采信功利主义伦理观的人，往往把大多数战争视作蠢事。至少在十九世纪，这种观点让他们和资本家结成了同盟，资本家也不喜欢战争，因为战争会妨碍贸易。资本家的动机，当然纯粹是出于自己的利益，但是由此形成的观点更符合大众利益，与军国主义者和他们的理论支持者的观点背道而驰。确实，资本家对战争的态度从来都是摇摆不定的。十八世纪，除了美国独立战争，英国在所有参与的战争中都是盈利的，这当然会得到商人的支持；但是从进入十九世纪开始，到十九世纪结束，这段时期，商人们都是热爱和平的。到了现代，无论在世界的哪个地方，大企业都与国家有密切关系，以致形势大变。但是即使是现在，无论在英国还是在美国，总的来说，大企业还是厌恶战争的。

赤裸裸的自私自利从来不是最崇高的动机，但是那些贬斥谴责它的人，无论是有意还是无意，动机往往比自私者要恶劣得多，比如出于憎恨、嫉妒、权力等。总的来说，与那些打着英雄主义和自我牺牲旗号的学派相比，源于洛克的学派，倡导开明的自利，为提升人类幸福做出了更多贡献，对增加人类的不幸出力甚少。

第十六章

贝克莱

    乔治·贝克莱因为否定物质存在，在哲学界获得了重要地位。在否认物质存在的时候，他提出了几个精巧的论证。他认为，只有被感知到，物质才存在。有人提出反对意见，并用树举例：如果没人看它，难道树就不存在吗？对此，他的回答是：上帝一直在感知万物；如果没有上帝，被我们当作物质的对象，会过得很不安稳，在我们看向它的时候才会突然存在；实际上，由于神的知觉，树木、山岩、石头等都处于连续存在的状态，和常识构想的一样。在他看来，这是证明上帝存在的有力论据。

    我们对事物的认识，是一系列可感知的特征。例如，一张桌子是由它的外观形状，软硬质地，敲击时发的响声，以及气味（如果有气味）组成的。不同的特征在经验中有固定搭配，让常识认为它们属于一种"东西"，但是"东西"或"实体"概念，不会给被感知到的特征增加任何实际的意义，因此是不必要的。

    但是，我们现在必须问自己一个问题，所谓"感知"到底是什么意思？贝克莱认为，可感知的事物，它们的实在性就在于被感知；但是他没有告诉我们，他理解的感知是什么意思。有一个理论认为，感知是主体与感知对象间的关系，但是贝克莱不认可这个观点。既然他以为自我是实体，他本可以采用这个理论；但是，他决定不采用这个理论。对不认可"自我是实体"观念的人来说，这个理论完全不成立，那么，称某种东西为"感知对象"，又是什么意思呢？除了问题中所使用的意思，还有更深层次的意思吗？我们能不能把贝克莱的话倒过来，把"实在性在于被感知"，改成"被感知就在于是实在的"？不管怎样，贝克莱认为，存在不被感知的东西，这件事从逻辑上说得通，因为他认为，某些真实存在的东西，即精神实体，就是不被感知的。由此可见，当我们说一个事件被感知到，我们表达的不只是事件发生的意思。

除此之外，还包含其他什么意思吗？被感知到的事件和未被感知到的事件，存在一个明显的差别：被感知到的事件可以被记住，未被感知到的不能被记住。此外还有其他差别吗？

回忆是一套完整的效应集合，在一定程度上，是我们会自然而然称之为"精神"的现象特有的。和回忆有关的效应，与习得有关。被火烧过的孩子怕火；被火烧过的火钩子不怕。不过，生理学家把习得以及类似的事情，视作神经组织的一种特征，不需要背弃物理主义的解释。按照物理主义者的语言习惯，我们可以说一个事件如果起了某种效果，就可以"被感知到"了；从这个层面来讲，我们可以这样说，水道"感知到了"把它冲刷成深沟的雨水，河谷是对之前洪流倾泻的"记忆"。如果用物理主义者的词汇描述习得和记忆，就是：没有生命的物质并非完全不存在；从这方面来看，活物与死物，只存在程度上的差别。

按照这个观点，说某个事件被"感知到"，也就是说它带来了某种效果，无论是逻辑上还是经验上，都没有理由认为所有事件都能带来同样的效果。

还有一个问题，"思想"和"物质"这两个词是否有任何意义。所有人都知道，唯心论者认为，除了"思想"什么都不存在，唯物论者对物质也是同样的看法。我希望读者还能了解一点：唯心论者道德高尚，唯物论者是邪恶之人。或许，还有更多需要说明的地方。

我自己对"物质"的定义貌似也无法令人满意；我应该把"物质"定义为与物理定义相同的东西。也许没有东西可以等同于物理，如果是这种情况，物理和"物质"概念都是错的。如果我们抛开实体，"物质"就是逻辑结构。至于是否是由事件组成的结构，这个问题很难回答，但并非完全不能解答。

至于"思想"，已经抛开了实体，"思想"就是事件的集合或结构。这种集合必须受某种关系的影响，发挥影响的关系，就是被我们称为"思想"的那种现象的特征。记忆就是一种典型的思想。我们或许——虽然有些过于简化了——可以把"思想"事件定义为一种记忆事件，或被记忆的事件。那么特定事件所属的"思想"，就是一组事件的组合，这组事件通过记忆链，向前或向后，与特定事件相关。

根据前面的定义，我们会发现，一个思想，或者一件事物，都是事件的组合。我无法解释为什么所有事件都属于这类或那类的组合，而为什么有些事件既不属于思想组合也不属于物质组合，同样无法解释。因此，有些事件或许既不属于思想世界，也不属于物质世界，有些事件跨属两个世界。关于这个问题，只有借助经验主义细细考虑才能得出结论。

第十七章

休谟

　　大卫·休谟是最重要的哲学家之一，因为他在洛克和贝克莱的经验主义哲学的基础之上，发展出了符合逻辑的结论，并且通过逻辑自洽，使结论达到了惊人的高度。从某种意义上讲，他代表了一条死胡同：沿着他的方向，已经没有进一步发展的空间了。

　　休谟最重要的哲学著作是《人性论》，其中最重要部分是"知识和概然推断"。这里的"概然推断"与数学概念中概率无关，指的是不确定的知识，比如那种靠非论证式的推导得到的经验资料。所有关于未来以及过去和现在未经观察的知识，都属于概然推断。实际上，除了两方面的知识，其他方面的知识都属于概然推断；不属于概然推断的知识分别是，直接的观察结果，以及逻辑和数学。通过对这种"概然的"知识进行分析，休谟得出了怀疑主义的结论。这些结论既难以反驳，也让人难以接受，结果成了哲学家的一项挑战。在我看来，到现在为止，水平相当的挑战者尚未出现。

　　休谟提出了一个论点：不存在一种因果关系式的印象。由此引发了一个问题——只对 A 和 B 进行观察，我们可以获得的知觉包括：A 在 B 之上，或者在 B 右侧，但是不能知觉 A 导致 B 发生。在此之前，因果关系在一定程度上常常被理解为逻辑中的根据和推论关系，但是休谟正确地认识到，这是错误的。

休谟先进行观察，发现一个主体导致另一个主体发生的力量，无法从两个主体的观念中发现，因此我们不是通过推理或思考，而只能根据经验知晓因和果。按照休谟的理解，一定是经验让人们形成因果概念，因为这不是一种逻辑关系；而且这种概念的形成也不会只是源于关于 A 和 B 这两个特定主体的经验，因为通过对 A 的观察，我们没在 A 身上发现任何应该导致 B 的特征。他说，我们需要的是 A 连续不断导致 B 发生的经验。他指出，当经验中的两个主体经常发生联结时，我们就会从一个推导出另一个。这种推导不是通过理性判定的，因为这要求我们假设自然是整齐划一的，但是这件事本身并不必要，只根据经验推导即可。

休谟不满足于把因果关系的证据简化成频繁联结的经验，他进一步提出，这类经验并不能证明未来也会发生类似的联结。例如，我看见一个苹果，过去的经验让我预料它尝起来是苹果的味道，不是烤牛肉的味道，但是这个预料并非出于理性判断。如果这里存在理性判断，应该从这个原则出发："我们未经历的事例，与我们已经历的事例相像。"这个原则不存在逻辑上的必然性，因为我们最起码能想到自然进程中的变化。因此，这应该是一条概然性的原则。但是，所有概然性的论证都假设这条原则成立，因此它不可能通过任何概然性论证证明它自己，甚至不能通过类似论证证明它的概然性。"未来和过去相像，这个假设无法通过任何论证加以证实，只能完全来自习得。"这是一个彻头彻尾的怀疑主义结论：

"所有的概然推理都只是一种感觉而已。我们不只要在诗歌和音乐方面跟随我们的喜好和情感，在哲学问题上也是一样。当我决定相信一个原则时，那不过是一种观念，相当于用更大的力道击中了我。当我更认同一套论证，不那么认同另一套论证时，我只不过是根据它们的影响给我的感觉做出决定。主体之间没有可以被发现的联系，而且除了基于想象的习得之外，我们也不能从任何其他原则出发，从根据一个主体的出现推导出另一个主体的存在。"

休谟的哲学无论是对是错，都象征了十八世纪理性信念的破产。他和洛克一样，初期抱有明确意图，要依循理性，凭借经验，对什么都不轻信，只遵循经验和观察发出的指令。但是，由于休谟在才智方面强于洛克，在分析时更敏锐，对矛盾观点的容忍度更低，最后得出了一个特别糟糕的结论：通过经验和观察，人们什么也不能知晓。所谓的理性信念是不存在的。我们无法不相信些什么，但是任何信念都不是建立在理性的基础之上。

休谟的怀疑主义完全基于他对归纳法的排斥。根据归纳法的原则，因果关系应该是这样的，如果发现 A 非常频繁地与 B 同时发生，或者 A 发生之后 B 随即发生，另外没发现 A 与 B 未同时发生，或 A 之后不发生 B 的例子，那么下一次观察到

A，就有可能伴随 B 的发生，或者 B 随即发生。必须有足够数量的实例，使概然性接近确实性，这个原则才足够充分。如果这个原则，或者可以推导出这个原则的任何原则是正确的，那休谟排斥的因果推理就是成立的，但这实际上并不是因为因果推理能得出确定的结果，而是因为就实际目的而言，它能给出足够使人满意的概然性结论。如果这个原则不正确，那么任何试图通过个别观察得出普遍科学法则的行为，都是错误的——经验主义者永远无法摆脱休谟怀疑论的质疑。

　　当然，若是不用循环论证，不可能从观察到的齐一性推导出这个原则，因为任何这类推理，都需要以该原则为基础。因此，它必定是一个不基于经验的独立原则，或者由独立原则推导出来的原则。在这个程度上，休谟证明了纯粹的经验主义不是科学的充分依据。但是，如果承认这个原则，其他一切都能按照我们的知识全部基于经验的理论进行下去。必须承认，这严重背离了纯经验主义。非经验主义者或许会问，为什么可以允许这种背离，其他的却要禁止？不过，这类问题都不是休谟的论证直接引发的。休谟的论证证明的是——我不认为他的证明可以被推翻——归纳法是一个独立的逻辑原则，无法从经验和其他逻辑法则推导出来。没有归纳法，就没有科学。

第二篇

从卢梭到现代

第十八章

浪漫主义运动

从十八世纪后半叶一直到今天，艺术、文学和哲学，甚至政治，都受到了一种情绪或积极或消极的影响，这种情绪是在广义上或许可被称为浪漫主义运动的特征。即便是对这种情绪抱有反感的人，也不得不去思考它，而且很多时候自己虽大受它的影响，却不自知。在这一章，我会对浪漫主义观点做简要描述，以那些未必属于哲学范畴的问题为主，因为浪漫主义是接下来我们要讨论的这段时期大部分哲学思想的文化背景。

起初，浪漫主义运动与哲学没有任何关系，但是没过多久就产生了联系。它与政治最初是通过卢梭联系在一起的。但是，在我们开始了解它对政治和哲学造成的影响之前，我们必须先考虑它最基本的形态，也就是对大众伦理和审美标准的反抗。

浪漫主义运动中最伟大的人物就是卢梭，但是在某种程度上，他只是把当时业已存在的倾向表达了出来。卢梭呼吁发扬已经存在的感性崇拜，并给它赋予了其本身可能不具备的广度和范围。他是个民主主义者，这一点不仅在他的理论上有所体现，在他的志向兴趣上也能看出。浪漫主义者们对规矩和传统的蔑视——一开始是衣着和举止，小步舞曲和英雄双韵诗，然后是艺术和爱，最后发展至整个传统道德领域——就是从他那里学到的。

总的来说，浪漫主义运动的特征是用审美的标准代替功利的标准。他们赞赏强烈的热情，不管是哪种热情，也不管这种热情会造成什么样的社会后果。浪漫的爱情，尤其是在不如意的时候，其强烈程度足以赢得他们的赞许。但是最强烈的热情大多具有破坏性——仇恨、不满和嫉妒，懊悔和绝望，骄纵的愤怒和受到不公正对待的暴怒，穷兵黩武的激情，以及对奴隶和胆小之人的蔑视。因此，受浪漫主义鼓动的，特别是受拜伦式的变种浪漫主义鼓动的人，都是暴力且反社会的，他们不是追求无政府状态的反叛者，就是征服欲旺盛的暴君。

浪漫主义观点打动人心的原因，要去人类本性和人类生存环境的深处探寻。出于自身利益考量，人类聚在一起生活，同时又在很大程度上保留了独居的本能，因此需要借助宗教和道德来强化自利的力量。但是，为将来的利益，放弃当下的满足，这个习惯让人厌烦，所以当热情被激发出来，社会行为方面的种种谨慎约束，就变得让人难以忍受了。这时，抛开这些束缚的人，内在的冲突因此终止，就能重新获得能量。这些人感觉到自身的力量，即便最后可能悲惨收场，但是其间他们享受到了天堂般的快乐。伟大的神秘主义者了解这种感觉，他们认为只靠践行平凡的美德，永远不可能体会到这种快乐。他们的独居本能再次蠢蠢欲动，但是如果理智尚存，再度发生的本能会给自己披上神话的外衣。神秘主义者与神合而为一，以造物主的视角沉思冥想，感觉自己身上对世人的义务都被除去了。无政府的反叛者更进一步：他们不觉得自己与神合而为一，他们觉得自己就是神。所谓真理和义务，代表的是我们对事物和世人的服从。对于一个已经变成神的人，什么都无须服从；对于其他人来说，真理就是他提出的，义务就是他指派的。如果我们全都独居，无须劳动，我们就都能享受这种独立带来的狂喜；既然我们不能，那便只有疯子和独裁者才能享受到这份愉悦了。

　　从本质上来讲，浪漫主义运动的目的在于，把人的人格从社会习俗和社会道德的束缚中解放出来。这种束缚在某种程度上只会给理想的活动形式增加障碍，没有一点实际用途，因为每个古代社会都曾经发展出各种各样的行为规范，除了说它们是传统之外，完全不值一提。但是，一旦给以自我为中心的热情解开束缚，再想让它服从社会的需要，就不那么容易了。基督教在一定程度上成功驯服了"自我"，但是经济、政治和思想上的种种原因，刺激了自我对教会的反抗，浪漫主义运动把这种反抗带入道德领域。通过鼓励一个全新的、无法无天的自我，浪漫主义运动让社会协作变得不再可能，它的门徒面临一个抉择：是要无政府的混乱状态，还是要专制统治。起初，自我主义者期盼能从别人那里得到一种父母般的温情；但是，当他们愤怒地发现别人竟然也有别人的自我，他们对温情的渴望便因此落空，而他们的这种需求就转化成仇恨和暴力。人不是独居动物，只要社会生活存在，自我实现就不可能是伦理道德的最高原则。

第十九章

卢梭

让－雅克·卢梭是十八世纪法语 philosophe 意义上的哲人，而不是我们现在所说的"哲学家"。尽管如此，就像对文学、趣味、风尚和政治一样，他对哲学同样产生了巨大影响。他是浪漫主义运动之父，他不仅创立了"从人类情感推导人类之外的事实"这样一种思想体系，还发明了与传统君主专制相反的、伪民主独裁的政治哲学。

卢梭作品中的很多内容，虽然在其他方面非常重要，但是与哲学思想史无关。他的思想中只有两部分，我会考虑细节：一是他的神学思想，再就是他的政治学理论。

在《爱弥儿》第四卷中，有一段题为"一个萨瓦牧师的信仰自白"的内容，这段文字是对卢梭的信条最明确、最正式的陈述。这位牧师称自己的教义为自然宗教，自然宗教不需要启示；如果人倾听了神对心灵的诉说，世界上就会只有一种宗教。即使神特别给了某人启示，也只有这个人才能证明，但是他作为人难免会犯错。自然宗教的优势在于，神直接给每个人启示。

当时卢梭所处的环境，以伏尔泰为代表的理性派，站在宗教对立面，因此教会要把理性从社会中赶出去。此外，理性既深奥又难懂——野蛮人即便在饱食之后，也不能理解本体论的论证。即便如此，野蛮人却是一切必要智慧的宝库。卢梭笔下的野蛮人——与人类学家理解的概念不同——是好丈夫、好父亲，信仰天性中的善良。他是个简单的人，但是如果他能理解那位善良牧师口中应该相信神的理由，我们或许可以期待，他一定能做更多的哲学思考，而不是像现在这样天真无知。

抛开卢梭虚构的"自然人"不谈，在实践中把对客观事实的信念建立在内心情感之上，存在两个让人无法认同的地方：一是，没有任何理由认为这种信念会是真实的；二是，由此产生的信念是私有的，而对不同的人，内心的诉说也不相同。对我来说，我宁愿相信本体论的论证，宇宙论的论证，以及其他一些老套的说法，也不接受卢梭那套不符合逻辑的感情用事。旧时的论证最起码是诚恳的：如果成立，它们证明了自己的观点；如果不成立，任何批评者都可以去证明它们不成立。但是新派的心证神学不需要论证，谁也不能驳倒它，因为它从不宣称自己的观点是通过证明得出的。说到底，人们接受这种神学理论的唯一理由，就是它能让自己沉溺在愉悦的美梦中。这不是一个有价值的理由，如果非要让我在托马斯·阿奎那和卢梭之间做出选择，我会毫不犹豫地选择那位圣徒。

卢梭在一九七二年发表的《社会契约论》中，提出了他的政治学理论。虽然整体来看，这部著作不像他的其他作品那样辞藻华丽，但是他在第一章开篇就写下了一句振聋发聩的名句："人生而自由，却无往不在枷锁之中。以为是其他一切的主人的人，反而比其他一切更是奴隶。"追求自由是卢梭思想上的目标，实际上他真正看重的是平等，而为了确保平等，他甚至愿意牺牲自由。

社会契约可以做如下陈述："我们每个人都将自己和自己的力量，置于群体意志的统领之下，在群体中，我们将每个成员都视为不可分割的一部分。"这种结社行为，会造就一个有道德规范的集合体，这样的团体，在被动语境中被称为"国家"，在主动语境中被称为"主权"，在描述与其他集合体的关系时，可以用一方"势力"来称呼。

主权无须向所属臣民做出任何保证，因为它本身就是由一个个独立成员组建起来的，不可能追求与臣民相反的利益。"主权从谁而来，就应当永远属于谁。"没有留意卢梭特殊的遣词造句的习惯的读者，可能会对此产生误解。主权不是政府，因为政府可能是专制的；主权在一定程度上是一个形而上的实体，任何有形的国家机构，都不能充分体现主权的意义。因此，即使承认主权完美无缺，也不会带来想当然的实际结果。

主权这种永远正确的意志，就是"集体意志"。每个公民，作为集体一员，都有集体意志，但是作为个人，他或许也有与集体意志相悖的个人意志。社会契约的作用就在于，无论是谁，只要不遵从集体意志，就要强迫他遵从。"这无异于在说，他会被迫获得自由。"

"被迫获得自由"是一个非常抽象的概念。伽利略时代的集体意志肯定是反哥白尼的；宗教裁判所强迫伽利略收回自己的言论时，他"被迫获得自由"了吗？难道犯罪分子被关进监狱，也是"被迫获得自由"了？黑格尔深受卢梭影响，对"自由"一词的滥用也不加斟酌地采纳了，他把自由定义为服从警察的权力，或者类似的意思。

现在我来谈谈集体意志，这个概念很重要，也很晦涩。集体意志并不完全等于大多数人的意志，也不完全等同于全体公民的意志。我们似乎可以将它视作政治体的意志。如果我们采用霍布斯"一个公民社会就是一个人"的观点，我们就会认为它也有人的种种属性，也包括意志。但是，这时我们面前会出现一个难题，也就是要判定这种意志的可见表现是什么。对此，卢梭没有丝毫提示。按照他的说法，集体意志永远正确，永远倾向于集体获利；但是，这并不表示人民的思想意见永远正确，因为全员意志与集体意志经常存在非常大的分歧。那么，我们如何才能知道集体意志是什么呢？在同一个章节，卢梭给出了一个答案：

"如果给人民提供适当的信息，人民加以考虑，同时彼此间做交流，那么对个体间微小差异进行总结就能得出集体意志，据此就能一直做出最好的决定。"

卢梭心中的构想似乎是这样的：每个人的政治意见都受利己之心支配，利己之心由两部分组成，一部分是个人特有的，另一部分是社会全体成员共有的；如果公民没有互相讨价还价的机会，他们的个人利益彼此南辕北辙，就会相互抵消；最后只留下一个结果，代表他们的共同利益，这个结果就是集体意志。

　　说集体意志永远正确，只是想表达，集体利益是人民形形色色的私利中的一致利益，它必须代表社会对自身利益的最大集合的满足。这样解释卢梭的意思，似乎比我之前能想到的其他解释，更符合他的原话。

　　他将我们口中的民主政治，称为选举贵族制，他说这是最好的政治形式，但是并非所有国家都适合。气候必须不太冷也不太热；物产不能超出所需量过多，否则就会滋生出奢侈的恶习，如果存在这种恶习，仅限于君主和宫廷内部，要比弥散在全民中好。由于存在这些限制，专制政府获得了广阔的发展空间。虽然有种种限制，但卢梭还是支持民主，这无疑是法国政府对这本书大加反对的原因之一；另一个原因大概是这种将政府起源解释成社会契约的学说，相当于否定了法国国王集权的基础——君权神授。

　　在法国大革命期间，大多数领袖都将《社会契约论》奉为"圣经"，而它的命运也和《圣经》一样，许多人都并没有仔细阅读过，对它只是一知半解。这本书把形而上学那种崇尚抽象表达的风气，重新带入民主理论家的圈子，借着集体意志的说法，无需投票箱这类平凡工具的确认，就在领袖和他的人民之间建立起了一种神秘的认同感。《社会契约论》中的大部分哲学思想，很适合被黑格尔拿来为普鲁士的独裁统治做辩护。这本书在实践中结出的第一个成果是罗伯斯庇尔的掌权；俄国和德国（尤其是后者）的独裁统治，在一定程度上也是卢梭学说结出的成果。至于未来还能结出什么样的胜利果实，供奉给他的在天之灵，我就不去冒险预测了。

第二十章

康德

1. 德国唯心主义的整体状况

在德国，对休谟的不可知论的反叛，以一种比卢梭更深刻、更精妙的形式表现了出来。康德、费希特和黑格尔发展出了一种新型哲学，想要护卫知识和美德，使它们免遭十八世纪末盛行学说的破坏。康德在费希特那里更过分，把从笛卡尔开始的主观主义倾向，带到了一个新的极端；从这方面来看，他们一开始并没有针对休谟。最先针对主观主义做出反应的是黑格尔，黑格尔想通过自己的逻辑修建一条脱离个人、通往世界的新道路。

德国的唯心主义，从整体上来讲，与浪漫主义运动有很多相似之处。从费希特的思想中能清楚地看到这种相似，谢林甚至比费希特还明显，最不明显的是黑格尔。

康德是德国唯心主义的奠基人，他虽然写过一些与政治相关的有趣文章，但是在政治领域的地位并不是很重要。另一方面，关于政治的讨论，费希特和黑格尔都提出过对历史进程产生重要影响的政治学说，有些学说的影响力甚至延续至今。如果不先研究康德，就不可能理解费希特和黑格尔，因此我们在这一章先讨论康德。

德国的唯心主义者存在一些共同特征，在我们深入细节之前，不妨先了解一下。

康德和他的追随者，将对认识的批判当作一种得出哲学结论的手段。他们强调思想，不强调物质，最后甚至声称只有思想存在。他们强烈排斥功利主义的伦理观，支持那些经过抽象论证的思想。他们的论述中有一种之前在法国和英国哲学家那里都不曾出现过的学术腔调；康德、费希特和黑格尔都是大学教授，他们的听众都是饱学之士，并不是悠闲绅士和业余爱好者。虽然在某种程度上，他们发挥了革命性的作用，但是他们并非有意想要颠覆什么；费希特和黑格尔非常明确地想要为国家辩护。他们的生活堪称典范，过的全是学者式的日子；对有关道德问题的看法，严守正统。他们在神学领域有所创新，但是这样做也是为了保障宗教利益。

得出上述初步结论，我们再回过头来研究康德。

2. 康德哲学梗概

普遍认为，伊曼努尔·康德是最伟大的近代哲学家。对于这样的评价我个人不是十分认同，但是如果不承认他的重要地位，绝对是愚蠢无知的表现。

康德的最重要的著作是《纯粹理性批判》。这本书的主旨是要证明，虽然没有知识是可以超越经验的，但是存在一部分先验知识，这些知识不是根据经验归纳总结而来。按照康德的说法，我们的知识体系中的先验知识不仅包含逻辑，还包含很多不能被归入逻辑，或由逻辑推演而来的知识。他将莱布尼茨混为一谈的两种区别区分开来。首先是"分析判断"和"综合判断"之间的区别；其次是"先验判断"和"经验判断"之间的区别。这些区别需要一一论述。

在分析判断中，谓语是主语的一部分，例如"高个子的人是人"或"等边三角形是三角形"。这种判断遵循矛盾律；如果主张高个子的人不是人，就会自相矛盾。综合判断即非分析判断的判断。所有通过经验获知的判断，都属于综合判断。例如，仅凭对概念的分析，我们不可能发现"星期二是下雨天"或"拿破仑是个伟大的将军"之类的真相。但是康德，和莱布尼茨以及之前的所有哲学家都不一样，他不承认相反的结论，也就是不承认综合判断只能通过经验获知。这就把我们带到了上述两种区别中的第二种。

经验判断是指那些除非借助感觉—知觉，否则我们无法获知的判断，它可以是我们自己的感觉—知觉，也可以是我们认可的他人的相关证言。历史和地理事实属于这一类，通过观察获得真理的科学定律也属于这一类。另一方面，先验判断，是指虽然是通过经验得出的判断，但是一旦我们获知这个判断，就能看到它与经验无关的基础。纯粹数学领域的所有判断都属于先验判断。

休谟已经证明，因果律不属于分析判断，因此推断我们无法确认它的正确性。康德认可因果律是综合判断的观点，但是也认为它属于先验判断。他主张算学和几何学是综合判断，同时也是先验知识。因此他总结出了一个问题：

先验综合判断是如何能够成立的？

这个问题的答案以及相关内容，构成了《纯粹理性批判》的主题。

通过解答这个问题，康德感受到了强烈的自信。他花了十二年寻找答案，但理论成形之后，他只花了几个月时间就完成了这部长篇巨著。在第一版的序言中，他说："我敢断言，有关形而上学的问题全都被解决了，或者至少给出了解决问题的关键。"在第二版序言中，他自比哥白尼，说他在哲学领域发动了一场哥白尼式的革命。

按照康德的理解，外部世界只负责生成感官素材，我们的精神装置则按时间和空间对这种素材进行整理，为我们提供用来理解经验的种种概念。引发我们感觉的物自体，是不可知的；它们不在空间或时间中，它们不是实体，也不能用其他一般概念，也就是康德口中的"范畴"加以描述。时间和空间是主观的，是我们知觉组织的一部分。但是正因如此，我们可以确信，凡是我们所经验的东西，都会表现出时间和空间科学涉及的特性。

康德说，时间和空间不是概念，是两种"直观"形式。但是，也存在先验概念，也就是康德从三段论法的各种形式中引申出来的十二个"范畴"。十二个范畴每三个一组，分为四组：(1)量的范畴：单一性、复多性、全体性；(2)质的范畴：实在性、否定性、限制性；(3)关系范畴：实体与偶性、原因与结果、相互作用；（4）样式范畴：可能性、存在性、必然性。从某种意义上来讲，这些范畴和时间、空间一样，都是主观的——也就是说，我们的精神构造，使得这些范畴可以适用于我们经历体验的一切，但是没有理由认为它们适用于物自体。不过，关于经验的"成因"，康德的理论中存在自相矛盾之处。康德把物自体看成感觉的成因，同时认为自由意志是时间和空间中的事件的成因。这种自相矛盾并不是一次偶然的疏忽，而是他思想体系的基本构成。

《纯粹理性批判》的一大部分内容，是在说明因把时间和空间或范畴套用到非经验的事件上所得出的错误推论。康德指出，这样一来，我们就会发现自己陷入"二律背反"——也就是受困于两个明显都能得到证实，但是相互矛盾的命题判断。康德举出四组二律背反，每一组都包括正题和反题。

第一组二律背反中的正题是："世界存在时间的起点，空间也是有限的。"反题是："世界不存在时间的起点，空间是无限的；就时间和空间而言，世界是无限的。"

第二组二律背反证明，每一个复合实体既能由单体组成，又不能由单体组成。

第三组二律背反，正题主张因果关系有两类，一类是遵循自然律的因果关系，另一类是遵循自由律的因果关系；反题主张只有依照自然律的因果关系。

第四组二律背反证明，存在，还是不存在一个绝对必要的始因。

《纯粹理性批判》的这部分内容，对黑格尔造成了极大影响，黑格尔的辩证法，完全是以二律背反的形式展开的。

《纯粹理性批判》在接近尾声处，对理性的实际应用做了简单论述，在《实践理性批判》中展开了更详尽的讨论。他的论点是，道德法则要求正义，即幸福与美德成正比。只有更高的存在能做此保证，而这种保证在今世显然无法完全实现。因此必须有神和来世，而且必然有自由意志，否则就没有美德一说了。

康德在《道德形而上学》中提出的伦理体系，有相当重要的历史意义。书中提到了"定言令式"，就算不是专业哲学家，也听说过这个短语。正如我们预期的那样，康德与功利主义，或者给道德赋予自身之外的目的的学说，不会产生任何关系。他说，他想要"完全独立的道德形而上学，不掺杂一点神学、物理学或超物理学"。他继续指出，所有道德概念，全都先于理性起源，先于理性确立。只有当人出于义务感采取行动，道德价值才存在；只是"像"履行义务那样行动是不够的。商人出于自身利益的考量也会表现诚实，因为一时的仁慈也会做出友善的行为，但这些都不算道德高尚。道德的本质源于法则的概念；因为，虽然自然界的一切都按法则行动，但只有理性生物才有认识并遵循法则去行动的能力，这就是所谓的意志。就服从意志而论，客观原则这一概念，被称为理性命令，而命令的方案，就叫令式。

存在两种令式：假言令式，表达的是"如果你想达到这样的目的，必须那样做"；定言令式，是指某种行为是客观必然的，与任何目的无关。定言令式是综合的、先验的。康德从法则概念推导出定言令式的特征：

"如果我想到一个定言令式，我立刻就知道它包含什么。因为除了法则之外，定言令式只包含与该法则相符的必要准则，但是法则不包含限制它的条件，所以剩下的只是普遍法则的普遍性，行为准则要符合这种普遍性，单是这种符合就表现出了定言令式的必然性。因此，定言令式是单一的。实际上，你只按照这一条准则行事，你能够，同时你也会，让这条行为准则成为普遍法则。"

或者说"就像你的行为准则会通过你的意志，变成一条自然法则那样去行事"。

康德举了一个例子，说明定言令式的运作，他举例的定言令式是，借钱是错误的，因为如果所有人都想借钱，就没有钱可供借出了。也可以按照类似的方式，用定言令式说明偷盗和谋杀是受谴责的。但是有些行为，康德肯定认为是不对的，用他的法则却不能证明那种行为是不对的，比如自杀。一个患忧郁症的人，完全可能希望人人都自杀。实际上，康德的准则应该算是美德的一个必要标准，但不是充分标准。要想得到一个充分的标准，我们不得不放弃康德纯粹形式的观点，对行为效果稍加考量。康德却断然表示，美德并不取决于行为的预期结果，而只取决于行为本身就是结果的那条原则；如果承认这一点，就不存在比他的准则更具体的准则了。

虽然他的原则似乎并不必然伴随这个结论，但是康德坚持认为，我们在行事时，应该把每个人当作目的来对待。这也可以被视作一种抽象形式的人权概念，因此它也会受到同样的非议。如果严格遵守这条原则，只要两个人的利益出现冲突，就不可能得出结论。这种问题在政治哲学中特别常见，政治哲学需要某个原则，如多数派优先；据此，在必要时，为了其他人的利益，某些人的利益就要被牺牲掉。如果存在任何政治伦理，那么政治的目的必须只有一个，而唯一符合正义的目的，就是社会的利益。但是，我们也可以把康德的原则解释为，并不是每个人都是绝对的目的，而是在决定会造成很大影响的行为时，应该把所有人都当作平等的人加以考虑。如果这样解释，就可以把康德的原则当作为民主政治打造的伦理基础。按这种解释，它就不会遭到上述非议了。

3. 康德的空间和时间理论

《纯粹理性批判》最重要的部分，是空间和时间的学说。康德认为，知觉的直接对象部分来自外部事物，部分来自我们自己的知觉装置。康德在大多时候，并不怀疑我们的感觉有诱因，他把这种诱因称为"物自体"或"本体"。他将知觉呈现给我们的，称作"现象"，现象由两部分组成：来自外部对象的部分，他称之为"感觉"；以及来自内部装置的部分，他说这部分导致有多种形式的东西在某些关系中被有序化，并称这部分为现象的形式。现象的形式本身不是感觉，因此不依赖于环境的偶然性；它始终如一，因为我们一直把它带在身上，而且由于它不取决于经验，因此也具有先验性。一种纯粹形式的感性，被称为"纯粹直观"；纯粹直观有两种，分别是空间和时间，一个是外部感觉的形式，一个是内部感觉的形式。

康德有两套论证，来证明空间和时间是具有先验性的形式，一套是形而上学的论证，另一套是认识论的论证，或者他提出的所谓先验论证。形而上学的论证，直接根据空间和时间的本质推导论证，认识论的论证直接根据纯数学的方法论证。对空间的论证比对时间的论证更全面，因为他认为二者情况基本相同。

关于空间，形而上学的论点总共有四个。

（1）空间不是根据外部经验提取出来的经验概念，因为在把感觉归因于某种外部事物时，已经假定了空间概念，外部经验的概念只有通过空间加以表现才能成立。

（2）空间是一种先验的必然表现，是所有外部知觉的基础；因为我们虽然能想象空间中空无一物，却不能想象没有空间。

（3）空间不是一个关于普遍事物关系的辩证概念或普遍概念，因为空间只有一个，我们说的"众多空间"是指空间的各个部分，不是它的实例。

（4）空间被呈现为一个无限的给定大小，它包含空间的所有部分；这种关系不同于概念与其实例的关系，因此空间不是概念，而是一种直观。

关于空间的先验性，是通过几何学论证的。康德认为，欧几里得几何是先验知识，同时也是单凭逻辑推演不出来的综合知识。他认为，几何学证明依赖图形。例如，设有两条彼此呈直角的相交直线，我们会发现，通过两条直线的交点，只能作一条与这两条直线都呈直角的直线。他认为，这种知识不是由经验来的。但是，我的直观能够预测在对象中会发现什么的唯一方法，是在我对真实印象做出主观判断之前，判断该对象是否只包含了我的感知方式。感觉的对象必须遵循几何学，因为几何学关注的是我们的感知方式，所以我们不能以其他方式进行感知。这就解释了为什么几何学虽然是综合知识，但也具有先验性，而且是绝对真理。

关于时间的论证，从本质上来讲是一样的，只不过由于时间需要计数，所以把几何换成了算学。

由此看来，我们有两个空间：一个是主观的，一个是客观的；一个从经验中得知，另一个仅仅是推断出来的。从这方面来看，空间和诸如颜色、声音之类的其他知觉，没有什么区别。其主观形式全部是通过经验获知，其客观形式全部是根据因果关系的准则推断出来的。没有任何理由认为，我们对空间的认识与我们对颜色、声音和气味的认识，有什么不一样的地方。

关于时间，情况就不同了，因为如果我们坚持认为，知觉表象的原因是不可感知的，客观的时间就必须与主观的时间完全一致。我们来看看下面这种情况：你听一个人说话，你回答他，他听见你说话。他说话和他听你回答这两件事，对你来说，都发生在你不能感知的世界，在那个世界，前一件事先于后一件事发生。此外，在客观的物理世界，他说发生在你听之前；在主观的知觉表象世界，你听发生在你回答之前；在客观的物理世界，你先回答，然后他才听到。明显，这种先后关系，在所有的判断中都应该是一致的。因此，当说到知觉的空

间是主观的，这种表述有很重要的意义，但是说知觉的时间是
主观的，却没有任何意义。

正如康德所做的假设，知觉是由"物自体"引起的，或者
我们应该说，是由物理世界的事件引起的。但是从逻辑上讲，
这个假定并不具备必要性。如果抛开这个假设，从任何一个重
要的层面看，知觉都不再具有"主观性"，因为没有对照物。

"物自体"是康德哲学中一个特别尴尬的概念，他的直接
后继者抛弃了这个概念，因此陷入一种与唯我主义非常相似的
思想。康德的矛盾，使那些受他影响的哲学家必然会朝着经验
主义或绝对主义的方向迅速发展下去。实际上，在黑格尔去世
之前，德国哲学一直朝着绝对主义的方向前进。

第二十一章

十九世纪思潮

十九世纪的思想世界，比以往任何时代都要复杂。这是出于以下几个原因。首先，要考虑的范围比之前大；美国和俄国在思想领域做出了重要贡献；另外，和以前相比，欧洲思想界更多地注意到了古代和近代的印度哲学。其次，自十七世纪开始一直作为创新之源的科学，取得了新的胜利，特别是在地质学、生物学和有机化学方面。再次，机器生产深刻地改变了社会结构，人类对自身力量与自然环境之间的关系产生了新的认识。最后，人们对政治、经济方面的传统思想产生了强烈反感，在哲学和政治领域发起反抗，对许多在此之前一直被认为不容置疑的信仰和体系发动了攻击。这种反抗表现出了两种完全不同的形式，一种是浪漫主义，一种是理性主义。

法国大革命时期的大多数哲学家，将科学与和卢梭有关的信念结合在一起。爱尔维修和孔多塞，将理想主义和狂热思想相结合，可以被视作其中的典型代表。

爱尔维修信奉洛克的"心灵白板说"，认为个体之间的差异完全是由教育差异造成的：任何人的才能和道德，都是他所受教导的结果。他对法律的兴趣也与此有关，认为政治形态，以及由此形成的风俗习惯，是一个人在其青春期中最重要的导师。人生来无知，却不愚钝；是教育让人变得愚钝。在伦理学方面，爱尔维修是功利主义者，他认为快乐就是善。在宗教方面，他是一个自然神论者，极力反对教权。在认识论方面，他采用了洛克认识论的简化版。他的思想是乐观的，认为只需要有完美的教育，就能塑造出完美的人。他指出，如果牧师不当绊脚石，找到完善的教育方法并不难。

孔多塞的见解和爱尔维修的见解相仿，但是受卢梭的影响更大。他说，人权完全是通过以下事实推导出来的：人是有感觉的生物，可以做推理，可以获得道德观念，因此人不能被分为统治者与被统治者，或说谎者与受骗者。孔多塞比爱尔维修还要狂热，还要乐观。他相信，通过对法国大革命各种原则的广泛传播，所有重大的社会弊病很快就会消失。他只活到了1794 年，或许是他的幸运。

法国革新派哲学家们的学说，在降低了狂热性并被做了极大的精简之后，被哲学激进派带到了英国，边沁是激进派公认的领袖。虽然一开始，边沁主义者的革命态度相当温和，但随着时间的流逝却不再如此。其部分原因是，他们成功转变了英国政府的立场，还有一部分原因是，对不断增长的社会主义和工会运动势力的反抗。我在前面提到过，反抗传统的人可以被分为两类，一类是理性主义者，一类是浪漫主义者。孔多塞这样的人兼具这两类的特征，边沁主义者几乎是完全理性主义的。既反对边沁主义，又反对现行经济秩序的社会主义者也属于理性主义。这种运动直到马克思的出现，才拥有一套完全的哲学思想，在后面的章节我们会对马克思展开讨论。

这一时期的哲学见解，还有两个根源，也就是科学和机械生产。马克思的出现，开启了机械生产的理论影响，从那之后变得越来越重要。从十七世纪开始，科学一直是重要的哲学根源，但是到了十九世纪，它发展成了新的形式。

伽利略和牛顿对于十七世纪来说意味着什么，达尔文对十九世纪就意味着什么。达尔文理论包括两部分：一部分是演化论，主张各种各样的生命全部是由一个共同的祖先演化而来，另一部分是生存竞争和适者生存。从历史的角度来看，有趣的是，达尔文把具有哲学激进派特征的经济学理论，套用到了整个生物界。按照他的理论，进化的原动力，就是在自由竞争的世界中，一种生物界的谋利倾向。

达尔文本人是个自由主义者，但是他的理论，却在某种程度上对传统自由主义产生了不利影响。人人生而平等，成人之间的差异完全是教育造成的，这种学说和达尔文强调的同物种个体间存在先天差异，无法相互融合。不过，演化论也大大强化了自由主义的另外一个方面，也就是对进步的信念。只要世界局势允许乐观主义存在，演化论就会受自由主义者的欢迎，一是因为演化论宣扬了进步的价值，还有就是它为反对正统神学提供了新的论据。

生物学的声望，使那些思想受科学影响的人，在解释世界时，用生物学的理论代替了机械论。他们认为万物都在演化，随意想象一个内在目标，也不是什么难事。许多人认为演化论证明了宇宙目的论的正确性，虽然达尔文从来没有表达过这方面的意思。有机体概念被当作对自然法则做出科学和哲学解释的关键，十八世纪的原子论成了过时的思想。这种观点最后甚至对理论物理学产生了影响。在政治领域，演化论思想会自然而然地导致重集体而轻个人的趋势。这种趋势和国家权力日益增长，协调一致，又和民族主义大体相同，因为民族主义可以套用达尔文的适者生存说，当然不是套用到个人身上，而是国家身上。说到这里，我们的话题就要进入另一个领域——由于不完全理解科学理论，公众在受到启发后产生了科学之外的观点。

人类对世界的想象，也因为机械生产发生了变化，最大的影响就是人类对自己能力的认识和之前大不相同。这只是在历史进程中从黎明前就已经开始的加速过程：由于发明了武器，人们降低了对野兽的恐惧；由于出现了农耕，人们减轻了对饥饿的担忧。这种加速度一直很大，人们因为掌握了近代技术创造的力量，对世界产生了全新的看法。

在那些管理事务的人以及与他们有接触的人中间，滋生了一种对力量的信仰。首先，是在人与自然的斗争中的人的力量；其次，是统治者的力量，统治者想要通过科学的宣传运动，特别是教育，支配受统治者的信念和志向。这种变化的结果是稳定性缩减，什么变化似乎都可能发生。大自然是原材料，人类当中没能参与统治的那部分人，也成了原材料。有些古旧的观念表示，人类相信人类的力量是有限的；其中最主要的就是对"神"和"真理"的信仰。这种观念正逐渐消逝，即

使没有遭到明确否定，也已经变得不再重要，只是留下了干瘪
的说法。这是一套全新的看法，人类要怎样去适应它，还不好
说。它已经带来了巨大的变动，而且毫无疑问，未来还会带来
别的变动。有些人沉醉于力量无限的前景，另外一些不掌握力
量的人则心灰意冷。建立起一套应对这种现象的哲学，已经成
了当务之急。关于人类的各种关系，如果想要构想出任何一种
令人满意的现代伦理观，就一定要认识到，对于人类之外的环
境，人类的力量必须受到限制，而且人对人施加的力量也应该
受到限制。

第二十二章

黑格尔

　　始于康德的德国哲学运动，至黑格尔达到了巅峰。虽然黑格尔经常批评康德，但是如果没有康德，他的思想体系根本不会出现。即便在我个人看来，黑格尔的学说全都是错误的，但他的重要地位却不容忽视。他不只是一位重要的历史人物，还是一类哲学的最佳代表，这类哲学在他之外的其他人那里，在条理性和综合性方面都有相当程度的欠缺。

　　与其他在某种程度上持有类似形而上学观点的人相比，黑格尔有两个明显的区别。一是强调逻辑，黑格尔认为，"实在"的本质，只需考虑不自相矛盾这一个问题，就可以推演出来。另一个区别特征是被称为"辩证法"的三阶段运动。他最重要的著作是两部《逻辑学》，要想正确理解他对其他问题的看法是怎么形成的，一定要读懂这两本书。

　　按照黑格尔的理解，逻辑和形而上学是一回事，他自己也曾明确地这样表示过。黑格尔口中的逻辑，和我们常说的逻辑完全不是一个意思。在他看来，任何日常的描述，如果要求符合完整的现实，都会自相矛盾。我们来举一个粗浅的例子：你可以说，A 先生是一位叔叔，这句话不存在明显的矛盾；但是如果你说，宇宙是一位叔叔，你就会陷入困局。叔叔指的是一个有侄子 / 女的男人，侄子 / 女是一个从叔叔那里分离出来的人；因此，叔叔就不是完整的实在。

这段描述或许也可以用来说明辩证法。辩证法由正题、反题与合题组成。首先我们说，"实在是一位叔叔"，这是正题。但是，存在叔叔就暗含着存在侄子。既然除了"实在"之外的任何东西都不真实存在，我们已经确认了有外甥存在，我们必然会得出"实在是侄子"的结论。这就是反题。但是，这和"实在"是叔叔的观点存在同样的缺陷，因此我们得出"实在是叔叔和侄子组成的成体"这样一个观点。这是合题。但这个合题还是无法令人满意，因为一个人必须有兄弟做侄子的爸爸，他才能是叔叔。因此，我们不得不进一步扩大我们的"实在"，把兄弟和他的妻子也包含进来。有人提出，按照这种方式，仅凭逻辑的力量，就能驱使我们最后从"实在"的全部谓语中得出辩证法的结论，也就是所谓的"绝对理念"。整个过程，存在一个基础假定，除非它讲的是整体实在，否则没有什么是真正正确的。

认识作为一个整体，也有三个阶段的变化。认识始于感官—知觉，其中只有对客体的意识。然后，通过对感觉的怀疑批判，发展成纯粹的主观看法。最后，达到自我认识阶段，不再区分主体和客体，因此，自我意识是认识的最高形态。当然，黑格尔的思想必然符合这种情况，因为最高级别的认识，必定是"绝对理念"拥有的认识，既然"绝对理念"是"实在", 在实在之外再也没有可供它认识的了。

《逻辑学》结尾处谈道德"绝对理念", 类似于亚里士多德的"神", 是它在思考它自己。很明显, "绝对理念"只能思考自己, 不能思考别的, 因为没有别的存在, 有的只是我们对现实偏狭和错误的理解。黑格尔说, "精神"是唯一实在的, 精神的思想通过自我意识反映出来。绝对理念, 是纯粹的思想在思考纯粹的思想。这是神一直在做的事——真不愧是一位教授眼中的神。黑格尔接着说:"这种统一是绝对完整的真相, 理念在自我思考。"

精神, 以及精神发展的过程, 是历史哲学的重要目标。哲学家通过把精神和与它相对的物质进行比较, 来了解精神的本质。物质的本质是重量, 精神的本质是自由。物质在自身之外, 精神的中心在自身之中。在精神的历史发展中, 包含三个主要阶段: 东方人, 希腊人和罗马人, 日耳曼人。在黑格尔看来, 是民族的天赋在推动历史发展。在每一个时代, 都有某一个民族负责带领世界走完辩证法的三个阶段。当然, 在我们(作者)的时代, 这个民族就是德意志。除了民族, 我们也要考虑对世界历史发展有影响的个人; 这些人的目标, 体现了他们那个时代将要发生的辩证变迁。这些人都是英雄, 他们可以合理地违反普通的道德规范。黑格尔以亚历山大、恺撒和拿破仑为例。我很怀疑, 在黑格尔看来, 一个人如果不是军事征服者, 有没有可能成为"英雄"。

黑格尔对民族的强调, 以及他独特的"自由"概念, 说明了他对国家的美化——这是黑格尔政治哲学非常重要的一个方面。他在《历史哲学》和《法哲学原理》中，对国家哲学展开了讨论。《历史哲学》中提到，"国家是真实存在的、已经实现了的道德生活"，一个人具有的所有精神现实，只能通过国家才能拥有。在《法哲学原理》讲述国家的章节中，他也阐述了同样的观点，而且更详细。国家本身就是理性的。如果国家只为了个人利益而存在，那么个人可以是国家的成员，也可以不是国家的成员。但是，国家与个人之间完全不是这种关系：国家是精神的实体化，只有作为国家中的一个成员，个人才具有客观性、真实性和伦理性，这种结合体现了国家的真实构成和目的。

在黑格尔看来，义务只是个人与国家的关系，因此没有任何原则可以用来将国家之间的关系道德化。黑格尔对此是有所认识的。他说，在对外关系上，国家是一个个体，每一个国家都是独立于其他国家的。就国家的对外关系而言，公民的义务仅在于维持本国固有的个体特征和独立自主。由此可见，战争并不完全是邪恶的，也不是那种我们需要全力废止的事。国家的目的不只是维护公民的生命财产安全，这是事实，也给战争提供了符合道德的理由，因此战争不应该被视作绝对邪恶的事情，既不应该将战争视作偶然意外，也不应认为引发战争的原因都是些不该发生的事。

黑格尔认为，不时发生战争是一件好事。他说，战争是一种状况，在这种状况下，我们才能认清世俗事物是毫无价值的。战争具有正面的道德价值。"战争有更高层次的意义，人民对追求稳定的决心有限，在对这种冷漠的状态下，通过战争，人民健康的道德观得以保留。"国与国之间的争端，只能通过战争解决；因为国家之间还处于自然状态，国与国之间的关系既不受法律约束，也不受道德约束。国家的权力在各自的独特意志中，有它们自己的现实性，每个国家的利益就是它们的最高法律。道德与政治无法进行对比，因为国家不受普通的道德律法约束。

这就是黑格尔的国家论——如果认可他的理论，所有人类能想象得到的对内暴政以及对外侵略，就都变得有道理了。黑格尔的偏见，重点体现在他的国家理论和他的形而上学之间存在很大的矛盾，这些矛盾全都倾向于为残酷行为以及国际间的掠夺行为做辩护。如果是逻辑让一个人不得不遗憾地得出令他悲叹的结论，这还可以让人原谅；但是如果为了随意鼓吹犯罪而违反逻辑，这就绝不能被原谅了。黑格尔的逻辑使他相信，整体中的实在性或优点，比部分中的多，整体越组织化，它的实在性和优点越会随之增加。这是在为他更喜欢国家，而不是无政府的个人集群做辩护，但是这也应该让他不喜欢无政府式的国家集群，而更喜欢一个世界性的国家才对。

这就给我们带来了一个问题，这个问题对于评断黑格尔的整体哲学至关重要。整体比部分，是否具有更多实在性，是否具有更大价值？对此，黑格尔给出了肯定的回答。实在性的问题是形而上学的问题，价值的问题是伦理学的问题。人们通常认为这两个问题很难区分，但是在我看来，把二者区分开是很重要的。我们重点谈形而上学的问题。

在黑格尔以及其他许多哲学家看来，宇宙任何一个部分的性质，都深受它与其他各部分的关系以及它与整体的关系影响，所以关于任何一个部分，必须先确定它在整体中的位置，否则不可能做出任何正确的陈述。由于它在整体中的位置有赖于其他部分，因此有关它在整体中的位置的正确陈述，也会确定其他部分在整体中的位置。因此，只可能存在一个正确的陈述：除了整体真相之外，不存在别的真相。同样的道理，除了整体具有相当的真实性，不存在具有同等程度的真实性的部分，因为任何部分独立出去，就会因此改变性质，不再是真实的样子。另一方面，我们应该通过一个部分与整体的关系看待那个部分，而当我们这样看待它时，就会发现它不是独立存在的——除了作为整体的一个部分，部分无法独立存在，只有整体是百分之百真实的。这就是形而上学的说法。

我们会发现，形而上学的问题，本身其实是一个逻辑问题。这个问题将哲学分析中的友方和敌方区分开。实际上，如果黑格尔是对的，任何词都不可能具有一个具体的意义，因为根据他的理论，为了描述一个词的所有属性，我们应该知道所有其他词的意义，这些所有其他词的意义就是这个词的意义。黑格尔认为，如果对一件事物的认识，足以把它和其他所有事物区分开，那么它所有的属性都能通过逻辑推理获知。这是一个错误，他整体思想体系的庞大架构都是以这个错误为基础搭建起来的。这说明了一个重要的真理：你的逻辑越糟糕，由它产生的结论就越有意思。

第二十三章

拜伦

　　和现在这个时代比较起来，十九世纪显得理性、进步、满足；然而，在自由主义和乐观主义时期，许多最出色的人物，都具有与我们这个时代的特征相反的品质。如果我们不把人当作艺术家或发现者，也不管他是否符合我们的喜好，而把他当作一种力量，当作引发社会结构、价值判断或理智见解变化的原因，就会发现，最近的事态发展迫使我们不得不重新调整自己的评价——有些人没有之前看起来那么重要，有些人比之前更重要了。在那些重要程度有所提升的人中，应该给拜伦一个非常高的位置。拜伦的影响，仅限于欧洲大陆，就连英国都没有人传承他的精神。我们中的大多数人，常常觉得他的诗读起来并不优美，表达的情感也显得粗俗，但是他的思考和他的人生观得到了广泛传播，经过发展变化，甚至成为影响重大事件发展的因素。

　　拜伦在当时是叛逆贵族的典型代表，叛逆贵族与农民或无产阶级起义的领袖完全不同。那些吃不饱饭的人，不需要复杂的哲学来刺激不满情绪，或者给不满情绪找借口，这些东西在他们看来，不过是闲散富人的娱乐。他们想要别人现在有的东西，并不想要难以理解的形而上学的好处。

叛逆贵族，既然有足够的东西吃，必然有其他导致他不满的原因。我所说的叛逆贵族，不包括那些暂时不掌权的派系领袖，只包括那些不那么在乎个人成功，而只想在哲学方面获得更大改变的人。或许对权力的热爱，是他们不满的地下源头，但是在他们有意识的思想中，呈现的是对现实政治的批判。如果足够深入，我们会看到超大规模的自我主张，或者那些保留了某些迷信思想的人，会践行撒旦主义。这两种形式，在拜伦身上都能找到。这两种形式，主要通过受他影响的人，在那些很难被视为贵族的广大社会阶层中普及开来。

拜伦由于羞怯而没有朋友，这导致他去爱情中寻找安慰，但是他在潜意识里想要寻找的是一位母亲，而不是情人，因此除了奥古斯塔，所有人都让他感到失望。他真诚地爱着奥古斯塔，因为他们血脉相通——拜伦家族的伊实玛利一脉，此外还有更简单的原因，她作为姐姐给他提供了亲切的日常照顾。奥古斯塔给他提供的不只这些，她的纯朴和她乐于助人的好性格，给他提供了让他沉醉其中的自恋式的悔恨。他能感觉到，自己和最邪恶的罪人一样——和曼弗雷德、该隐相当，几乎可以和撒旦相提并论。他作为加尔文教徒、贵族、反叛者的身份，全都得到了满足；因为失去了世间唯一能唤起他怜爱柔情的人，他作为浪漫的情人也通过心碎的方式获得了慰藉。

拜伦虽然觉得自己可以和撒旦相提并论，却从来不敢冒险把自己放在神的位置。总的来说，拜伦的伦理学理论，和他的实际行动相反，他严格遵循传统。在搜寻英雄时，拜伦并没有把目光局限在黎凡特和中世纪，因为给拿破仑加上一件浪漫主义的外衣并不难。在百日战争期间，拜伦公开表示他希望拿破仑胜利，他听到滑铁卢战败的消息时说："我为此感到非常难过。"只有一次，他对自己心目中的英雄表达了不认可的情绪，那是在1814年，在他看来，自杀比退位更体面。

在德国，人们对拿破仑的感情更加分裂。有像海涅那样，把他视作强大的自由主义传教士，打破农奴制的解放者，正统的敌人，让小国的世袭君主瑟瑟发抖的人；也有人视他为基督之敌，想要摧毁高贵德意志民族的人，是一个彻底证明了条顿美德只有靠对法国难解的仇恨才能得以保存的不义之徒。俾斯麦做了一个总结：拿破仑是基督之敌，但是我们不只应该憎恨他，还应该效法他。尼采接受了俾斯麦做出的折中评价，他以一种病态的喜悦评论说，古典主义时期的那种战争就要来了，这样的恩惠不应归功于法国大革命，应该归功于拿破仑。就这样，民族主义、撒旦主义和英雄崇拜，作为拜伦的遗产，成了德意志复杂灵魂的一部分。

拜伦并不温和，而是像雷暴一样猛烈。他对卢梭的评价也适用于他自己，但是这两人之间存在很大差异。卢梭是软弱的，拜伦是狂热的；卢梭的胆怯显而易见，拜伦的懦弱隐于内心；卢梭赞扬各种纯朴的美德，拜伦赞扬所有强大的罪恶。这种区别，虽然只是对社会本能反抗的两个阶段，但是也很重要，因为它表现出了运动发展的方向。

必须承认，拜伦的浪漫主义只有一半真诚。有时候，他会

说蒲柏的诗比他自己的诗好，但是这种判断，可能只是他处于
某种情绪时的想法。世人非要把拜伦简单化，但这忽略他巨大
的绝望，以及对人类公然的蔑视。和许多其他著名人物一样，
人们把拜伦当作一个神话人物，但和真实的他相比，他作为一
个传说中的人物显然更为重要。作为一个传说中的人物，尤其
是对于欧洲大陆来说，他极其重要。

第二十四章

叔本华

    叔本华有很多和其他哲学家不一样的地方。他是个悲观主义者，而其他哲学家几乎全是某种程度的乐观主义者。强调"意志"是十九世纪和二十世纪大多数哲学思想的特征，这种强调正是从叔本华开始的；但是对于他来说，"意志"虽然是形而上学的基础，但是从伦理学的角度看却是邪恶的——这是一种在悲观主义者身上才会存在的对立。

    叔本华的思想体系是对康德思想的改编，他保留了物自体的概念，但是认为它和意志是一回事。他认为，呈现给知觉并被知觉认定为"我"的身体的，其实是"我"的意志。这样的观点是从康德那里发展而来的。康德一直认为，研究道德律能让我们超越现象，让我们获得不能靠感官—知觉获得的知识；他还认为，从本质上来讲，道德律讨论的就是意志。在康德看来，好人和坏人的差别是物自体世界的差别，也是意志的差别。由此而来的结论就是，康德认为意志必定属于真实世界，不属于现象世界。和一个意志对应的现象，是身体的行动；按照叔本华的说法，这就是为什么说"身体是对意志的实现"的理由。

但是现象背后的意志，不是由许多不同的意愿构成的。按照康德的说法，时间和空间都只是直观形式；关于这点，叔本华与他意见一致，认为物自体并不在空间或时间当中。因此，我的意志在某个层面上来讲，是真实的，且不能被时空框定。不仅如此，叔本华还要将它等同于整个宇宙的意志。真实的存在是一个庞大的意志，出现在整个自然历程中，无论是有生命的，还是没有生命的，都一样。

至此，我们或许会期待，叔本华会把他的大意志当成神来看待，提出一种和斯宾诺莎的泛神论类似的学说，认定美德就在于服从神的意志。但是在这个问题上，悲观主义引导他走向了一个完全不同的发展方向——宇宙意志是邪恶的。总的来说，意志就是邪恶的，至少是无尽痛苦的根源。所谓的幸福根本不存在，因为无法满足的愿望会导致痛苦，满足之后只会厌腻。人类受本能驱使，繁育后代，由此又会带来新的苦难和死亡；这就是性行为与羞耻相关的理由。自杀没有用，轮回之说即便不是真的，也能以神话的形式传递真相。

这一切都非常可悲，但是有一条出路，这条出路是在印度发现的。最好的神话就是涅槃（叔本华把涅槃解释成寂灭）。意志强烈会引发苦难，我们越少实践意志，痛苦越少。一个人与另一个人的区别，是现象世界的组成部分，当我们看到真正的世界，这个区别就会消失。在好人的眼中，"摩耶"（幻影）的面纱已经变得透明；他看万物都是一体，他自己和旁人的区别，只是表象而已。他通过爱抵达洞见，爱永远会散发同情，这种同情与他人的痛苦有关。"摩耶"的面纱一经除去，一个人就要承担起整个世界的苦难。在好人身上，对整体的认识，会平息所有的意愿；他的意志会离开生命，否定他自己的本性。好人会全心全意地践行贞洁、自愿清贫、斋戒和苦行。在所有事情上，他都会以打破个人意志为目标。但是好人这么做，并不是为了像西方神秘主义者那样，达到与神的和谐，他们并不是追求这种乐观的好处。他们追求的，是彻头彻尾的消极好处。

叔本华说，这个世界和所有的现象，只不过是意志的客观化。意志被打破后，"所有现象都会废止——在所有等级的客观性中，才使世界得以千姿百态、层层渐变地存在的无尽的努力和付出，意志的整体呈现，这种整体呈现的普遍形式，时间和空间，以及最终的基本形态，主体与客体——所有一切都会废止。没有意志，没有思想，没有世界。我们前面，只剩虚无"。

如果我们通过叔本华的生活做出判断，就会发现，他的说法一点也不真诚。他习惯去好餐厅享用美食；他有过多次仅限于肉体，不涉及感情的情事；他动辄与人争吵，而且异常贪婪。有一次，一个上了年纪的女裁缝在他公寓的门外和朋友说话，这激起他的怒火。他把她扔下楼，给女裁缝造成了永久性的创伤。法院判定，只要她活着，叔本华每个季度要支付她十五塔拉作为赔偿。女裁缝受伤之后，又活了二十年，她去世的时候，叔本华在自己的账本上写了一句："老妇死，重负释。"除了对动物仁慈，我们在他的一生中几乎找不到任何与美德有关的证据，他对动物的仁慈，甚至到了反对出于科学目的的活体解剖的程度。他在其他方面自私透顶。很难相信，一

个将禁欲主义和顺从视为美德并对此深信不疑的人，从来不打
算真正践行自己的信念。

　　从历史的角度来看，关于叔本华，有两件事情不容忽视：
他的悲观主义，以及他的意志高于知识论。他的悲观主义使人
们相信，不用说服自己所有邪恶都有解释也可以研究哲学，如
此说来，悲观主义作为一种矫正方法，也是有用处的。从科学
的角度出发，悲观主义和乐观主义同样令人反感：乐观主义假
定或者试图证明，宇宙存在是为了让我们高兴；悲观主义认
为，宇宙存在是为了惹我们不高兴。实际上没有任何科学证据
可以证明任何一种说法。无论是相信悲观主义的观点，还是相
信乐观主义的观点，都是性格问题，与理性无关，但是西方哲
学家普遍偏向乐观主义。因此，有另一派的代表提出一些容易
被人忽略的问题，还是有好处的。

　　比悲观主义更为重要的是意志至高论。很明显，这个说法
和悲观主义之间不存在逻辑关系，而且叔本华之后，持意志至
高论的人，思想基础通常是乐观主义。许多现代哲学家，比如
著名的尼采、柏格森、詹姆斯和杜威，都是不同形式的意志至
高论持有者。而且意志至高论在专业哲学圈之外，也变得相当
流行。随着意志地位的提升，知识的地位逐渐下降。我认为，
这是我们这个时代哲学氛围最显著的变化。这种哲学氛围的变
化，在卢梭和康德时就已准备就绪，叔本华只不过首次直白地
宣告出来。出于这个原因，虽然他的哲学前后矛盾，而且稍显
浅薄，但是在历史发展的舞台上，还是占据了一个相当重要的
位置。

第二十五章

尼采

尼采认为自己是叔本华的继承者，这是对的，其实他在很多方面都优于叔本华，特别是在思想学说的一致性和连贯性方面。叔本华的东方伦理观主张克己禁欲，与他主张意志全能的形而上学无法统一；在尼采看来，意志在伦理学中的地位，和在形而上学中一样至高无上。尼采虽然是一位教授，实际上是一位文学哲学家，而不是经院哲学家。他在本体论或认识论方面，没有开创任何新的学术理论；他的重要地位，主要体现在伦理学方面，其次是作为一位尖锐的历史批评家。

尼采的伦理观，不属于任何普通意义上的自我放纵；他信仰斯巴达式的纪律和能力——为了重要的目的，既有忍受痛苦的能力，也有给他人施加痛苦的能力。他赞赏意志的力量胜于一切，他认为同情心是一种需要克服的弱点。他以一种兴奋的情绪预言，将要迎来一个大战的时代；如果他活着看到自己的预言实现，不知道他是不是还会那么高兴。

尼采伦理观的两个应用值得注意：首先是他对女性的轻视；其次是他对基督教的严厉批判。

　　他不知疲倦地批判女性。在他的伪预言体著作《查拉图士特拉如是说》中，他说到目前为止，女性还没有能力建立友情；她们依旧是猫，或是鸟，或者最了不起也就是母牛。"男人应该为战争接受训练，女人应该用来供战士消遣娱乐。其余全是蠢事。"如果我们可以相信他对这件事着重强调过的那句话："你去找女人吗？别忘了你的鞭子。"就知道，战士们的娱乐一定是一种特殊的娱乐。

　　虽然他一直非常蔑视女性，但是对她们并不是一直那么残忍。在《权力意志》中，他说："我们喜欢女人，就像喜欢一个娇俏、精致、曼妙的动物那样。欣赏那些脑子里只想着跳舞、废话和华丽服饰的动物，是多么大的享受！她们总是能让紧张、深沉的男性感到快乐。"不过，即便是这些魅力，也只能在那些被有男子气概的男性管束的女性身上才能找到；只要让她们得到一丝自主权，她们就会变得让人无法忍受。他把对女性的侮辱，全都当作不证自明的真理；既没有历史上的证据，也没有他个人经验中的证据。作为支持，关于女人的问题，他的经验来源只有自己的妹妹。

　　尼采对基督教的反对，使人们接受了他所谓的"奴隶道德"概念。他说，基督教的目的是驯化人心，但这是错误的。野兽自有某种光彩，一经驯服就会失掉这种光彩。尼采极度厌恶有关忏悔和赎罪的说法，他称之为"疯狂的循环"。尼采希望看到他口中的"高贵之人"代替基督教圣徒的地位。"高贵之人"绝不是普遍人，而是一个能够施行统治的贵族。"高贵之人"也会干出残忍的事，有时甚至会干出那些被普通人视作犯罪的事；他只承认自己对身份平等的人有义务。他会认识到，残忍在贵族的优越性中起到的作用："我们称为'高修养'的一切品格，几乎都是建立在对残忍的崇高化和强化的基础之上。""高贵之人"本质上是权力意志的化身。

不可否认，尼采具有很大的影响力，但这种影响力不是在哲学家之间，而是在重视文学和艺术修养的人之间。还有一点同样不可否认，他对未来的种种预言，目前看来，比那些自由主义者或社会主义者的准确性更高。如果把尼采当作一种疾病，那他一定是一种蔓延至世界各地的流行病。

然而，我们也要对他身上的很多东西弃之不理，因为那些只是单纯的狂妄。谈到斯宾诺莎时，他说："一个软弱的隐士，暴露出多少人性中胆怯和弱点！"既然他毫不犹豫地用这番话形容斯宾诺莎，原封不动地套在他身上，也不算勉强。很明显，在自己的白日梦里，他不是一位教授，而是一位战士；他钦佩的全是军人。他对女性的看法，和许多男人一样，是一种人格物化，这反映了他对女性的情绪，显然他对女性的情绪是恐惧。"别忘了你的鞭子"——但是十个女性有九个会拿掉他手中的鞭子。他知道这一点，所以他躲避女性，用刻薄的语言安慰他受伤的虚荣心。

尼采谴责基督徒的爱，因为他认为这是恐惧的结果：我害怕邻居会伤害我，所以我要使他坚信，我爱他。如果我更强大、更大胆，我就会公开表现出我自己的感受，表现出对他的蔑视。一个人真诚地认为世界充满爱，这在尼采看来是不可能的，显然是因为他只能感受到遍布各处的憎恨和恐惧，他喜欢把这种憎恨和恐惧伪装成高贵的冷漠。他的"高贵之人"——也就是白日梦里的他自己——是一个完全没有同情心的人，无情、狡猾、残忍，只关心自己的权力。

尼采提出的最重要的伦理问题是：我们应该遵循贵族式的伦理观，还是应该在某种程度上平等地看待所有人？照我刚才的陈述，这个问题的意思不是很清楚，显然我们应该先让这个问题变得更加明确。

首先，我们必须把贵族式的伦理观和贵族式的政治理论区分开来。边沁认为，最大的幸福就是大多数人有一个民主的伦理观，但是信奉边沁的人或许会认为，贵族式的政体最能提升普罗大众的幸福感。这不是尼采的立场。他认为，一般人的幸福并不是美好本身的一部分。所有的好与坏本身，只存在于少数优越者身上；发生在其他人身上的事无关紧要。

接下来的问题是：该怎样定义少数优越者？实际上，这种人通常是在征服战争中获胜的家族或世袭贵族，贵族通常是获胜家族的后裔，至少在理论上是这样。我认为尼采会认可这个定义。"没有好的出身就不可能有道德"，他这样告诉我们。他说，贵族阶级起初也是野蛮人，但是人类的每一次提升，都应归功于贵族群体。

尼采到底认为贵族的优越性是先天的，还是由于教育和环境造成的，我们不得而知。如果是后者，把其他人排除在他们同样有资格获得的好处之外，实在是没有道理可讲。因此，我会假设，他认为获胜贵族和他们的后裔具有生物学上的优越性，就像人比家畜优越一样，只不过差距没有这么大罢了。

　　"生物学上的优越性"是什么意思呢？在解释尼采时，这是指属于优等家族的个人及其后裔，更符合尼采对"高贵"的定义：他们的意志力更强，更有勇气，更向往权力，同情心、恐惧感更弱，也不那么和善。

　　相对于政治而言，伦理问题是一个关于同情的问题。同情，从因为别人受苦而使自己感到不快乐的意义上讲，在某种程度上是人类的自然反应——小孩子听见其他孩子哭，自己也会难过。但是这种感觉，在不同的人身上，发展出了不一样的结果。有些人以施加痛苦为乐；有些人，例如佛陀，只要感觉到还有任何生灵在受苦，他们就不可能完全快乐。大多数人在情感上把人划分成敌和友，他们会同情友人，但是不会同情敌人。基督教或佛教的伦理观，以普遍同情为情感基础；尼采的伦理观则完全没有同情可言。

　　我不知道怎样用论证数学或科学问题的方法，证明他是正确的。我不喜欢尼采，是因为他喜欢沉思痛苦，因为他把自负变成一种义务，因为他最钦佩的人是征服者，他们的荣耀全都来源于让人死亡的才能。但是我认为，反对他哲学的根本理由，和反对任何不讨人喜欢但条理清楚的伦理观一样，它们不诉诸事实，而诉诸情感。尼采轻视普遍的爱，我却视它为我对世界所有渴望的原动力。他的追随者，已经占据主场一段时间，但是我们可以期待，他们的主场时间很快就要结束了。

第二十六章

功利主义者

　　杰里米·边沁是"哲学激进派"的公认领袖，他的整体哲学思想建立在两个原则——"联想原则"和"最大幸福原则"之上。对边沁来说，心理学中的决定论很重要，因为他想确立一部能让人自动拥有美德的法典，往大了说，他想建造一个这样的社会体系。为了给"美德"下定义，他的第二个原则，最大幸福原则，就变得十分有必要了。

　　边沁认为，美好就是幸福或快乐，丑恶就是痛苦。因此，如果事件中的快乐多于痛苦，或者说痛苦小于快乐，事件处于这种状态，就好于其他状态。在所有的可能状态中，快乐超过痛苦最多的状态，就是最好的状态。

　　这个并不新鲜的说法，后来被称为"功利主义"。边沁的功绩不在于提出这个学说，而在于他积极地把这个学说应用到各种各样的实际问题上。

　　边沁不仅认为美好就是一般意义上的幸福，还认为每个人始终在追求他认为的属于自己的幸福。因此，立法者要做的就是协调公共利益和私人利益。我不去偷窃，这符合公共利益，但是除非存在有效的刑法，否则这并不符合我的利益。由此，刑法是使个人利益和群体利益保持一致的一个方法，这就是刑法存在的理由。

用刑法惩处人，是为了防止犯罪，而不是因为我们憎恨犯人。刑罚分明，比刑罚严厉更重要。在当时的英国，很多轻微犯罪都会被判处死刑，这导致陪审团认为惩处过重，常常不肯宣判有罪。边沁提倡，除了极端的恶性犯罪，对其他所有犯罪废除死刑。在他离世之前，刑法在这一方面有所减轻。

他说，民法应该有四个目标：生存、富裕、安全、平等。我们可以看到，他没有提及自由。实际上，他不怎么在意自由。他欣赏法国大革命之前那些仁慈的专制君主——叶卡捷琳娜二世和弗朗西斯皇帝。他非常蔑视有关人权的学说。他说，人权纯粹是胡扯；人权不可侵犯，是浮夸的胡扯。法国革命者提出《人权宣言》时，边沁称之为"一部形而上学的作品——形而上学的巅峰"。他说，人权宣言的条款可以分为三类：（1）令人费解的；（2）错误的；（3）既令人费解又错误的。

边沁的理想和伊壁鸠鲁一样，渴望安全，而不是自由。"战争和风暴读起来更有意思，但是和平和安宁才是更好的生活。"

他逐渐发展成激进主义者，有两个原因：一方面是，他从对快乐和痛苦的计算中推导出的对平等的信念；另一方面是，他把所有一切都交给他所理解的理性去裁定的这样一个坚定不移的决心。他对平等的热爱，在早期曾导致他提倡一个人的财产应该由儿女均分，反对遗嘱自由。后来他又凭此反对君主制和世袭贵族，提倡包括妇女应该有选举权的彻底民主制。他拒绝没有理性根据的信念，这导致他排斥宗教，也不信仰上帝；他会对法律中荒谬反常的条款提出尖锐的批评，无论条款的历史起源多么令人尊重。传统不会成为他原谅任何一件事的理由。他从少年时就反对帝国主义，无论是英国人在美洲推行的帝国主义，还是其他民族的帝国主义；他认为，殖民是愚蠢的行为。

边沁在现实政治中选边站，完全是受詹姆斯·密尔的影响。詹姆斯·密尔比边沁小二十五岁，是边沁学说的热诚信徒，同时也是一位活跃的激进分子。詹姆斯·密尔和边沁一样，认为快乐是唯一的美好，痛苦是唯一的丑恶。但是他又和伊壁鸠鲁一样，最看重适度的快乐。他认为，智力层面的享受是最大的乐趣，节制是最重要的美德。他的儿子说："他蔑视、反对用'激烈'形容的东西。"又补充说，他反对现代人过于强调感情。他和所有功利主义者一样，完全反对任何形式的浪漫主义。他认为政治可以受理性支配，并期望人的见解可以由证据的分量决定。如果争论双方举证技巧相当，他认为，几乎可以确定，多数人会做出正确的判断。他的情感天生贫乏，见解因此受限，但是在他的认知范围内，他具有勤奋、无私、理性的优点。

他的儿子约翰·密尔出生于一八〇六年，约翰·密尔传承了父亲的边沁派学说，只不过形式较为和缓，并且直到一八七三年逝世，他的思想从来没有改变过。

约翰·密尔在他的《功利主义》中提出了一个论证，其中的荒谬错误让人很难理解，他怎么会认为这个论证是成立的。他说：快乐是人类唯一的渴望；因此快乐是唯一值得拥有的。他提出，只有被看见的东西是可见的，只有被听到的东西是可以被听到的，同样的道理，只有被渴望的东西才是值得拥有的。他没有注意到，一个东西如果被看见了，那么它就是"可见的"；但是一个东西如果是应该被渴望的，并不意味着它是"值得拥有的"。因此，"值得拥有的"是一个以伦理理论为前提的词——我们不能从渴望得到，就推导出它值得拥有。

　　而且，如果每个人实际上必然会追求自己的快乐，那么再说他应该做什么，就没有意义了。康德极力主张"你应该"，实际暗指"你能够"；反过来，如果"你不能"，再怎么说"你应该"也没用。如果每个人必定始终追求自己的快乐，伦理观就会转变成深谋远虑：你可以很好地增进他人的利益，希望他们反过来也能增进你的利益。在政治上也是同样的道理，所有合作都是互相帮衬。以功利主义为前提，不可能成功推导出其他结论。

　　这里涉及两个完全不同的问题。第一，每个人都追求自己的幸福吗？第二，全体幸福是人类行为的正确目标吗？

　　说每个人都渴望自己幸福，这句话有两个意思，一个意思不言而喻，另一个意思是错的。不论我恰好渴望什么，达成愿望时都会感到快乐；从这个意思上来讲，无论我渴望什么，都是渴望快乐，因此我们可以不那么严格地将之表述为，我渴望的是快乐。这层意思不言而喻。

　　但是，如果这句话的意思是，当我渴望一样东西的时候，我渴望它是因为它能带给我快乐，则通常是不对的。我饿的时候，渴望食物，只要我的饥饿感存在，食物就能给我带来快乐。但是，作为一种欲望，饥饿感是先出现的，快乐是这种欲望的后果。我不否认，有时候人会直接渴望获得快乐。如果你晚上没事，想去电影院，你会挑选一家你认为能给你带来最大快乐的电影院。但是，这种由对快乐的直接渴望决定的行为，是例外且琐碎的。每个人的主要活动，都是被那些先计算过快乐和痛苦的欲望决定的。

任何事都可能成为渴望的对象。比如，受虐狂会渴望疼痛。毫无疑问，受虐狂渴望从他渴望的疼痛中获得快乐，这时快乐就变成了渴望，但是反过来就不成立。一个人也可能渴望一些不是源于他的欲望，对他个人不会产生任何影响的事——比如，他的国家是中立国，但是他希望交战中的一方获胜。他可能希望提升全民幸福，或者减轻大众的苦难。他也可能像卡莱尔那样，渴望与此相反的结果。他的欲望不同，他的快乐也不相同。

人的欲望会产生冲突，伦理就成了必须要有的东西。冲突的根本原因是利己主义：和别人的幸福相比，大多数人更关心自己的幸福。但是，就算完全不存在利己主义，同样可能产生冲突。这个人可能希望所有人都是天主教徒，那个人可能希望人人都信仰加尔文宗。社会中的冲突，常常会涉及这种非利己式的欲望。伦理学有两个目的：第一，找到一个标准，对欲望的善、恶加以区分；第二，通过赞扬和责备的手段促进善欲，抑制恶念。

　　哲学中的激进派，是一个过渡的学派。他们的思想体系，孕育出两个比自身更重要的体系，即达尔文主义和社会主义。达尔文主义指的是一种全面的自由竞争，竞争中的获胜者是成功资本家。不过，这种发展结果，是后一个时期的事，因为达尔文的《物种起源》出版于一八五九年，起初人们并没有发现其中的政治内涵。

　　与之相反的社会主义，始于边沁主义的全盛时期，是正统派经济学的一个直接结果。社会主义只是政治或经济领域的思想概念，不属于哲学史讨论的范畴。但是到了卡尔·马克思的手上，社会主义被赋予了哲学内涵。我们下一章要讨论的，就是卡尔·马克思的哲学思想。

第二十七章

卡尔·马克思

　　人们通常是这样看待卡尔·马克思的：他声称自己创立了科学社会主义，在他的主导之下，社会各阶层经由吸引和排斥，发生了一场强大的运动，对欧洲近代史产生了重大影响。除了一些特定的方面，这本书不打算讨论他的经济或政治理念；我只将他视作一个哲学家，一个对其他人的哲学思想产生过影响的人，加以讨论。

　　马克思和边沁、詹姆斯·密尔一样，与浪漫主义毫无关系；他的注意力一直集中在科学上。他的经济学是英国古典经济学的一个结果，但他对经济发展的原动力做了更改。古典经济学家们，无论是有意还是无意，只在意与地主和工薪阶级对立的资本家们的福利；相反，马克思开始代表工薪阶级的利益。从他一八四八年发表的《共产党宣言》可以看出，他在年轻的时候，就饱含适合发动新革命运动的激情，就和弥尔顿时代的自由主义一样。但是，他一直希望诉诸证据，从不信赖任何科学之外的直观判断。

　　马克思自称唯物主义者，但不是十八世纪的那种唯物主

义者。他受黑格尔哲学的影响，把自己信奉的那种唯物主义
命名为"辩证唯物主义"，辩证唯物主义与传统唯物主义之间
存在一个重要的差别，它更接近我们现在所说的工具主义。他
说，旧唯物主义错误地将感觉当作被动的，因此从根本上把活
动归于客体。按照马克思的观点，所有感觉和知觉，都是主体
与客体的相互作用；单纯的客体若脱离知觉者的活动，就只是
原材料，在它被认识的过程中，其性质会发生转变。在旧观念
中，被动凝视的认知，是一种非现实的抽象概念；真实发生的
过程是一个处理事物的过程。"人的思想是否具有客观的现实
性，不是一个理论问题，而是一个实践问题。"他说，"思想的
真相，也就是思想的现实性和力量，必须在实践中证明。至于
脱离实践的思想是否具有现实性，是一个单纯的学术问题……
哲学家只是用不同的方式解读世界，但是真正要做的，是改变
世界。"

　　我想，我们可以这样解释马克思的意思：哲学家口中的追
求知识是一种过程，这种过程和之前理解的不一样；之前认
为，客体是不变的，一直是作为认知者的一方在做适应性的改
变；但实际并非如此，主体与客体、认知者与被认知的事物，
一直处于相互适应的过程中；由于这个过程永远不会结束，因
此他称之为"辩证"。

　　马克思的历史哲学，是黑格尔哲学和英国经济学的混合
体。他和黑格尔一样，认为世界遵循一套辩证的方案发展，但
是关于发展的原动力，他完全不同意黑格尔的看法。在马克思
看来，驱动力不是精神，而是物质。但是，作为驱动力的物质

是一种具有特殊意义的物质，并不是原子论者口中完全非人化的物质。这就意味着，在马克思看来，驱动力其实是人与物质的关系，其中最重要的部分是人的生产方式。从这个角度来看，马克思的唯物论实际上成了经济学理论。

按照马克思的说法，人类历史上任何时代的政治、宗教、哲学和艺术，都是那个时代的生产方式的结果；退一步讲，也是分配方式的结果。我想，他不会认为这个说法可以适用于文化领域的所有细节，应该只适用于宽泛的框架。这个学说被称为"唯物史观"。这是一个非常重要的论点，尤其与哲学史家脱不了关系。实际上，我个人并不认可这个论点，但是我认为其中包含了与真理相关的重要因素，而且我意识到，这个论点对这本书中论述的我个人关于哲学发展的观点，产生了影响。

马克思把他的历史哲学，装进了黑格尔辩证法的模子，实际上他只考虑了一个三件套：以地主为代表的封建主义，以工业雇主为代表的资本主义，以工薪阶级为代表的社会主义。黑格尔认为国家是开展辩证运动的工具，马克思则把国家换成了阶级。他始终否认，提倡社会主义或站在工薪阶级一边，是出于道德或人道主义方面的理由；他坚称，支持工薪阶级不是为了占据道德高地，而是辩证法在整体决定性运动中得出的结果。他本可以说自己不是提倡社会主义，只是预言了社会主义。但是，这并不完全正确。他毫不怀疑地认为，任何辩证运动，在非个人的意义上，都是进步的；而且他肯定认为，社会主义一旦建立，和封建主义、资本主义相比，会给人类带来更多的幸福。

　　单纯地把马克思当作一个哲学家看待，会发现他有严重的缺陷。他过于看重实践，过分关注他那个时代的问题。他的眼界只限于这颗星球，在这颗星球之内，只看到了人类。从哥白尼开始，人们已经很明显地意识到，人类在宇宙中的地位并不像自以为的那么重要。没有充分接受这个事实的人，是没有资格说自己的哲学是科学的。

　　如果仅限于地球事件，人们乐于相信，发展进步是一个普遍规律。这种态度是十九世纪的特征，马克思和他同时代的人一样，也抱持这样的态度。只是由于相信进步的必然性，马克思认为可以不做道德方面的考量。如果社会主义即将实现，一定会迎来一个进步。他会毫不迟疑地承认，地主或资本家不会认为这是进步，但是这只能说明，他们与时代的辩证运动不同调。马克思自称是无神论者，但是保留了只能通过有神论才会得到验证的宇宙乐观主义。

　　也许，马克思给他的社会主义披上了哲学外衣，但这与他见解的基础其实没有多大关系。完全不提辩证法，把他见解中的重要部分重述一遍，也很容易。他通过恩格斯和皇家委员会的报告，彻底了解了一百年前英国工业制度骇人听闻的残酷，这给他留下了深刻印象。他发现，这种制度很可能会从自由竞争向垄断的方向发展，社会不公必然会引发无产阶级反抗运动。他认为，在一个彻底工业化的社会，唯一能替代私人资本主义的，就只有土地和资本国有化这一条道路。这些建议全部与哲学无关，因此我不会去考虑其中的是非对错。重点是，如果这些建议是正确的，我们便可以确定，在他的思想体系中，什么才是真正重要的。因此，我们大可以抛开那层黑格尔的外衣。

然而，必须承认，在某些方面，马克思的理性主义是有局限性的。虽然他相信，自己对发展趋向的解释是正确的，而且会被种种事件证实，但是他认为自己的论证只会打动那些阶级利益与他的观点一致的人（除了极少数例外）。他对劝服别人不抱什么希望，而只寄希望于阶级斗争。因此，他在实践中致力于推行强权政治，虽然不至于沦落到推崇种族优越论，却提出了阶级优越论。诚然，作为社会革命的结果，阶级划分有望最终消失，从而实现政治和经济上的完全谐和。

第二十八章

柏格森

1

亨利·柏格森是二十世纪最重要的法国哲学家。他的非理性主义引起了很多人的兴趣，这些人的兴趣与政治没有任何关系。我对此会进行全面论述，因为它充分体现了这个时代人们对理性的一种反抗，这种反抗从卢梭开始，其在全世界的生活和思想领域中占据的分量越来越大。

柏格森的哲学与之前的大部分哲学体系不同，它是一种二元论。在他看来，世界被分为两个完全不同的部分，一部分是生命，另一部分是物质；或者以理智的观点看，物质就是没有行动力的东西。整个宇宙处在两种方向相反的运动的相互冲突中：生命向上升，物质向下降。生命是一股强大的力量，是一股巨大的生机勃勃的冲动，从创世之初就已经全部涌现。生命遇到物质的阻碍，奋力在物质中开拓出一条道路，逐渐学会通过组织化的手段来利用物质。由于物质强加给生命的适应性，部分生命被物质制服了，但是生命始终保持着自由活动的能力，一直努力寻找新的出路，始终在物质的围堵中寻求更大的运动自由。

柏格森通过讲述地球生命的实际发展，来填补这个架构。在第一次分流时，生命分成了动物和植物：植物的目标是储存能量，动物的目标是利用能量满足突然的加速运动。动物发展到后期，又出现了一次分流：本能和理智在一定程度上分道扬镳。理智，或者说智力，只能对不连续、不能运动的东西，形成清晰的观念；理智的概念，和空间中的物体一样，彼此在对方的外面，而且具有同样的稳定性。从空间的角度来看，理智是分离的；从时间的角度来看，理智是固定的。理智不是用来思考进化的，而是把"变成"描绘成一系列的状态。他说，理智的起源和物质的起源彼此相关，两者都是通过相互适应发展而来的。

这种物质和理智同时成长的想法很精巧，值得我们去了解。我认为，这个想法的大致意思是：理智是区分事物的能力，而物质是被分成不同事物的那种东西。实际上，不存在被分离的固态的事物，只有一个无止境的变化之流。在变化之流中，没有东西完成变化，也没有没完成变化的东西。但是这种变化，可能是向上的运动，也可能是向下的运动：如果是向上的运动，就叫作生命；如果是向下运动，就是被理智误解的所谓物质。向上运动的意志，为了能从向下运动的物体中穿过，必须在下落的物体中开辟出一条道路，理智因此就显现出了形态、轮廓和路径，单纯的流注就被切割成了分离的物体。

正如理智和空间有关，本能或直觉和时间有关。和大多数哲学家不同，柏格森将时间和空间看成两种完全不同的概念，这也是柏格森哲学的一个显著特点。空间，也就是物质的特征，是由于分割流注产生的，它实际上是一种错觉。相反，时间是生命或精神意志的本质特征。但是这里说的时间，不是数学意义上——彼此互不包含的瞬间的同质组合——的时间。按照柏格森的说法，数学时间实际上是一种空间形式；他把作为生命本质的时间，称为"绵延"。这个"绵延"的概念，是他哲学中的一个基本概念，他在其第一本著作《时间与自由意志》中就提到过这个概念。如果我们想充分了解他的思想体系，必须理解这个概念。

他说："纯粹的绵延，是当我们的自我让自我存在时，我们的意识状态呈现的形式，也就是自我制止自我现在的状态并和之前的状态分离开来时采用的形式。"纯粹的绵延，让过去和现在构成一个有机整体，其中有相互渗透以及没有区分的相续。"在我们的自我中，有彼此不在对方外部的相续；在自我之外的纯粹的空间中，彼此没有相续关系，彼此在对方之外。"

"关于主体和客体的问题，二者的区分和统一，不应该从空间的角度，而应该从时间的角度论述。"在我们"看见自己行动"的绵延中，有分离的元素；但是在我们"行动"的绵延中，我们的各个状态彼此融合。纯粹的绵延，是最远离外在性、最不具外在性的，在这样的绵延中，过去充满全新的现在。

绵延就是现实，是一种永恒的变化，绝不是某种已经完成的东西。绵延尤其会在记忆中表现自己，因为在记忆中，过去就存在于现在之中。由此，记忆论在柏格森的哲学中，就变得非常重要了。柏格森说，有两种完全不同的东西，都会被称为"记忆"，他着重强调了二者的区别。他说："过去以两种完全不同的形式留存了下来：第一种是以运动机制的形式，第二种是以独立回忆的形式。"只有第二种，才真正配得上"记忆"这个称呼。他指出，从某种意义上来讲，发生在我们身上的一切都会被记住，但是通常只有有用的东西才会被存储进意识。记忆并不是物质的发散。实际上，如果我们说的物质是指具体知觉捕获的物质，由于物质总会占据一定的绵延，那么在这种情况下说物质是记忆的发散，反而更接近真相。

　　直觉的根本特征是，它不像理智那样，把世界分成分离的事物；它领会的是一种相互渗透的过程的多样性，而不是空间意义上的外部物体的多样性。其实，事物是不存在的："事物和状态无非是我们的思维对变化所持的看法，没有事物，只有运动。"这种宇宙观虽然在理智看来既难理解也不自然，但对直觉来说，却是容易理解又自然的。可以用记忆做例子来理解这些话的意思，因为在记忆中，过去在现在中留存了下来，并且渗透到现在之中。使过去和未来成为现实，创造真实的绵延和真实的时间的，是记忆以及和记忆相关的欲望。

　　柏格森关于自由的思想以及他对行动的颂扬，和直觉的优点有密切关联。他说："实际上，生物就是行动的中心。一个生物，代表进入世界的偶然性的某个总和，也即一定数量的可能行动。"他断定，真正的自由是可能存在的："当我们的种种行动发自我们的整体人格时，当这些行动表现整体人格时，当它们和整体人格之间的关系类似于艺术家与他的作品之间不时得见的、难以名状的关系时，我们就是自由的。"

2

柏格森的哲学并不只是一种富于想象的诗意的宇宙观，空间论与时间论是柏格森哲学的两个基础。

柏格森在《时间与自由意志》中清晰而详尽地阐述了他的空间论，因此这是他哲学思想中最早形成的部分。在第一章中，他提出较大和较小暗含着空间的意思，因为他认为，从本质上来讲，较大包含较小。在下一章关于数的问题中，他提出了相同的主张。他说："只要我们想象数，就不只会想到数字、数量，而不得不求助于有广延的想象。"而且"关于数的每一个清晰的概念，都暗含着空间的视觉想象"。这两句话足以表明，柏格森其实不知道数是什么，他自己对数就没有清晰的概念。柏格森上面的话搞混了三个概念：（1）数——适用于个别数目的一般概念；（2）个别的数；（3）个别的数适用的集团。柏格森把某个特定集团和它的项数混淆，又把这个数和一般的数混淆，这才使他的数的理论看起来貌似有理。

除了我们已经讨论过的数的问题之外，柏格森与数学相关的另一个重点是，他拒绝对世界进行所谓"电影式"的描述。数学把变化，甚至连续的变化，理解为一系列状态的构成；相反，柏格森主张一系列状态不能代表连续的东西，处在变化中的事物，根本不处于任何状态。他把这种认为变化由一系列变化中的状态构成的观点，称为"电影式"。他说，从理智的角度来看，这种观点很正常，但是贻害无穷。真实的变化，只能由真实的绵延来解释；真实的绵延包括过去和现在的相互渗透，不是数学意义上静止状态的连接。这就是代替"静态"世界观的所谓"动态"世界观。

柏格森的绵延说和他的记忆理论紧密相关。按照他的记忆论，记住的事物留在记忆中，从而和现在的事物互相渗透：过去和现在，并非彼此在对方之外，而是在统一的意识中混在一起。柏格森说到过去时，他指的并不是过去，而是我们现在对过去的记忆。过去在过去存在时，和此刻的存在一样，也是有生机的；如果柏格森的描述是正确的，此时此刻应该是整个世界历史中唯一有活力的时刻。在之前的时间，也曾存在其他知觉，它们和现在我们拥有的知觉一样鲜活、真实；过去在当时绝对不只是一个概念，它固有的特征和此时此刻一模一样。

现在的记忆行为和记忆中的过去事件的混淆，似乎是柏格森的时间论的基底，他的理论中还有更普遍的混淆，这只是其中一例。如果我的理解是正确的，这种普遍的混淆破坏了他的许多思想，实际上也破坏了大部分近代哲学家的许多思想——我指的是，对认识行为与认识对象的混淆。对于记忆来说，认识行为发生在现在，而认识到对象存在于过去；因此，如果把二者混淆，过去和现在的区别就变得模糊不清了。

在《物质与记忆》中，柏格森从头到尾都没有摆脱对认识行为与认识对象的混淆。至于主体与客体的区别，也就是以进行思考、记忆和想象的精神为一方，和以被思考、被记忆或被想象的对象为另一方之间的区别，就我的理解来说，在他的哲学中完全没有体现。对主观和客观的混淆，并不是柏格森的个人特色，许多唯心主义者和唯物主义者都存在这方面的问题。许多唯心主义者表示，客观其实是主观；许多唯物主义者则表示，主观其实是客观。他们一致认为，这两个说法差别很大，尽管如此，他们依然主张主观和客观没有差别。我们可以承认，在这个问题上柏格森是有优点的，因为他既乐意把客观主观化，也乐意把主观客观化。如果否定这种同一化，他的整个思想体系都会垮塌：首先，是他的空间论和时间论；其次，是偶然性是实在的这个信念；然后，是他对理智的谴责；最后，是他对精神和物质的关系的解释。

柏格森希望在这个世界实现的美好，是为行动而行动。他把所有的沉思都称为"做梦"，用了一系列暗含贬损意味的词谴责沉思，称其为停滞的、柏拉图式的、数学的、逻辑的、理智的。那些渴望预见行动要达到的目的的人，被告知不会有什么新鲜事，因为欲望和记忆一样，与它的对象是一致的。因而在行动上，我们注定要盲从于本能：生命力从后面推动，永不停歇，永不休止。当我们超越动物的生命，意识到将人从野兽的生活中拯救出来这个更伟大的目标时就会发现，这种哲学中没有沉思洞察的立足之地。那些觉得没有目的的活动就足够好的人，会在柏格森的书中找到一幅令人愉快的宇宙图景。但是还有一些人，他们认为行动应该具有某种价值，并且必须出自

某种梦想或是充满想象力的展望，在他们展望的世界里，没有
我们当下日常生活所处世界中的这些痛苦、不公和争斗。总而
言之，后一种人的行动乃是基于沉思，他们既不会在柏格森的
哲学中找到任何自己想要的东西，也不会因无法认同这种哲学
而感到遗憾。

第二十九章

威廉·詹姆斯

　　威廉·詹姆斯其实是一位心理学家，但是由于以下两个原因，他在哲学领域有相当重要的地位：他开创了一种学说，称之为"彻底经验论"；他是"实用主义"或"工具主义"理论的三大倡导者之一。到了晚年，他当之无愧地成为美国哲学的公认领袖。

　　詹姆斯在一九〇四年发表了一篇题为《"意识"存在吗？》的论文，在其中首次提到了彻底经验论。这篇文章的主旨，是否定主体—客体关系是一种基本关系。在公认的哲学中，几乎一切思想都与主体—客体的二元论有关。如果不认可对主客体的区分这一基本原则，那么精神与物质的区别，沉思的理念，以及传统的"真理"概念，所有这一切，都需要从根本上重新加以考虑。

　　他说，意识"是一种非实体的名称，没有资格在基本原理中占据一个席位。那些至今仍执着于意识的人，只不过是在执着于一个回声，就像渐渐消逝的'灵魂'在哲学的空气中留下的微弱余音"。他继续说道："不存在与构成物体，或者我们

思想中的物体，相对应的所谓原始的物或质。"他解释说，他
并不是否定我们思想表现出的那种认识功能，他否定的是意
识是一个"东西"的观点。他认为，"只有一种原始的材料和
物质"，世界的一切都是由它构成，他称之为"纯粹经验"。他
说，认识就是纯粹经验的两个部分之间的一种特殊关系。主
体—客体关系是衍生出来的关系："我认为，经验并不具备这
种内在的两重性。"一个特定的、未被分割的经验部分，可以
在一种情况下是认知者，在另一种情况下是被认知者。

他把"纯粹经验"定义成"为我们后来的反思提供材料
的、当前生命的流动"。如果用纯粹经验区分詹姆斯口中的
"材料"，就相当于废除了对精神和物质的区分。

他的实用主义和"信仰的意志"则不同。特别是后者，在
我看来，"信仰的意志"有意为某些宗教教义做出貌似有理的
辩护，实际上完全是诡辩——任何一位虔诚的教徒都不会认可
这种辩护。

他在《信仰的意志》中提出，在实践上，我们常常要在没
有适当理论作为决定依据的情况下做出决定，即便什么都不
做，也是一个决定。詹姆斯说，宗教问题就属于这种情况。他
认为，我们有权采取信仰的态度，尽管"我们纯粹的逻辑智慧
可能并没有受到强制"。按照他的说法，诚实的道德义务包含
两个同等重要的准则——"相信真相"以及"避免错误"。怀
疑主义者只注意到了第二条准则，许多不那么谨慎的人会相信
的真理，他们一概不信，这其实是不对的。假如相信真理和避
免错误同等重要，当面临需要二选一的情况时，我会随意相信

其中一种可能性，因为这样我就有了一半机会相信真理；如果我一直不做决断，则一丝机会都没有。

　　把信仰的意志拿出来单独考虑，对詹姆斯不公平，因为这是一个过渡性的学说，它要经过自然的发展，才会变成实用主义。詹姆斯身上体现出的实用主义，主要是对"真理"的重新定义。下一章要讨论的是另一位实用主义领袖——杜威博士；席勒也是实用主义的代表人物，只是重要性稍逊于另外两位。詹姆斯和杜威博士强调的重点不同。杜威博士的见解是科学的，他的论点大部分是经过科学方法验证得出的，但是詹姆斯主要考虑的是宗教和道德。简单来说，任何让人变得有道德、让人幸福的学说，詹姆斯都乐于提倡；按照他对真理的理解，这样的学说全都是"真理"。

　　据詹姆斯说，实用主义原则最初是 C.S. 皮尔斯提出的。皮尔斯主张，为了使我们对某个对象有清晰的想法，只需要考虑该对象可能涉及哪些可以想到的实际效果。为阐述这一点，詹姆斯说哲学的功能就是弄清楚，如果这个或那个普世法则是正确的，对你我会造成什么影响。如此一来，理论就成了工具，不再是困难问题的答案。

　　詹姆斯说，只要能帮助我们，与我们经验中的其他部分形成令人满意的关系，这样的观念就是正确的："只要认为它能给我们的生活带来好处，这个观念就是正确的。"正确会以观念的形式呈现，事件可以证明观念的正确。按照理智主义者的说法，一个正确的观念必须与现实相符才是正确的，但是"相符"不是"一模一样"。"从最广泛的意思上来讲，与现实'相符'只意味着被引导到现实，或者进入现实的周边，或者与现实产生接触；与'不符'相比，'相符'能更好地应对现实或与现实相关的事物。"他补充说："从长远以及全局的角度来看……所谓'正确'只是一个有利的思考方向。"换句话说，"我们追求正确的义务，是我们追求'有回报'这个一般义务的一部分"。

在关于实用主义和宗教的章节中，他得出了各种结论。"任何假说，只要产生的结果对生活有益，我们就不能排斥它。""如果对神的假设，在最广泛的意义上，能发挥令人满意的作用，这个假说就是正确的。""根据宗教经验提供的证据，我们完全可以相信，确实存在更高级别的力量，并且这股力量正按照与我们的理想路线相似的方式拯救世界。"詹姆斯对作为人类现象的宗教感兴趣，但对宗教思考的对象却没有表现出任何兴趣。他希望人们快乐，如果相信上帝能使他们快乐，就让他们相信上帝。到此为止，这只是仁爱，不是哲学；当他说出这个信念使他们快乐，那就是"真实的"时，这就变成了哲学。对于渴望崇拜对象的人来说，这样的说法无法令他满意。他不愿说："如果我信仰上帝，我就会幸福。"他想说的是："我信仰上帝，因此获得了幸福。"他信仰上帝时，就像相信罗斯福、丘吉尔或希特勒存在一样，相信上帝存在。上帝对他来说，是真实存在的，而不只是一个收效良好的人类理念。是这种真正的信念，产生了良好的效果，而不是被詹姆斯阉割过的替代品。很明显，如果我说"希特勒存在"，我并不是说"相信希特勒存在，会带来好结果"。对真正的信徒来说，上帝的真实性也是如此。

　　詹姆斯的学说试图在怀疑主义的基础上，建立起信仰的上层建筑，和所有类似的尝试一样，他依赖的是错误的前提。詹姆斯的错误在于，他试图忽略所有人类之外的事实。他将贝克莱式的唯心主义与怀疑主义相结合，用对上帝的信仰来代替上帝，假装这样也行得通。这不过是大多数现代哲学所特有的一种主观主义的愚蠢表现。

第三十章

约翰·杜威

约翰·杜威是公认的美国哲学界领袖。对于这个评价，我完全赞同。他不仅对哲学家，也对教育、美学和政治理论学领域的学者产生了深远影响。他是一个品格高尚的人，其见解开明，私下为人慷慨、善良，对待工作孜孜不倦。他的很多见解我几乎完全同意。由于我对他的尊敬和钦佩，以及我亲身感受过他的友善，我真的希望和他意见完全一致，但是很遗憾，我不得不对他最独特的哲学学说表示异议。他在自己的学说中用"探究"代替"真理"，以此充当逻辑和认识论的基本概念。

从严格的哲学角度来看，杜威的工作之所以重要，主要在于他对传统"真理"概念的批判，这种批判在被他称为"工具主义"的理论中有所体现。按照大多数专业哲学家的理解，真理是稳定的，完美且永远不会改变；用宗教术语来说，真理与神的思想是一致的，作为理性生物，我们可以与神共享那些思想。从毕达哥拉斯开始，尤其是自柏拉图以来，数学一直和神学紧密相关，这种联系对大多数专业哲学家的认识论产生了深刻影响。杜威的兴趣与数学无关，而是与生物学有关，他认为思想是一个进化的过程。当然，传统观点认为，人的认识是逐渐累积的，但是知识在获得之后，就被当作确定的东西了。确实，黑格尔并不这样看待人类的认知。他把人类的认知设想成一个有机的整体，每个部分都在不断成长，在整体变得完美之前，任何部分都不完美。虽然黑格尔的哲学对青年时代的杜威产生过影响，但是这种哲学中还是有"绝对"的概念，有比暂时的过程更确实的永恒世界。杜威的思想中则完全不存在这样的概念，在杜威看来，所有现实都是暂时的，都是过程，虽然是演化过程，但也不是黑格尔理解的那种永恒观念的展开。

杜威的目标并不是做出绝对"正确"的判断，也不是把矛盾之处谴责为绝对的"错误"。在他看来，存在一个被称为"探究"的过程，这种过程是有机体与环境之间的一种相互调节。杜威没有把真理或知识，而是把"探究"当作逻辑的本质。他对探究的定义是："探究是指，通过有效控制或者指引，将一个不确定的情况转变成一个组成部分的特征和关系都很确定的情况，将原始情况中的元素转化成一个统一的整体。"他补充说："探究关注的是如何将客观材料进行客观转变。"

显然，杜威构想的"探究"，是试图让世界变得更有机化的这个一般过程的一部分。"统一的整体"应该是探究的结果。杜威之所以热爱有机的东西，部分是由于生物学，部分是由于黑格尔的影响经久不息。之前人们会说，应从探究的目的去定义探究，而所谓的目的也就是想要获得明确的真理。但是在杜威看来，"真理"是要靠"探究"来定义，而不是用"真理"定义"探究"。他同意皮尔斯的定义，并做了引用："真理"是

"注定要被所有调查者最终同意的意见"。根据这个定义，我完全不知道研究者在做什么，我们不能不说他们在努力调查真相，否则就是循环论证。

我认为杜威博士的理论应该这样表述：有机体与环境之间的关系，有时令有机体满意，有时令它不满意；不满意的时候，情况可以通过相互调节得到改善；如果使情况得到改善的改变，主要是有机体方面做出的——只能说主要，因为永远不可能完全是一方做出改变——这个过程就叫"探究"。例如，在作战期间，你主要关注的是改变外界环境，也就是敌军；但是在作战之前的侦察期，你主要关注的是调整己方兵力应对敌军的部署。开战之前的时期就是"探究"期。

笼统而论，我们可以说杜威博士和其他人一样，把信念分为两类，一类是好的，另一类是坏的。但是他认为，一个信念可能在此时是好的，彼时就成了坏的；不完美的理论就会出现这种情况，一个不完美的理论比这个理论的前身好，却比后来的理论差。一个信念是好是坏，取决于接受这个信念的有机体，在信念的刺激下做出的活动的结果，是令其满意还是不满意。因此，一个与过去的事件有关的信念，该被划分到"好"的一类，还是"坏"是一类，不是根据该事件是否真的发生，而是根据该信念对未来造成的影响。

在我看来，杜威博士的世界，是一个完全被人类占据的想象世界；他当然承认存在天文学意义上的宇宙，但是他多数时候都将之忽视了。他的哲学是一种权能哲学，与尼采的个人权能哲学不一样，他看重的是社会的权能。和我们受到的限制力相比，我们掌控自然界的能力给一些人留下了更深刻的印象，在我看来，正是这种社会力量中的某些因素使那些人深受工具主义哲学的吸引。

在不同的时代，人类对非人环境的态度存在很大的差别。希腊人害怕狂妄自大，他们信仰必然或命运，甚至认为宙斯也在命运之下，他们小心翼翼地避免做出一些在他们看来对宇宙无礼的事。中世纪时期，教会将这种顺从进一步发扬光大：对上帝谦卑是基督徒的首要责任。由于这种态度，人们的主动性受到限制，几乎不可能有更大的原创性。文艺复兴重塑了人类的尊严，但是过度发展，到了无政府的混乱状态，甚至酿成了灾难。宗教改革运动和反宗教改革运动，抵消了文艺复兴的大部分成果。虽然对于文艺复兴时期的傲慢个体来说，现代技术并不完全有利，但它却复活了人类社会的集体力量感。之前过度谦卑的人类，开始认为自己几乎可以和上帝比肩。

所有这一切，都让我感到了一股巨大的危险，一种可以被称为"极大不敬"的危险。认为"真理"取决于很大程度上不受人类控制的事实，到目前为止，哲学一直通过这个方法向人们灌输必要的谦卑。一旦这种对骄傲的制约被撤销，人们就会在奔向疯狂的道路上迈出一步，这种疯狂就是对权能的痴迷。对权能的痴迷随着费希特入侵了哲学领域。现代人，无论是不是哲学家，都有这种倾向。我相信，这种痴迷是我们这个时代最大的危险，任何一种哲学，不论多么无意地助长这种痴迷，都在增加巨大社会灾难爆发的危险。

第三十一章

逻辑分析哲学

人们逐渐发现，哲学中的很大一部分，可以归结为被称为"句法"的东西，不过这个词的意义，要比到目前为止的习惯用法更广才行。毫无疑问，哲学句法在传统问题上能发挥非常大的功用。

我会简单解释一下所谓的摹状词理论，借此说明哲学句法的功用。我所说的"摹状词"是诸如"美国的现任总统"之类的短语，不用名字来指明一个人或一件东西，而用其特有的性质，这种特性可能是假定的特性，也可能是已知的特性。这类短语曾造成很多麻烦。假设我说"金山不存在"，再假设你问："什么东西不存在？"如果我说"是金山"，如此说来就像是我把某种存在归于金山。很明显，我说这话和说"圆形的正方形不存在"不是一样的陈述。这似乎在暗示，金山是一种东西，圆形的正方形是另一种东西，虽然两者都不存在。摹状词理论的提出就是为了解决这个难题以及其他难题。

根据这个理论，当一个含有"如此这般"形式的短语的陈述被正确分析，"如此这般"就消失了。以"司各特是《威弗利》的作者"这个陈述为例。摹状词理论对这个陈述的解释是：

有一个人，而且只有一个人写了《威弗利》，这个人是司各特。

或者解释得再充分一些：

有一个实体C，如果X是C，则"X写了《威弗利》"这个陈述为真，否则为假；同时，C是司各特。

这句话的前半部分，也就是"同时"之前的部分，是在定义"《威弗利》的作者存在（或过去存在，或未来会存在）"。因此，"金山不存在"的意思是：

没有一个实体C，如果X是C，则"X是黄金而且是山"为真，否则为假。

有了这个定义，当我们说"金山不存在"时是指什么意思的困惑就消失了。

根据这个理论，"存在"只能用来给摹状词下断言。我们能说"《威弗利》的作者存在"，但是说"司各特存在"却不合语法，或者更准确地说，不合句法。对"存在"的混乱理解，从柏拉图的《泰阿泰德篇》开始，延续了两千年，至此终于厘清了。

以上操作的一个结果是，它推翻了数学自毕达哥拉斯和柏拉图以来一直占据的崇高地位，并摧毁由它衍生出来的反经验主义的推论。确实，数学知识不是通过对经验进行归纳获得的；我们相信"2+2=4"，不是因为我们经常通过观察发现两个东西和另外两个合在一起，等于四个东西。从这个意义上来讲，数学知识仍然不是经验知识，但也不是关于世界的先验知识。其实，数学知识只是语言知识。"3"的意思是"2+1"，"4"的意思是"3+1"。所以（证明过程会很长）"4"和"2+2"是一个意思。数学知识因此不再神秘。它和一码有三英尺这个"绝对真理"本质完全相同。

纵观哲学史，哲学一直由两个部分组成，这两部分不和谐地混在一起：一部分是关于世界本质的理论，另一部分是关于最佳生活方式的伦理学说或政治学说。许多混乱的思想，全都源于没能足够清楚地将两部分区分开。从柏拉图到威廉·詹姆斯，哲学家们关于宇宙构成的见解，全都受到了渴望教化的影响：正如他们所设想的那样，他们知道什么样的信仰可以使人成为有道德的人，因此他们发明了一些论据——往往是诡辩——来证明这些信仰是真的。就我而言，我谴责这种偏见，无论是从道德还是从理智的角度。从道德上讲，一个哲学家，除了无私地探求真理，把他的专业能力用于任何其他事情，都算是一种变节，他应为此感到愧疚。当他在进行研究之前，就先假定某些信念——无论是真是假——可以促进良好的行为，他就限制了哲学思辨的范围，使哲学失去价值。真正的哲学家时刻准备审查所有先入为主的成见。只要给追求真理加上限定条件，无论是有意识的还是无意识的，哲学就会因恐惧而陷入瘫痪的境地，并且为政府审查、惩罚那些吐露"危险思想"的人做好准备——实际上，哲学家已经为自己的研究设置了这样的审查制度。

从理智上讲，错误的道德思虑，对哲学的影响已经在很大程度上阻碍了进步。我个人不相信，哲学能够证明宗教的教条是否是真理，但是自柏拉图以来，大部分哲学家都把证明永生和神存在当作自己任务的一部分。他们发现前辈证明中的错误——阿奎那否定安瑟伦的证明，康德否定笛卡尔的证明——他们又都提出了自己的新证明。为了使自己的证明看起来合理，他们不得不篡改逻辑，使数学变得神秘化，并把根深蒂固的偏见假装成天赐的直觉。

所有这一切，都被那些把逻辑分析当作哲学主要任务的哲学家们放弃了。他们坦率地承认，人的理智无法给许多对人类来说至关重要的问题找出令人信服的答案，但是他们不认为存在某种"更高级"的认知方法，能使我们发现科学和理智发现不了的真理。对于这种放弃，他们得到了回报，他们发现许多以前被形而上学的迷雾掩盖的问题，可以得到精确的回答，并且可以通过客观的方法来回答；除了对理解的渴望之外，不让任何哲学家的秉性参与其中。比如这些问题：数是什么？空间和时间是什么？精神是什么，物质是什么？我不是说，对于所有这些由来已久的问题，此时此刻我们能给出确切的答案；而是说，我们已经发现了一个可以一步一步接近真相的科学方法，过程中的每一步，都是对前一步的改进，而不是通过对之前的否定迈出的。

在众多相互冲突的狂热主义中，也存在为数不多的统一力量，其中之一就是科学的实事求是。我指的是把我们的信念建立在客观的观察和推论之上，并尽可能地消除地域性和个人秉性的偏见。人类完全有可能形成这样的习惯。坚持将这种美德

引入哲学，并发明一套强有力的方法发挥它的功效，是我所在
的哲学流派的主要功绩。在实践这种哲学方法的过程中养成的
谨慎求实的习惯，可以扩展到人类活动的全部领域。无论在什
么地方，这种习惯都能使狂热退烧，同时提升同情与相互了解
的能力。哲学放弃了武断的装模作样，但是并没有终止对生活
方式的建议和启发。

...

评论家有时指责我写的并非真实的历史
而是关于随我意挑选的事件的带偏见的讲述。
但在我看来，即使有人可以不带偏见的写历史，
写出的也必定是乏味的历史。

*

© ［英］伯特兰·罗素　丁伟　2021

图书在版编目（CIP）数据

西方哲学史 /（英）伯特兰·罗素著；丁伟译 . --
沈阳：万卷出版公司，2021.12
ISBN 978-7-5470-5814-5

Ⅰ.①西… Ⅱ.①伯… ②丁… Ⅲ.①哲学史–西方
国家 Ⅳ.① B5

中国版本图书馆 CIP 数据核字 (2021) 第 213023 号

出 品 人：王维良
出版发行：北方联合出版传媒（集团）股份有限公司
　　　　　万卷出版公司
　　　　　（地址：沈阳市和平区十一纬路 25 号　邮编：110003）
印 刷 者：艺堂印刷（天津）有限公司
经 销 者：全国新华书店
幅面尺寸：140mm×210mm
字　　数：290 千字
印　　张：13.5
出版时间：2021 年 12 月第 1 版
印刷时间：2021 年 12 月第 1 次印刷
责任编辑：张　莹
责任校对：尹葆华
监　　制：黄 利 万 夏
营销支持：曹莉丽
装帧设计：紫图装帧
ISBN 978-7-5470-5814-5
定　　价：79.90 元
联系电话：024-23284090
传　　真：024-23284448